*Neue*
Kleine Bibliothek 80

*Conrad Taler*

# Zweierlei Maß

Oder:
Juristen sind zu allem fähig

*PapyRossa Verlag*

Umschlag: Willi Hölzel
Satz: Alex Feuerherdt
Druck: Interpress

Die Deutsche Bibliothek – CIP-Einheitsaufnahme

Ein Titeldatensatz für diese Publikation
ist bei Der Deutschen Bibliothek erhältlich

ISBN 3-89438-244-9

# Inhalt

# *Vorwort*

Daß die Justiz mit zweierlei Maß mißt, je nachdem ob Freund oder Feind vor Gericht steht, klingt schon in der alten Volksweisheit an, wonach eine Krähe der anderen kein Auge aushackt. Der Spruch beschreibt das Phänomen allerdings unvollständig, denn er trifft nur die Justizkameraderie, die wohlwollende Behandlung von Freunden, nicht aber den blinden Eifer bei der Verurteilung von Feinden. Conrad Talers Buch nimmt beide Seiten derselben Medaille in den Blick, indem es zwei Sachkomplexe der jüngeren deutschen Justizgeschichte gegenüberstellt: den sanften, verständnisinnigen Umgang mit Nazi-Verbrechern auf der einen Seite, und die mit den dort verkündeten Rechtsgrundsätzen unvereinbare harte Linie bei der Aburteilung von Funktionsträgern der DDR. Besonders drastisch wird die mit gesinnungsstarken Zitaten belegte Rechtsungleichheit, wenn es um Juristen auf der Anklagebank geht: hier die Blutrichter des NS-Staates, die unter Mißachtung grundlegender Verfahrensregeln und in blindem Gehorsam gegenüber ihrem Führer das Recht gebeugt haben, ohne dafür bestraft zu werden, und dort DDR-Richter, die der Rechtsbeugung schuldig gesprochen wurden, auch wenn sie mit sehr viel mehr Berechtigung sich auf das für sie gültige Gesetzesrecht berufen konnten und die Konsequenzen ihrer Gesetzesanwendung unvergleichlich geringfügiger waren. Auch die Umgehung von Verjährungsvorschriften, je nachdem ob man strafen oder laufenlassen wollte, wird an Beispielen deutlich, die ein beredtes Zeugnis der hinter solchen Entscheidungen verborgenen politischen Gesinnung der Richter bieten. Eine Fülle von Material für die These, daß auch in der BRD bis in unsere Tage Justizunrecht geschieht.

Conrad Talers Buch ist eine Provokation, es steht quer zur Strömung des Zeitgeistes, der über Recht und Unrecht und über die Staaten, wo das eine und wo das andere zu suchen ist, Bescheid zu wissen glaubt. Es gibt einen sehr großen Nachholbedarf an Aufklärung über die Rechtsungleichheit in der politischen Justiz und deren Gründe. Auch dieses

Buch wird der verbreiteten Unwissenheit über die real existierende Ungerechtigkeit in deutschen Gerichtssälen nur partiell und anhand einiger Beispiele abhelfen können. Aber wer dieses Buch mit der Bereitschaft liest, Justizunrecht auch dort zur Kenntnis zu nehmen, wo die herrschende Medienöffentlichkeit den beruhigenden Glauben zu erzeugen wußte, daß bei uns »alles rechtsstaatlich« zugegangen sei (wie mir Bundeskanzler Schröder vor einiger Zeit mitteilen ließ), dem werden einige Zweifel kommen, ob Anspruch und Wirklichkeit unseres Rechtsstaates tatsächlich übereinstimmen.

*Heinrich Hannover*

*Der Staatsanwalt:* Streiker und Revoluzzer und Demokraten und Spartakisten und Unabhängige und Pennbrüder und Pazifisten und Schriftsteller und Kommunisten und all das Pack – wohin?

*Die Justitia:* Ins Kittchen, Luis!

*Der Staatsanwalt:* Und die Offiziere? Und die feinen Leute? Wohin?

*Die Justitia:* Raus aus die Anklagebank, Luis!

*Der Staatsanwalt:* Und wenn sie Republik spielen – was tun wir?

*Justitia:* Wir bleiben unserm Kaiser treu!

*Der Staatsanwalt:* Denn was haben wir?

*Justitia:* Wir haben die Unabhängigkeit der Justiz!

*(Achtunddreißig Hühner treten auf, lachen und trippeln wieder ab.)*

Aus »Justitia schwooft!« von Kurt Tucholsky, 1928.

# Vorbemerkung

*Warum habe ich dieses Buch geschrieben?*

*Ich habe es geschrieben aus Respekt vor all jenen, die Widerstand gegen Hitler geleistet haben und später miterleben mußten, wie seine Diener und Förderer wieder zu Ansehen und Einfluß gelangten.*

*Ich habe es geschrieben in Verbundenheit mit den Überlebenden und den Hinterbliebenen der Opfer des Justizterrors der Nationalsozialisten, denen es nicht erspart blieb, den Freispruch für Hitlers Blutjustiz hinnehmen zu müssen.*

*Ich habe es geschrieben aus Empörung darüber, daß dieselbe Justiz, die Hitlers Richter ungeschoren ließ, die Richter der DDR verurteilt und damit die Opfer des Naziterrors zum zweiten Mal verhöhnt.*

Nach dem Beitritt der gewendeten DDR zur Bundesrepublik Deutschland haben sich deutsche Richter zum zweiten Mal innerhalb kurzer Zeit einer nicht alltäglichen Aufgabe gewidmet; sie saßen über ihresgleichen zu Gericht.

Über ihresgleichen? Auf die NS-Richter, mit denen sie es in den Jahren nach Kriegsende zu tun hatten, mag das zutreffen. Sie waren nach sozialer Herkunft, beruflichem Werdegang und weltanschaulicher Grundhaltung Fleisch vom Fleische einer bürgerlichen Richterzunft. Aber die ehemaligen Richter der DDR? Verkörperten sie nicht für ihr Teil die kommunistische Idee einer klassenlosen Gesellschaft, deren Bekämpfung deutschen Richtern seit jeher heilige Pflicht ist?

Nein, ihresgleichen waren es nicht, denen die Richter und Staatsanwälte der siegreichen Bundesrepublik nach dem Untergang der Deutschen Demokratischen Republik da gegenübertraten, ganz unvoreingenommen, versteht sich, mit nichts anderem im Kopf als dem Gesetz, dem sie – wie immer – zu dienen gedachten. Dennoch gab es für manchen eine quälende Frage. Sollten für die anderen deutschen Richter die gleichen Maßstäbe gelten wie für die Richter des Volksgerichtshofes, von denen kein einziger rechtskräftig verurteilt worden ist? Mußte dem Freispruch für die Nazijustiz jetzt der Freispruch für die DDR-Justiz folgen? Ein atemberaubender Gedanke.

Das halsbrecherische Wendemanöver, mit dem sich die Justiz aus dem Dilemma befreite, bestätigt eindrucksvoll die sarkastische Feststellung des Verfassungsrichters Martin Hirsch aus dem Jahr 1981: »Juristen sind zu allem fähig.« Eilig wurde alles über Bord geworfen, was sich angesichts einer neuen politischen Lage als hinderlicher Ballast erwies. Niemand sollte sagen können, die Justiz habe aus den Fehlern beim Umgang mit der Nazivergangenheit nichts gelernt. Während andere Staaten nach ähnlichen Umbrüchen mehr an innere Aussöhnung als an Abrechnung dachten, wurde bei uns ein Exempel statuiert, dessen es eigentlich nicht bedurfte: Der Gegner von gestern hatte das Feld kampflos geräumt; was geschehen war, konnte sich nicht wiederholen. Gleichwohl gingen die Beteiligten mit deutscher Gründlichkeit ans Werk, um nach der unbewältigten NS-Vergangenheit nun die DDR-Vergangenheit zu bewältigen.

# Der Fall Jürgens

Einer der ersten DDR-Richter, mit denen die bundesdeutsche Justiz sich befaßte, hieß Otto Jürgens; ein eher leichter Fall, handelte es sich doch um einen ehemaligen Waldheim-Richter, also um einen Mitwirkenden an jenen Prozessen gegen mutmaßliche und tatsächliche Naziaktivisten, die 1950 in dem sächsischen Zuchthaus gleichen Namens unter Mißachtung aller Verfahrensregeln stattgefunden haben. Die sowjetische Besatzungsmacht hatte den Behörden der damals gerade gegründeten DDR einige Tausend Internierte mit der Maßgabe überstellt, sie rasch abzuurteilen. 3.432 wurden in Waldheim vor eigens dafür geschaffene Strafkammern gestellt. Es kam zu 32 Todesurteilen, von denen 24 vollstreckt wurden. Die meisten anderen Waldheim-Verurteilten wurden nach etwa zweieinhalb Jahren amnestiert.

Otto Jürgens, der als beisitzender Richter an einer der Strafkammern tätig war, stammte aus einer Arbeiterfamilie. Er erlernte das Tischlerhandwerk und wurde während der Weimarer Zeit Mitglied der kommunistischen Partei. Wegen Gegnerschaft zu den Nazis kam er nach der Machtübernahme Hitlers vorübergehend in Haft. Ein Jahr nach Kriegsende schloß er sich in der damaligen sowjetischen Besatzungszone der Sozialistischen Einheitspartei an. Auf Anraten eines Parteifunktionärs nahm er in den Jahren 1947 und 1948 an zwei Volksrichterlehrgängen teil, bestand aber beide Male die Abschlußprüfung nicht. Ungeachtet dessen wurde er für acht Wochen als Richter bei den Waldheimprozessen eingesetzt. Davor und danach war er als Staatsanwalt tätig. Ein sechsjähriges Fernstudium schloß er 1961 mit dem Staatsexamen auf allen Rechtsgebieten ab. Zehn Jahre später schied er aus dem aktiven Berufsleben aus.

Als Ende April 1950 die Waldheimprozesse begannen, lag bereits der Schatten des kalten Krieges zwischen Ost und West über den beiden deutschen Teilstaaten. Bei den Personen, über die Otto Jürgens in Waldheim zu Gericht saß, handelte es sich unter anderem um einen Staatsanwalt, der an einem NS-Sondergericht 15 Todesurteile erwirkt hatte, die alle vollstreckt wurden; um einen stellvertretenden Parteirichter der NSDAP; um einen mutmaßlichen Angehörigen der NS-Terrororganisation »Werwolf«, der an der Erschießung sowjetischer Kriegsgefangener beteiligt gewesen sein soll; um den Leiter eines Ausländerlagers, der die Mißhandlung von Lagerinsassen zu verantworten gehabt habe; um einen NSDAP-Kreispropagandaleiter; um einen Wehrmachtsoffizier, der als Regimentskommandeur im Krieg gegen die Sowjetunion eingesetzt worden sei, sowie um einen NSDAP-Ortsbauernführer. Der ehemalige Staatsanwalt an einem Sondergericht wurde zum Tode verurteilt, die anderen Beschuldigten erhielten Zuchthausstrafen zwischen acht und 20 Jahren.

Wegen seiner Mitwirkung an dem Geschehen von damals mußte sich Otto Jürgens 42 Jahre später vor einem bundesdeutschen Gericht verantworten. Das Landgericht Leipzig verurteilte den inzwischen 87jährigen am 1. September 1993 wegen gemeinschaftlicher Rechtsbeugung in sieben Fällen, jeweils in Tateinheit mit gemeinschaftlicher Freiheitsberaubung, zu einer Gesamtfreiheitsstrafe von zwei Jahren auf Bewährung (Az: 1 Ks 04 Js 1807/91).

»Die bewußte Gesetzesverletzung durch den Angeklagten liegt hinsichtlich der rechtlichen Bewertung ausschließlich in den festgestellten Verletzungen der einzelnen Verfahrensbestimmungen, wie Nichtgebrauch des Ermessens bei der Frage der Verteidigerbestellung, Verhandeln ohne Sicherstellung der Öffentlichkeit, Nichterlaß eines Eröffnungsbeschlusses und Verletzung der Aufklärungspflicht des Gerichtes. Nur die Summe dieser bewußten Gesetzesverletzungen, die jede für sich bereits den Tatbestand der Rechtsbeugung gemäß 244 StGB/DDR erfüllten, war somit als Verstoß gegen die Grundsätze des fairen Verfahrens zu sehen.«

Zum Fall des ehemaligen Staatsanwalts an einem NS-Sondergericht, der unter Mitwirkung von Otto Jürgens zum Tode verurteilt worden ist, führte das Landgericht Leipzig unter anderem aus:

»Unwiderlegt hat der Angeklagte Jürgens bei der geheimen Beratung des Gerichts den Antrag eingebracht, (den ehemaligen Staatsanwalt) R. nicht zum Tode zu verurteilen. Ebenso unwiderlegt steht fest, daß es darüber zu einer förmlichen Abstimmung gekommen ist, in der der

Angeklagte Jürgens gegen die Todesstrafe und für eine lebenslange Freiheitsstrafe gestimmt hat und in einer kontroversen Abstimmung überstimmt wurde.« Daß Jürgens das Todesurteil gegen den früheren NS-Staatsanwalt mit unterschrieben hat, wurde ihm vom Landgericht Leipzig nicht ausdrücklich angekreidet, sondern es sah seine Schuld nur in den geschilderten Verfahrensverstößen und in der Tatsache, daß der Betroffene vom 5. Juli 1950 bis zum Tag seiner Hinrichtung am 4.11.1950 in Haft gehalten worden sei, und zwar aufgrund des gegen ihn verhängten Todesurteils. Damit habe sich Jürgens neben Rechtsbeugung auch der Freiheitsberaubung schuldig gemacht. Aber das Gericht hat nach eigenem Bekunden »bewußt diesen Fall nicht als den schwersten angesehen, da im Hinblick auf die hier zumindest ansatzweise erkennbare, doch möglicherweise massive individuelle Schuld des damaligen Angeklagten R. die Verurteilung und die bewußte Beugung des Rechts nicht das Gewicht hat, wie im nachfolgenden Fall«. Gemeint ist damit die Verurteilung eines NSDAP-Parteirichters zu zehn Jahren Zuchthaus »ohne jegliche Feststellung eines individuellen schuldhaften Verhaltens«. Gleichwohl wertete das Landgericht die verhängten Freiheitsstrafen, deren längste 20 Jahre betrug, nicht als einen bewußten Verstoß gegen das Übermaßverbot und hielt somit den Tatbestand der Rechtsbeugung in dieser Hinsicht nicht für erfüllt. Zur Begründung: »Es kann mangels entsprechender Anhaltspunkte weder sicher ausgeschlossen noch sicher festgestellt werden, daß die verhängten Strafen der tatsächlichen Schuld der einzelnen Verurteilten, soweit eine solche überhaupt gegeben war, gerecht geworden wären oder nicht.« Wegen der massiven Verfahrensverstöße seien die Waldheimurteile ohnedies rechtswidrig und formell nichtig.

## Verjährung maßgeschneidert

Da Rechtsbeugung mit Freiheitsstrafe bis zu fünf Jahren bedroht ist, wären die Handlungen des Angeklagten nach bundesdeutschem Recht nach fünf Jahren und nach DDR-Recht nach acht Jahren verjährt gewesen. Damit in solchen und ähnlichen Fällen dennoch bestraft werden konnte, beschloß der Bundestag ein »Gesetz über das Ruhen der Verjährung bei SED-Unrechtstaten«. Es trat am 26.3.1993 in Kraft. Artikel 1 lautet:

»Bei der Berechnung der Verjährungsfrist für die Verfolgung von Taten, die während der Herrschaft des SED-Unrechtsregimes begangen wurden, aber entsprechend dem ausdrücklichen oder mutmaßlichen Willen der Staats- und Parteiführung der ehemaligen Deutschen Demokratischen Republik aus politischen oder sonst mit wesentlichen Grundsätzen einer freiheitlichen rechtsstaatlichen Ordnung unvereinbaren Gründen nicht geahndet worden sind, bleibt die Zeit vom 11. Oktober 1949 bis zum 2. Oktober 1990 außer Ansatz. In dieser Zeit hat die Verjährung geruht.«

Auf dieses Gesetz beruft sich das Landgericht Leipzig bei der Feststellung, die Handlungen des Angeklagten seien nicht verjährt. Im Urteil heißt es:

»Dieses Gesetz ist im Anschluß an die Rechtsprechung des Bundesverfassungsgerichts und des Bundesgerichtshofes zur Verjährungsproblematik bei den NS-Taten im Zeitraum von 1933 bis 1945 entwickelt worden. Das Gesetz regelt, und dies ergibt sich auch aus der Begründung, keinen neuen Sachverhalt, sondern stellt nur deklaratorisch die Interpretation des § 78 b StGB bzw. § 83 StGB/DDR dar. Die Frage der Verjährungsproblematik war bereits seit Beginn der Vereinigung der beiden deutschen Staaten am 3. Oktober 1990 ein heftig diskutiertes Problem. Es stellt sich die Frage, ob die juristische Lösung der Verjährungsfrage, die für die NS-Zeit angewandt wurde, auf die Zeit der DDR übertragen werden kann. Der Gesetzgeber hat dieses Gesetz geschaffen, um zu verhindern, daß die Gerichte unterschiedlich mit der Verjährungsproblematik umgehen. Das Gericht hätte, falls es der Auffassung gewesen wäre, daß diese Regelung verfassungswidrig wäre, nach Artikel loo Grundgesetz die Sache dem Bundesverfassungsgericht zur Entscheidung vorlegen müssen.«

»Das Gericht ist jedoch der Auffassung, daß diese Interpretation des § 78 b bzw. des § 83 StGB/DDR mit der Verfassung im Einklang steht, unabhängig von der Frage, ob die Zeit der nationalsozialistischen Herrschaft und die hierzu entwickelte Rechtsprechung mit dem, was innerhalb der DDR an Willkür passiert ist, verglichen werden kann, allein schon wegen des Zeitablaufes ... Für das Gericht ist es aufgrund der getroffenen Feststellungen keine Frage, daß die Delikte in Waldheim aufgrund des damals und auch später herrschenden Willens der Staats- und Parteiführung der DDR nicht verfolgt wurden. Problematisch ist in jedem Falle, daß aufgrund dieser Interpretation des Gesetzes und aufgrund der Regelung in dem Verjährungsgesetz jede rein kriminelle Tat ohne politischen Hintergrund inzwischen verjährt wäre aufgrund der Regelungen des StGB der DDR. Selbst wenn der Angeklagte, ohne daß dies einen politischen Hintergrund gehabt hätte, ein bewußt falsches Todesurteil gefällt hätte und dadurch Rechtsbeugung sowie ein Tötungsdelikt begangen hätte, wäre seine Tat heute verjährt ...«

»Es kann aber nicht Aufgabe des Gerichts sein, darüber zu entscheiden, ob der Gesetzgeber eine rechtspolitisch sinnvolle Regelung geschaffen hat oder nicht, oder ob das Gesetz nach Auffassung des Gerichts die vorstehend beschriebenen Grundsätze der Regelung der Verjährung von Straftaten in überzeugender Weise beachtet oder nicht. Maßstab kann allein sein, ob die vom Gesetzgeber getroffene Regelung mit dem Grundgesetz vereinbar ist. Das Bundesverfassungsgericht (BVerfG I, 418 ff.) und der Bundesgerichtshof (BGHSt 18, 367; 23, 137) haben im Hinblick auf die Unrechtstaten des Nationalsozialismus entschieden, daß der Ablauf der Verjährung bei Straftaten, deren Verfolgung entsprechend dem einem Gesetz gleich erachteten Willen der politischen Führung ausgeschlossen war, nach dem Grundgedanken des § 69 alte Fassung StGB gehemmt war ... Nachdem unter Beachtung dieser Grundsätze eine Verjährung der Taten des Angeklagten vor Inkrafttreten des obengenannten Gesetzes nicht in Betracht kommt, besteht auch kein schutzwürdiger Vertrauenstatbestand für den Angeklagten Jürgens.«

Ist da jemand zähneknirschend zu einem Ergebnis gekommen, das der eigenen Überzeugung nicht entspricht? Handlungen für nicht verjährt zu erklären, die 43 Jahre zurückliegen, ist in der Tat nicht ganz einfach, verjährte doch das schlimmste Verbrechen, nämlich Mord, lange Zeit nach 20 bzw. 30 Jahren; erst 1979 wurde die Verjährung von Mord mit Blick auf die Verbrechen der Nationalsozialisten für unverjährbar erklärt. Was die Taten des ehemaligen Volksrichters Otto Jürgens während der beiden Monate seines Wirkens in Waldheim betrifft, so wären sie normalerweise 1958 verjährt gewesen.

Der Hinweis des Landgerichts Leipzig, die Verjährung von SED-Unrechtstaten habe nur dann geruht, wenn feststehe, daß nach dem Willen der Staats- und Parteiführung die Taten nicht geahndet worden seien, führt zu der Frage, unter welchen Umständen dieser Wille als sicher unterstellt werden kann. Im Fall Waldheim mag das unstrittig sein; aber gibt es dafür allgemein verbindliche Kriterien? Nach einer Entscheidung des Bundesgerichtshofes, auf die in dem Urteil gegen Jürgens Bezug genommen wird, sind dafür ganz konkrete Willensbekundungen erforderlich. Unter Bezugnahme auf das Hessische Gesetz zur Ahndung nationalsozialistischer Straftaten vom 29. Mai 1946 erklärte der BGH am 29. Oktober 1969, die Hemmung der Verjährung sollte in Fällen eintreten, »in denen feststand, daß Eingriffe der NS-Gewalthaber die Strafverfolgung verhindert hatten. Das zeigen deutlich auch die in den Ahndungsgesetzen angeführten näheren Umschreibungen und Beispiele. So spricht Art. 2 Nr. 1 des Hessischen Ahndungsgesetzes davon, daß die Tat durch ein Gesetz, eine Verordnung, einen Erlaß oder einen Befehl der nationalsozialistischen Regierung oder eines ihrer Machthaber für straffrei oder nach ihrer Begehung für Rechtens erklärt wurde, oder daß aus den angeführten Gründen die Einleitung einer Strafverfolgung unterblieb oder ein eingeleitetes Verfahren niedergeschlagen wurde.« (BGH 23, 137)

Damit hatte der Bundesgerichtshof eine hohe Hürde errichtet. Konsequenterweise durfte die Verjährungshemmung für bestimmte DDR-Taten nur dann eintreten, wenn sie durch ein Gesetz, eine Verordnung, einen Erlaß oder einen Befehl der DDR-Führung ausdrücklich für straffrei erklärt oder im nachhinein für Rechtens ausgegeben wurden. Gab es eine solche Weisung? Ganz offensichtlich gab es sie nicht, sonst wäre sie benannt worden. Ein Dilemma, ganz ohne Frage, aber nicht groß genug, als daß Juristen sich daraus nicht wie Baron von Münchhausen zu befreien vermöchten. Doch zunächst noch einmal zurück zu dem Urteil des Bundesgerichtshofes vom 29. Oktober 1969, dem ein Verbrechen aus der NS-Zeit zugrundelag. Begangen hatte es ein SS-Obersturmführer außerhalb der Kampfhandlungen in der besetzten Sowjetunion.

Sein Opfer war eine junge Frau, die sich in den Besatzer verliebt hatte. Den Hergang beschreibt der BGH so:

»Der Angeklagte war von Dezember 1941 bis Mai 1942 als Führer einer Polizeikompanie im Range eines Oberleutnants und SS-Obersturmführers in und bei Charkow eingesetzt. Er unterhielt dort intime Beziehungen zu einer 20jährigen Ukrainerin namens Vera M., deren Beruf mit Tänzerin, Akrobatin oder Schauspielerin angegeben wurde. Da er später befürchtete, daß ihm im Falle einer Überprüfung Veras durch die Sicherheitspolizei erhebliche Unannehmlichkeiten sowohl wegen des dienstlich verbotenen Geschlechtsverkehrs mit Landeseinwohnern wie auch wegen einer denkbaren Spionagetätigkeit Veras erwachsen könnten, beschloß er, die ihm durch ihre Anhänglichkeit unbequem gewordene Frau beseitigen zu lassen. Er gab deshalb im Anschluß an eine von ihm provozierte Weisung des Bataillonskommandeurs einem Angehörigen seiner Kompanie den Befehl, Vera zu erschießen. Dieser führte darauf die Frau ab und meldete anschließend dem Angeklagten die Exekution.«

Das Verbrechen, das nach gerichtlichen Feststellungen zwischen dem 24. und 28. März 1942 begangen wurde, blieb ungesühnt. Der Bundesgerichtshof bestätigte 27 Jahre später die Einstellung des Verfahrens wegen Verjährung. Die damals geltende Verjährungsfrist von 20 Jahren für Mord und Mordversuch lief am 23. März 1962 ab, weil in diesem Fall die Verjährung nicht geruht habe. Der BGH begründete dies unter anderem so:

»Nach § 69 StGB (alte Fassung, C.T.) ruht die Verjährung während der Zeit, in welcher aufgrund gesetzlicher Vorschrift die Strafverfolgung nicht begonnen oder nicht fortgesetzt werden kann ... Der Grundsatz der gesetzlichen Regelung darf in Fällen, in denen eine Straftat während der nationalsozialistischen Herrschaft überhaupt nicht zur Kenntnis von Organen der Strafverfolgung gelangte und erst in neuerer Zeit nach dem Zusammenbruch des NS-Regimes aufgedeckt wurde, nicht unbeachtet bleiben. Hier kommt es, wie der Bundesgerichtshof schon in seinem Urteil vom 2. Oktober 1962 – 1 StR 299/62 (NJW 1962, 2308, Nr. 16) zum Ausdruck gebracht hat, darauf an, ob der als Gesetz eingeschätzte ›Führerwille‹ der Verfolgung der Tat *objektiv* entgegenstand. Nur wenn die

Tat, wie sie sich nach den Feststellungen tatsächlich zugetragen hat, aus der Motivierung der NS-Machthaber mit *Bestimmtheit* nicht geahndet worden wäre, falls sie damals schon Gegenstand eines Strafverfahrens geworden sein würde, können deshalb die Voraussetzungen für die Verjährungshemmung gegeben sein ... Es macht deshalb in Grenzfällen, in denen eine solche Sicherheit nicht von vornherein bestand, einen wesentlichen Unterschied, ob es noch in der Zeit der NS-Herrschaft zur Einleitung eines Strafverfahrens gekommen war oder ob die Tat damals einer Strafverfolgungsbehörde nicht bekannt wurde ... Wo die Tat einer Strafverfolgungsbehörde in Grenzfällen der geschilderten Art erst nach Beendigung der NS-Herrschaft zur Kenntnis kam, scheidet eine Anwendung der Vorschrift über die Verjährungshemmung stets aus, weil es offen bleibt, ob eine Anzeige nicht doch zu einem Strafverfahren und zu einer Verurteilung hätte führen können. Daß es sich vorliegend um einen solchen Grenzfall handelt, kann nicht zweifelhaft sein ...«

»Soweit es um die Tötung von Juden geht, deren Ausrottung ohne Rücksicht auf Alter und Geschlecht sich Hitler zum Ziel gesetzt hatte, darf die Nichtverfolgung von Tötungsverbrechen jeder Art durch die Organe des NS-Staates in der Regel als sicher gelten. Im Falle von Ukrainern, die in großem Umfang als sogenannte Hilfswillige und schließlich sogar als Soldaten im Verband der Waffen-SS Verwendung fanden, war von vornherein eine andere Lage gegeben. Der im Urteil (des Schwurgerichts, C.T.) wiedergegebene ›Barbarossa‹-Erlaß vom 13.Mai 1941 verbot für Handlungen, die Angehörige der Wehrmacht gegen feindliche Zivilpersonen an der Ostfront begingen, nicht schlechthin die Strafverfolgung, sondern beseitigte nur den Verfolgungszwang. Er bezog sich überdies seinem Sinne nach auf Ausschreitungen im Zusammenhang mit Kampfhandlungen sowie auf Tätlichkeiten anderer Art, die noch in weitestem Sinne als für den Erfolg der eigenen Waffen bedeutsam angesehen werden konnten. Rein kriminelle, ausschließlich dem eigenen Vorteil des Täters dienende Akte wie die Tat des Angeklagten hatte er nicht im Auge. Sie zu verfolgen blieb auf jeden Fall im Sinne jenes Erlasses im Interesse der Manneszucht geboten, erst recht dann, wenn sie wie hier begangen wurde, um sich gegen die Ahndung eines eigenen militärischen Vergehens abzusichern.«

Der SS-Führer, der seine ukrainische Geliebte ermorden ließ, blieb straffrei, weil seine Tat nach 27 Jahren als verjährt eingestuft wurde; der DDR-Volksrichter, der tatsächliche oder vermeintliche Naziaktivisten verurteilt hat, wurde bestraft, weil seine Handlungen nach 43 Jahren als nicht verjährt galten.

Ausschlaggebend im ersten Fall war, daß der Bundesgerichtshof unter Aufbietung aller Überzeugungskraft die These vertrat, eine mögliche Bestrafung des SS-Mörders durch seine Gesinnungskumpane in der für ihn zuständigen SS-Justiz könne nicht ausgeschlossen werden, wenn es während der NS-Zeit zu einer Anzeige gekommen wäre. Ob der »als Gesetz eingeschätzte, ›Führerwille‹ der Verfolgung der Tat *objektiv* entgegenstand«, ob also die entscheidende Voraussetzung für die Verjährungshemmung gegeben war, ließ das höchste Gericht unbeantwortet – und ebnete damit der Verjährung des Verbrechens den Weg. Einen konkreten Hinweis auf eventuell drohende Sanktionen wegen des Mordes noch während der NS-Zeit hat der BGH nicht gefunden; der erwähnte ›Barbarossa‹-Erlaß scheidet hier aus, und zwar nicht nur, weil er den Verfolgungszwang beseitigte, sondern auch weil sein Hauptzweck darin bestand, den Überfall auf die Sowjetunion so effektiv zu gestalten wie nur eben möglich und etwaige Skrupel bei den Beteiligten zu beseitigen. Die sich in dem Erlaß manifestierende Herrenmenschen-Mentalität war der ideologische Nährboden, auf dem solche Verbrechen überhaupt erst gedeihen konnten.

Was nun den Fall des DDR-Richters Jürgens betrifft, so folgte das Landgericht Leipzig in der Verjährungsfrage den Spuren, die der Bundesgerichtshof und das Bundesverfassungsgericht sowie der Gesetzgeber gelegt hatten. Die Bemerkung, es könne nicht Aufgabe des Gerichts sein, darüber zu entscheiden, ob der Gesetzgeber eine rechtspolitisch sinnvolle Regelung geschaffen habe oder nicht, läßt jedoch eine gewisse Skepsis gegenüber dem »Gesetz über das Ruhen der Verjährung bei SED-Unrechtstaten« erkennen.

An die Stelle des § 69 trat 1975 im neugefaßten Strafgesetzbuch der Paragraph 78 b. Er bestimmt in Absatz 1: »Die Verjährung ruht, solange nach dem Gesetz die Verfolgung nicht beginnen kann.« Ein solches Gesetz gab es in der DDR nicht.

Für die Zeit des Nationalsozialismus wurde das Institut des »Führerwillens« geschaffen und in den Rang eines Gesetzes erhoben. Danach kam es bei der Verjährungshemmung darauf an, »ob es sich im Einzelfall um eine Straftat handelt, deren Verfolgung der als Gesetz geachtete ›Führerwille‹ objektiv entgegenstand«. So der Bundesgerichtshof in einem Urteil des 1. Strafsenats vom 28. Mai 1963. (1 StR 540/62).Der Leitsatz lautet: »Die Verjährung von Straftaten, deren Verfolgung der damals als Gesetz geachtete ›Führerwille‹ entgegenstand, war nach § 69 StGB allgemein bis zum 8. Mai 1945 gehemmt.«

Der Bundestag wählte 1993 eine Formel, die im Kern auf dasselbe hinausläuft. An die Stelle des »Führerwillens« tritt hier der »ausdrückliche oder mutmaßliche Willen der Staats- und Parteiführung der ehemaligen Deutschen Demokratischen Republik«. Zwar hat der Bundesgerichtshof versichert, das staatliche verübte Unrecht in der DDR könne »mit Rücksicht auf die unterschiedliche Dimension nicht mit dem im nationalsozialistischen Regime begangenen gleichgesetzt werden« (5 StR 747/94), aber mitunter entsteht der Eindruck, als sollte nach all den vielen Klagen über das Versagen der Justiz gegenüber den Naziverbrechen jetzt gegenüber den Kommunisten im Osten Deutschlands ganze Arbeit geleistet werden. Dabei passieren merkwürdige Dinge.

Ein Jahr bevor das Landgericht Leipzig den Willen der Staats- und Parteiführung der DDR dafür verantwortlich machte, daß im Fall des Waldheimrichters die Verjährung ruhte, hatte der Bundesgerichtshof jede Berufung auf eben jenen Willen der Staats- und Parteiführung entschieden zurückgewiesen. In seinem Mauerschützenurteil vom 3. November 1992 erklärte er apodiktisch: »Anders als im nationalsozialistischen Führerstaat gab es in der DDR keine Doktrin, nach der der bloße Wille der Inhaber tatsächlicher Macht Recht zu schaffen vermochte.« (5 StR 370/92)

Im Anschluß an eine Amnestie für alle Taten aus der NS-Zeit, die mit Freiheitsstrafen bis zu drei Jahren bedroht waren, ließ der Deutsche Bundestag 1960 sämtliche Tötungsdelikte aus der Nazi-Zeit, mit Ausnahme von Mord, verjähren. Aber auch bei Mordfällen hatten die Täter gute Chancen, ungeschoren zu bleiben. Die Einstellung des Verfahrens gegen den Mörder einer 20jährigen Ukrainerin wegen Verjährung war kein

Einzelfall. 1995 erklärte der Bundesgerichtshof die Ermordung von 15 Frauen und Kindern im italienischen Caiazzo durch einen Leutnant der deutschen Wehrmacht im Jahr 1943 für verjährt. Er bestätigte damit ein Urteil des Landgerichts Koblenz.

Das Landgericht hielt den Mann des 15fachen Mordes aus niederem Beweggrund für überführt, stellte das Verfahren aber wegen Verjährung ein. Der BGH stützte sich auf die Aussagen von Gutachtern, wonach das Verbrechen von der NS-Justiz »kriegsgerichtlich verfolgt worden« wäre, so daß die Verjährungsfrist am Tattag begonnen hätte. Zur Tatzeit habe die Verjährungsfrist für Mord 20 Jahre betragen; 1969 sei sie auf 30 Jahre verlängert und 1979 ganz aufgehoben worden. Die Verlängerung der Verjährungsfrist habe nur für Taten gegolten, die im August 1969 noch nicht verjährt gewesen seien. Da die Verjährungsfristen ohnehin zwischen dem 8. Mai 1945 und dem 31. Dezember 1950 mangels funktionierender deutscher Gerichtsbarkeit geruht hätten, sei das Massaker im Juni 1968 verjährt.

In einer öffentlichen Stellungnahme zu seinem Urteil ließ der Bundesgerichtshof zwei Expertengutachten unberücksichtigt, die die Morde von Caiazzo als nicht verjährt bewerteten. In einem Gutachten hatte der als Sachverständiger geladene Gerhard Schreiber vom Militärgeschichtlichen Forschungsamt der Bundeswehr, wie auch der Historiker Lutz Klinkhammer, die Position vertreten, daß die NS-Justiz das Verbrechen nicht verfolgt hätte; der »Führerbefehl« Hitlers zur Bekämpfung von Partisanen mit den allerbrutalsten Mitteln und ohne Rücksicht auf Frauen und Kinder hätte eine Ahndung durch NS-Gerichte ausgeschlossen.

Was hat den gelernten Tischler Otto Jürgens, der nach zwei nicht bestandenen Volksrichterlehrgängen in Waldheim als Richter eingesetzt wurde und dessen Handlungen selbst nach 43 Jahren als nicht verjährt galten, damals innerlich bewegt? Im Urteil des Landgerichts Leipzig heißt es:

»Weiter fiel zugunsten des Angeklagten ins Gewicht, daß er nach Waldheim gekommen war in der Vorstellung, daß er dort über Leute zu entscheiden habe, die zu dem Elend des deutschen Volkes während der Naziherrschaft und während des 2. Weltkrieges wesentlich beigetragen hatten. Er konnte zunächst davon ausgehen, daß es sich bei den in Waldheim Inhaftierten ausschließlich um Nazi- und Kriegsverbrecher handelte. Diese zur Verantwortung zu ziehen, war für ihn eine besondere Aufgabe aufgrund seiner politischen Überzeugung. Weiter war zu beachten, daß er die politische Verfolgung seines Vaters miterlebt hat. Auch wenn er selbst nur am Rande eine Verfolgung während der NS-Zeit befürchten mußte, kann dies nicht unberücksichtigt bleiben. Hinzu kommt der in dem Jahr 1950 noch frische Eindruck des Grauens der NS-Verbrechen, der sicherlich in dem Angeklagten, wie er in der Hauptverhandlung sehr eindrucksvoll dargelegt hat, seine Nachwirkungen entfaltet hat ... Es sind aber auch persönliche Gesichtspunkte des Angeklagten hier in hohem Maße zu seinen Gunsten zu berücksichtigen. Großes Gewicht hat, daß ein erheblicher Teil der vom Gericht festgestellten Gesichtspunkte, die die Schuld des Angeklagten begründen, auf den eigenen Einlassungen des Angeklagten beruht. Der Angeklagte hat nicht, was durchaus möglich gewesen wäre, sich in sämtlichen Fällen hinter das Beratungsgeheimnis zurückgezogen, sondern mitgeteilt, daß er, entsprechend den damaligen Erwartungen, sich an den Urteilssprüchen beteiligt hat. Darüber hinaus hat er auch hier in der Verhandlung ein gewisses Maß an Schuldeinsicht erkennen lassen. Zumindest was die Höhe der ausgesprochenen Strafen und die Verwertung der sowjetischen Protokollauszüge betrifft, hat der Angeklagte Otto Jürgens erklärt, daß er aus heutiger Sicht anders handeln würde.«

## Der Fall Thorbeck

Fünf Jahre bevor Otto Jürgens unter dem »noch frischen Eindruck des Grauens der NS-Verbrechen« seine Tätigkeit an einem Ausnahmegericht in Waldheim aufnahm, verurteilte ein SS-Standgericht in dem bayerischen Konzentrationslager Flossenbürg die Widerstandskämpfer Pastor Dietrich Bonhoeffer, Admiral Wilhelm Canaris, Generalmajor Hans Oster, Heeresrichter Dr. Karl Sack und Hauptmann Ludwig Gehre wegen angeblichen Hoch- und Landesverrats zum Tode. Das geschah am 8. April 1945, also genau vier Wochen vor dem endgültigen Zusammenbruch und der bedingungslosen Kapitulation Nazideutschlands. Das Urteil wurde in den frühen Morgenstunden des 9. April 1945 durch Erhängen vollstreckt. Vorsitzender des Standgerichtsverfahrens war SS-Sturmbannführer Otto Thorbeck.

Thorbeck entstammte einer Offizierfamilie. Nach dem Abitur studierte er Rechtswissenschaft und wurde nach der Promotion als Korpsrichter zum VI. SS-Armeekorps nach Nordrußland abgestellt. Anschließend erhielt er die Stelle des Chefrichters beim SS- und Polizeigericht in München. Ziel der Widerstandsgruppe um Bonhoeffer und Canaris war nach dem Herbst 1939 die Beendigung des Krieges, die Absetzung Hitlers und die Beseitigung des nationalsozialistischen Staates. Zerschlagen wurde die Gruppe nach dem Attentat auf Hitler vom 20. Juli 1944. Das Standgerichtsverfahren beschäftigte die Gerichte nach Kriegsende nicht weniger als sechsmal. Das Schwurgericht Augsburg verurteilte Otto Thorbeck am 15. Oktober 1955 wegen Beihilfe zum Mord in fünf Fällen zu vier Jahren Zuchthaus. Zur Begründung führte das Gericht in seinem Urteil unter anderen aus:

»Es wurde ein Standgericht eingesetzt, obwohl die Einsetzung eines Standgerichtes nur aus militärischen Gründen seine Rechtfertigung erfährt. Ein Standgericht kommt in Betracht bei Ahndung eben begangener schwerer Straftaten, deren sofortige Aburteilung notwendig ist, um die allgemeine Ordnung und die Sicherheit der Truppe zu gewährleisten ... Die Bestellung eines Verteidigers wurde ... nicht einmal ins Auge gefaßt ... Fest steht zur Überzeugung des erkennenden Schwurgerichts, daß ... ein anderer Zweck als der für die benötigte Tötung der Häftlinge den Schein, aber auch lediglich den Schein des Rechts zu wahren, nicht verfolgt wurde ... Schließlich sei erwähnt, daß die Art der Vollstreckung der Todesurteile in Flossenbürg ... jedem menschlichen Empfinden Hohn spricht.« Die fünf Männer mußten völlig nackt eine Art Stiege besteigen; es wurde ihnen ein Strick um den Hals gelegt und sodann die Stiege weggezogen.

Dr. Otto Thorbeck legte gegen das Augsburger Urteil Revision beim Bundesgerichtshof ein, der den ehemaligen Chefrichter der SS und Vorsitzenden des Standgerichts von Flossenbürg am 25. Mai 1956 freisprach. In der Urteilsbegründung, mit der sich das höchste deutsche Strafgericht ein denkwürdiges Selbstzeugnis ausstellte, heißt es unter anderem:

»Für die Frage, ob sich Dr. Thorbeck durch die Teilnahme als Vorsitzender an den Standgerichtsverhandlungen in Flossenbürg der Beihilfe zum Mord – oder sonstiger strafbarer Handlungen – schuldig gemacht hat, ist nicht entscheidend, wie sich die Ereignisse vom April 1945 nach heutiger Erkenntnis darstellen. Eine solche rückschauende Wertung würde dem Angeklagten nicht gerecht werden. Bei der Beurteilung der strafrechtlichen Schuld des Beschwerdeführers – nur über diese hat der Richter zu entscheiden – ist vielmehr ins Auge zu fassen, wie sich seine Aufgabe nach der Gesetzeslage und den sonstigen Gegebenheiten zur Tatzeit darstellte, mit der Unerbittlichkeit der damals geltenden Gesetze, denen er unterworfen war und gegen die die in Flossenbürg vor das Standgericht gestellten Widerstandskämpfer sich aufgelehnt hatten.

Ausgangspunkt dabei ist das Recht des Staates auf Selbstbehauptung. In einem Kampf um Sein oder Nichtsein sind bei allen Völkern von jeher strenge Gesetze zum Staatsschutz erlassen worden. Auch dem nationalsozialistischen Staate kann man nicht ohne weiteres das Recht absprechen, daß er solche Gesetze erlassen hat. Allerdings dienten sie nicht nur dem Schutze des deutschen Volkes und der deutschen Heimat, sondern in immer zunehmendem Maße zugleich der Aufrechterhaltung der Gewaltherrschaft der nationalsozialistischen Machthaber. In dieser schicksalhaften Verflechtung hat der ernste Gewissensstreit seine Wurzel, in den die Widerstandskämpfer verstrickt waren. Sie sahen sich vor die Wahl gestellt zwischen ihrer Gehorsamspflicht und dem Unterworfensein unter die damals geltenden strengen Gesetze einerseits und zum anderen den edler Gesinnung entsprungenen und höheren Zielen dienenden, den Mut zur Selbstaufopferung erheischenden Bestrebungen, die Gewaltherrschaft Hitlers zu beseitigen. Stand schon der Widerstandskämpfer selbst bei einem solchen Widerstreit zu schwerer sittlicher Entscheidung, so sieht sich der Richter, der heute darüber zu urteilen hat, inwieweit die Widerstandsbestrebungen und -handlungen im Sinne des Strafrechts – unter dem Gesichtspunkt des übergesetzlichen Notstands – gerechtfertigt waren, vor eine Aufgabe gestellt, die die Grenze dessen berührt, was mit den Mitteln irdischer Rechtsprechung entschieden werden kann ...«

»Soviel darf aber gesagt werden: Einem Richter, der damals einen Widerstandskämpfer wegen seiner Tätigkeit in der Widerstandsbewegung abzuurteilen hatte und ihn in einem einwandfreien Verfahren für überführt erachtete, kann heute in strafrechtlicher Hinsicht kein Vorwurf gemacht werden, wenn er angesichts seiner Unterworfenheit unter die damaligen Gesetze nicht der Frage nachging, ob dem Widerstandskämpfer etwa der Rechtfertigungsgrund des übergesetzlichen Notstands unter dem Gesichtspunkt eines höheren, den Strafdrohungen des staatlichen Gesetzes vorausliegenden Widerstandsrechts zur Seite stehe, sondern glaubte, ihn des Hoch- und Landesverrats bzw. des Kriegsverrats (§ 57 Militärstrafgesetzbuch) schuldig erkennen und deswegen zum Tode verurteilen zu müssen ...«

## »Nazigesetze unbestreitbar rechtswirksam«

»Die Widerstandskämpfer hatten nach den damals geltenden und in ihrer rechtlichen Wirksamkeit an sich nicht bestreitbaren Gesetzen die Merkmale des Landesverrats – mindestens teilweise auch des Hochverrats – und damit des Kriegsverrats im Sinne des § 57 MStGB verwirklicht. Daß Dr. Thorbeck nicht in eine Prüfung der Frage eingetreten ist, ob das Verhalten der Widerstandskämpfer etwa unter dem Gesichtspunkt des übergesetzlichen Notstands gerechtfertigt ist, kann ihm schon mit Rücksicht auf die Lage, in die er damals in Flossenbürg plötzlich gestellt war, nicht zum strafrechtlichen Vorwurf gereichen ... Bleibt aber ein Zweifel an der Schuld des Angeklagten im Sinne der Anklage, und läßt er sich bei Berücksichtigung der Beweisergebnisse des gesamten bisherigen Verfahrens nach der Überzeugung des Revisionsgerichts auch in einer neuen Hauptverhandlung nicht beheben, so ist nach dem Grundsatz ›im Zweifel für den Angeklagten‹ auf Freispruch mangels Beweises zu erkennen. Nach den Umständen des Falles scheidet Freisprechung wegen erwiesener Unschuld aus.« (1 StR 50/56)

Als das Landgericht Berlin 1996 das Urteil gegen die Widerstandskämpfer um Admiral Canaris und Pastor Bonhoeffer aufhob, übte es in »ergänzenden Hinweisen« indirekt vernichtende Kritik am Bundesgerichtshof, der die Ermordung der Widerstandskämpfer unbeanstandet ließ und den Verantwortlichen des SS-Standgerichts freisprach. In seinem Aufhebungsbeschluß erklärte das Landgericht:

»Bereits die tatbestandlichen Voraussetzungen einer Verurteilung der Widerstandskämpfer wegen Hoch- und Landesverrats gemäß §§ 80 bis 93a StGB (alte Fassung) lagen nicht vor. Weder hatten die Betroffenen es unternommen, die Verfassung des Reiches, die nach der nationalsozialistischen Machtergreifung de facto ohnehin außer Kraft gesetzt war, zu ändern (vgl. § 80 Abs. 2 StGB a.F.) noch hatten sie durch ihr Tätigwerden vorsätzlich das Wohl des Reiches gefährdet. (vgl. § 88 Abs. 2 StGB a.F.) ... Es ging den Machthabern vielmehr darum, sie wegen ihres Widerstandes gegen die Diktatur der Nationalsozialisten auszuschalten und zu vernichten ...«

Nicht weniger als 41 Jahre mußten ins Land gehen, ehe ein Gericht 1996 das Urteil gegen die Widerstandskämpfer aufhob, und zwar auf Drängen und auf Antrag von Mitarbeitern der Evangelischen Hochschule Hannover unter dem Vorsitz des Prodekans des Fachbereichs Sozialwesen, Professor Karl-Heinz Lehmann. Die Waldheimurteile wurden nach vier Jahren vom Berliner Kammergericht für »absolut und unheilbar nichtig« erklärt.

## Der Fall Rehse

Wenn Rechtsbeugung durch einen Richter oder Staatsanwalt zu Freiheitsentzug führt, handelt es sich »um schwerstes kriminelles Unrecht«, entschied das Bundesverfassungsgericht am 7. April 1998 in einem Beschluß, mit dem es die Verfassungsbeschwerde einer verurteilten ehemaligen DDR-Richterin abwies. Um was es dabei im einzelnen ging, soll an anderer Stelle dargelegt werden.

Gemünzt ist die Aussage des Bundesverfassungsgerichts auf Richter und Staatsanwälte der DDR. Theoretisch läßt sie sich auf ehemalige NS-Richter ausdehnen, bei denen gefragt werden müßte, welche Art von Unrecht sie sich zurechnen lassen müßten, wenn Rechtsbeugung durch einen der ihren nicht bloß zu Freiheitsentzug, sondern zur Todesstrafe geführt hat. Die Frage ist müßig, denn kein einziger Nazirichter ist rechtskräftig verurteilt worden. Die Weichen dafür hatte der Bundesgerichtshof am 7. Dezember 1956 gestellt, als er in einem Verfahren gegen den ehemaligen kommandierenden General eines SS-Armeekorps, Max Simon, entschied: Wer wegen seiner Tätigkeit als Beamter oder Schiedsrichter bei der Leitung oder Entscheidung einer Rechtssache zur Verantwortung gezogen wird, kann auch nach anderen Vorschriften als § 336 StGB (insbesondere nach §§ 211 f., 239 StGB) nur dann verurteilt werden, wenn ihm eine Rechtsbeugung im Sinne des § 336 nachgewiesen wird. § 336 erfordert bestimmten, nicht nur bedingten Vorsatz. (1 StR 56/56)

Von da an konnte ein Richter praktisch nur verurteilt werden, wenn er sich selbst bezichtigte, gegen seine bessere Überzeugung vorsätzlich das Recht zum Nachteil oder zum Vorteil einer Partei gebeugt zu haben. Nun mußte neben der Feststellung des objektiven Tatbestandes der Rechtsbeugung – Sachverhaltsverfälschung oder falsche Anwendung von Rechtsnormen – für den subjektiven Tatbestand der Nachweis des unbedingten Vorsatzes geführt werden; eine schier unlösbare Aufgabe, denn wie es um das Innenleben des Richters zum Tatzeitpunkt bestellt war, welche Überlegungen sein Tun bestimmten, wie also die sogenannte innere Tatseite sich im nachhinein darstellte, das ließ sich fortan ohne ein Geständnis des Richters nicht klären. Und keiner der Betroffenen war so ehrlich, seine Schuld zu bekennen.

Nach der deutschen Vereinigung sah es eine Zeit lang so aus, als könnten DDR-Juristen von der gefestigten Rechtsprechung des Bundesgerichtshofes in puncto Rechtsbeugung profitieren; aber dem Freispruch für die Nazijustiz folgte nicht der Freispruch für die DDR-Justiz. Der Bundesgerichtshof ebnete sorgsam den Weg zur Verurteilung von DDR-Richtern. Er stellte zur Strafbarkeit von Richtern und Staatsanwälten der DDR bei der Anwendung ›politischen Strafrechts‹ Grundsätze auf und entwickelte Fallgruppen, an denen die nachgeordneten Gerichte sich zu orientieren hatten. Mehr noch, er verlangte nicht mehr den Nachweis des Vorsatzes zur Rechtsbeugung, sondern er unterstellte in »gravierenden Fällen« von vornherein und ohne jeden Nachweis den »direkten Rechtsbeugungsvorsatz«. (BGH vom 21.8.1997; 5 StR 403/96) Am Beispiel des Kammergerichtsrats und Beisitzers am Nazi-Volksgerichtshof Hans-Joachim Rehse kann abgelesen werden, wie sehr sich die Haltung der Justiz gegenüber DDR-Richtern von ihrer Haltung gegenüber einem NS-Richter unterscheidet, der 231 Todesurteile gefällt hat.

Das Landgericht Berlin griff 1967 sieben Todesurteile heraus und verurteilte Rehse wegen Beihilfe zum Mord in drei Fällen und wegen Beihilfe zum versuchten Mord in vier Fällen zu fünf Jahren Zuchthaus. Zur Begründung führte das Gericht unter anderem aus, der Angeklagte habe in den sieben Fällen vorsätzlich das Recht gebeugt, indem er bewußt gegen das Verbot grausamen und übermäßig harten Strafens verstoßen habe. Obwohl er erkannt habe, daß die verhängten Todesstrafen in einem unerträglichen Mißverhältnis zum Unrechtsgehalt der Taten und der Schuld der Täter standen, habe er diesen Strafen zugestimmt. Möglicherweise habe er die Todesstrafen aus Rechtsblindheit für erforderlich gehalten. Dies räume den Vorsatz der Rechtsbeugung aber nicht aus. Rehse sei ein qualifizierter Volljurist, von dem man erwarten konnte, daß er sich ein Gefühl für gerechtes Strafen bewahrt hatte. Das Schwurgericht beim Landgericht Berlin gewann die Überzeugung, »daß die Tötungen in den sieben Fällen aus niedrigen Beweggründen geschahen oder geschehen sollten«. (3.7.1967 – 3 P Ks 1/67)

Der Bundesgerichtshof hob das Urteil auf und verwies die Sache zu neuer Verhandlung an das Schwurgericht in Berlin zurück. In der Begründung des Urteils vom 30.4.1968 heißt es unter anderem:

»Als Mitglied eines Kollegialgerichts war der Angeklagte bei der Abstimmung nach dem auch damals geltenden Recht unabhängig, gleichberechtigt, nur dem Gesetz unterworfen und seinem Gewissen verantwortlich. Seine Pflicht forderte, allein der eigenen Rechtsüberzeugung zu folgen ... Falls also der Angeklagte bewußt gegen seine richterliche Überzeugung von der Rechtslage für ein Todesurteil stimmte, so leistete er einen höchst persönlichen Beitrag und könnte, wenn das Urteil rechtswidrig war, nur Täter, nicht Gehilfe eines Tötungsverbrechens sein. Daraus folgt für die innere Tatseite, daß der Angeklagte nur noch bestraft werden kann, wenn er selbst aus niedrigen Beweggründen für die Todesstrafe stimmte. Das lassen die Urteilsgründe weder erkennen noch schließen sie diese Möglichkeit völlig aus. Was das Schwurgericht über die innere Einstellung des Angeklagten ausführt, erlaubt dem Senat nicht, selbst die rechtliche Würdigung vorzunehmen. Es enthält erstens Unklarheiten und Widersprüche, unter anderem übrigens auch im Zusammenhang mit den Ausdrücken ›Rechtsblindheit‹ und ›Verblendung‹, die, im üblichen Sinne verstanden, mit dem Vorsatz der Rechtsbeugung nicht vereinbar erscheinen. Der Inhalt des Schwurgerichtsurteils kann zweitens nicht als abschließende tatsächliche Grundlage für eine Bewertung der Beweggründe des Angeklagten durch das Revisionsgericht dienen.«

In Anspielung auf das Urteil des Bundesgerichtshofes vom 7. Dezember 1956 kommentiert Jörg Friedrich in seinem Buch »Freispruch für die Nazijustiz« die Haltung des höchsten deutschen Strafgerichtes mit den Worten: »Wenn der SS-Bandit Max Simon in treu-nationalsozialistischer ›Verblendung‹ das Richterprivileg genoß, warum sollte es dem Richter Rehse wegen Rechtsblindheit und Verblendung entzogen werden? Je größer die Rechtsblindheit, desto kleiner der Rechtsbeugungsvorsatz. So war es zwanzig Jahre unter Aufsicht des BGH Brauch gewesen. Der Bundesgerichtshof, gefesselt in seiner Logik, mußte dem Volksgerichtshof das Richterprivileg ausstellen ... Diskret wie immer überließ der BGH die Nennung des Verfluchten Gerichtes und den Freispruch des Kollegialrichters dem 42jährigen gerade zum Kammergerichtsrat ernannten Dr. Oske.«

Im Namen des Volkes verkündete das Schwurgericht bei dem Landgericht Berlin unter dem Vorsitz von Dr. Oske am 6. Dezember 1968 mit ausdrücklicher Bezugnahme auf die Gründe des BGH-Urteils vom 30. April 1968 den Freispruch für Hans-Joachim Rehse. In dem Urteil des Schwurgerichts werden die Aussagen Rehses wie folgt zitiert: »Er habe in keinem Fall das Recht gebeugt, sondern als Richter an einem ordentlichen Gericht frei und unabhängig in einem einwandfreien Verfahren nach bester Überzeugung Recht gesprochen ... In allen Fällen habe er sich an die gesetzlichen Bestimmungen gehalten; diese habe er als gültiges Recht angesehen, an das er als Richter gebunden gewesen sei. Niemals habe er unsachliche oder rechtsfremde Zwecke verfolgt. Alle sieben Urteile hätten seiner Überzeugung entsprochen ... Bei der Bemessung der Strafe habe der Abschreckungsgedanke im Vordergrund stehen müssen. Infolge der politischen und militärischen Rückschläge habe sich etwa seit 1943 in der Bevölkerung eine gefährliche Welle des Defätismus breitgemacht. Diese habe mit aller Schärfe bekämpft werden müssen, um den Bestand des Reiches zu sichern ...«

## NS-Todesurteile keine Rechtsbeugung

»Das Schwurgericht kann dem Angeklagten diese Einlassung nicht widerlegen. Ein strafbares Verhalten ist ihm in den sieben Fällen, die den Gegenstand des Verfahrens bilden, nicht nachzuweisen. Nach der Rechtsprechung des Bundesgerichtshofes und der im Schrifttum überwiegend vertretenen Ansicht, die das Schwurgericht für richtig hält, kann ein Richter wegen einer durch richterliche Entscheidung (Todesurteil) verursachten Tötung nach § 211 oder § 212 StGB nur bestraft werden, wenn er die Entscheidung durch vorsätzliche Rechtsbeugung (§ 336) getroffen hat; dabei ist der Nachweis des unbedingten Vorsatzes erforderlich. (BGHSt 10, 294). Dieser Grundsatz gilt auch für den Angeklagten, der Berufsrichter am Volksgerichtshof war. Denn nach der Rechtsprechung des Bundesgerichtshofes, wie sie zuletzt in dem in dieser Sache ergangenen Urteil vom 30. April 1968 (NJW 1968, 1339) zum Ausdruck gekommen ist, handelte es sich bei dem VGH um ein unabhängiges, nur dem Gesetz unterworfenes Gericht im Sinne des § 1 des Gerichtsverfassungsgesetzes. Das Schwurgericht folgt dieser Rechtsprechung ... Das Schwurgericht kann dem Angeklagten nicht nachweisen, daß er sich als Richter am VGH in den hier zu untersuchenden sieben Strafverfahren bei der Leitung oder Entscheidung einer Rechtssache vorsätzlich zum Nachteil der Betroffenen einer Beugung des Rechts (§ 336) schuldig machte ... Da der Nachweis der Rechtsbeugung (§ 336 StGB) nicht zu führen ist, hat sich der Angeklagte auch keiner widerrechtlichen Tötung im Sinne der §§ 211 und 212 StGB oder eines Versuchs hierzu schuldig gemacht, zumal – wie bereits zum Ausdruck gebracht – dem Angeklagten nicht nachzuweisen ist, daß er sich bei seinen Entscheidungen von sachfremden Erwägungen hat leiten lassen ... Mithin war der Angeklagte freizusprechen.« (3 P Ks 27/68)

Welche Schuld hatten die sieben Opfer der Nazijustiz auf sich geladen, daß der Volksgerichtshof unter Mitwirkung von Hans-Joachim

Rehse sie zum Tode verurteilte? In dem Urteil des Schwurgerichts beim Landgericht Berlin wird zu den einzelnen Fällen ausgeführt:

»Alich, ein 1886 geborener Geschäftsmann und Betriebsführer, sagte im Sommer 1943 nach dem Sturz Mussolinis zu dem Zweigstellenleiter einer Kreissparkasse bei Magdeburg, bei dem er geschäftlich zu tun hatte: Hitler müsse nun auch zurücktreten; der habe so viel Unglück über das deutsche Volk gebracht, wie er in seinem ganzen Leben nicht wieder gutmachen könne. Er müsse erschossen werden; wenn es keiner tun wolle, solle man ihn umbringen – er, Alich, werde es tun ...

Der 1887 geborene katholische Geistliche Dr. Metzger, ein führendes Mitglied der Una-Sancta-Bewegung, rechnete mit dem Zusammenbruch des nationalsozialistischen Deutschen Reiches. Vor Ostern 1943 verfaßte er eine Denkschrift, in der er seine Vorstellungen über die künftige staatliche Ordnung niederlegte. Danach sollte Deutschland in eine Anzahl demokratisch geführter, voneinander unabhängiger Staaten aufgeteilt werden ... Dr. Metzger plante, sein politisches Programm dem ihm aus der Una-Sancta-Bewegung bekannten schwedischen Bischof Eidem zu übermitteln ...

Der 1891 geborene, im Bahndienst tätige Postschaffner Jurkowski aus Berlin, erklärte am 3. August 1943 auf der Straße in Danzig einem anderen Postbeamten, Göring habe in Italien das sechste Besitztum und habe sich an fremdem Eigentum bereichert. Eine zufällig hinter den beiden gehende Frau hörte die Bemerkungen, stellte Jurkowski zur Rede und meinte, er solle so etwas nicht herausposaunen, sondern für sich behalten. Jurkowski entgegnete, sie werde in zwei Monaten anders darüber denken; der Duce sei verhaftet, mit Hitler werde es auch nicht anders gehen ...

Der 1883 geborene Fabrikant Bahner war bis Sommer 1943 als Oberstleutnant der Reserve Divisionsnachschubführer in Rußland. Aus Gesundheitsgründen entlassen, war er wieder in seinem Betrieb, einem größeren Wirkwaren-Unternehmen, tätig. Am 9. Juli 1943 führte er im Anschluß an eine geschäftliche Unterredung mit dem Geschäftsreisenden einer Lieferfirma im Büro ein politisches Gespräch ... Dabei bezeichnete Bahner die Mitglieder der NSDAP als ›numerierte Volksgenossen‹, die man sich merken müsse, damit man sie sich zu gegebener Zeit abholen könne ... Wenn Hitler die Lage nicht meistern könne, müsse er eben gehen ...

Der 1877 geborene Studienrat a.D. Professor Oberüber aus Berlin unterhielt sich am 3. September 1943 in den Kuranlagen in Pörtschach/Kärnten mit einem bis dahin unbekannten Obergefreiten, der schwer verwundet im dortigen Reservelazarett untergebracht war ... Oberüber erklärte: Der Krieg sei für uns aussichtslos und verloren. Die Amerikaner stellten alle sechs Minuten ein Flugzeug her, jeden Monat 20.000 ...

Der 1899 geborene Dr. Dr. Arndt war Kustos des der Berliner Universität angeschlossenen zoologischen Museums mit dem Titel eines Professors. Am 28. Juli 1943 traf er in Berlin seinen früheren Assistenten ... Dr. Arndt brachte das Gespräch auf die Ereignisse in Italien und erklärte: jetzt sei es zu Ende mit dem Dritten Reich. Es handle sich nur noch um die Bestrafung der Schuldigen ... Seit dem Reichstagsbrandschwindel habe er gewußt, daß es so kommen werde ...

Der 1893 geborene katholische Geistliche Müller war neuer Pfarrer einer Gemeinde bei Hildesheim. Anfang August 1943 erklärte er einem Elektromeister, der handwerklich bei ihm zu tun hatte, der Krieg könne leicht verlorengehen; er als alter Soldat würde das bedauern... Kurze Zeit darauf erzählte Müller dem Elektromeister folgenden Witz: Ein Verwundeter habe als Sterbender gebeten, die noch einmal zu sehen, für die er sterben müsse; da habe man das Bild Hitlers rechts, das Görings links neben ihn gestellt; da habe der Verwundete gesagt: ›Jetzt sterbe ich wie Christus‹.«

Angehörige einer nachgewachsenen Generation werden möglicherweise fragen, ob Leute wie Rehse in einem auf Zwang aufgebauten Staat nicht vielleicht auf Druck von oben hin gezwungen waren, unmenschliche Urteile zu fällen. Die Antwort darauf hat Rehse selbst gegeben. In dem ersten Verfahren gegen ihn hatte 1967 der Vorsitzende der Strafkammer gefragt: »Warum haben Sie gesetzwidrige Todesurteile unterschrieben? Man konnte Sie doch nicht zwingen!« Rehse antwortete: »Es wäre mir vermutlich nichts weiter passiert, auch wenn ich nicht unterschrieben hätte.«

Die Staatsanwaltschaft beim Landgericht Berlin legte gegen den Freispruch Revision ein. Unter anderem widersprach sie der auf die Rechtsprechung des Bundesgerichtshofes gestützten Aussage, der Volksgerichtshof sei ein unabhängiges, nur dem Gesetz unterworfenes Gericht gewesen mit der Feststellung, das sei unrichtig, weil diese Feststellung der geschichtlichen Wahrheit nicht entspreche. Rehse starb 1969 vor der Entscheidung über die Revision und der Freispruch wurde rechtskräftig. Es dauerte noch 16 Jahre, ehe der Deutsche Bundestag am 25. Januar 1985 dem Bundesgerichtshof entgegenhielt, der Volksgerichtshof sei kein Gericht in rechtsstaatlichem Sinne gewesen, sondern »ein Terrorinstrument zur Durchsetzung der nationalsozialistischen Willkürherrschaft« In einer vom Plenum einstimmig angenommenen Beschlußempfehlung des Rechtsausschusses, die auf Initiative der SPD-Fraktion zustandekam, erklärte die Volksvertretung zugleich alle Entscheidungen des Volksgerichtshofes für nichtig. Der damalige Bundesjustizminister Hans Engelhard (FDP) sprach allen Opfern der Terrorurteile im Namen des Parlaments seine Hochachtung aus. Der SPD-Abgeordnete Gernot Fischer sagte während einer kurzen Plenumsdebatte, der Volksgerichtshof habe »staatlich sanktionierten Mord« begangen. Dennoch seien Mitglieder des Volksgerichtshofes in höchste Staats- und Richterämter aufgestiegen, und die deutsche Justiz habe es »bis heute« nicht geschafft, diese »schreckliche Vergangenheit« aufzuarbeiten.

Sie schaffte es bis zum Schluß nicht. Am 21. Oktober 1986 wurden die Ermittlungen gegen ehemalige Angehörige des Volksgerichtshofes endgültig eingestellt. Berlins Justizsenator Rupert Scholz (CDU) verband die Bekanntgabe des Sachverhalts mit der Bemerkung, die Entscheidung des Bundesgerichtshofes im Fall Rehse hätte die weitere Tätigkeit der Ermittlungsbehörden »sehr schwierig gemacht«. So blieb es dabei, daß kein einziger Nazirichter rechtskräftig verurteilt wurde. Der Vorgänger von Scholz im Amt des Berliner Justizsenators, Gerhard Meyer (FDP) hatte im Oktober 1979 die Wiederaufnahme der Ermittlungen gegen Angehörige des Volksgerichtshofes angeregt. Über seine Beweggründe äußerte er sich in einem Nachwort zu dem 1980 im Luchterhand-Verlag erschienenen Buch »Im Namen des deutschen Volkes – Todesurteile des Volksgerichtshofes«.

»Ausschlaggebend war die Überzeugung, daß das Rehse-Urteil vom 30. April 1968, was die Einschätzung des VGH als angeblich ›ordentliches‹ Gericht betrifft, an der historischen Wahrheit vorbeigeht. Schließlich unterliegen auch höchstrichterliche Entscheidungen dem Wandel der Zeit. Es besteht meines Erachtens die Chance für neuere Überlegungen, auch im Hinblick auf ein möglicherweise gewandeltes Geschichtsbewußtsein.« Einleitend hatte Meyer geschrieben:

»Die Schlußformel unter den Todesurteilen des Volksgerichtshofes lautete fast ausnahmslos: ›Für immer ehrlos wird der Angeklagte zum Tode bestraft.‹ 35 Jahre nach dem Krieg läuft die deutsche Justiz Gefahr, mit diesem Attribut selbst belegt zu werden, wenn es ihr nicht gelingt, dieses dunkle Kapitel ihrer justitiellen Vergangenheit aufzuarbeiten.«

Was Berlins Justizsenator als Gefahr beschwor, ist mit der Einstellung aller Ermittlungen in Sachen Volksgerichtshof eingetreten: das dunkle Kapitel wurde nicht aufgearbeitet – mit der von Gerhard Meyer beschriebenen Folge.

## BGH schafft neue Maßstäbe

Nach der deutschen Vereinigung sorgte der Bundesgerichtshof dafür, daß es bei der Bewertung des Tuns ehemaliger DDR-Juristen nicht zu Irritationen kam. Wortreich beschrieb er – als sollte die Schmach des Versagens gegenüber dem Nazi-Unrecht übertüncht werden –, unter welchen Umständen DDR-Richter wegen Rechtsbeugung belangt werden können. In einem Urteil, mit dem der Freispruch für zwei ehemalige Arbeitsrichter der DDR bestätigt wurde, stellte der Bundesgerichtshof die bereits erwähnten Grundsätze auf, nach denen DDR-Richter zu verurteilen seien. (BGHSt 40, 30 ff, vom 13.12.1993) Darin heißt es, eine Strafbarkeit der Richter setze zunächst voraus, daß diese sich nach dem Rechtsbeugungsparagraphen 244 des Strafgesetzbuches der DDR strafbar gemacht haben und daß ihr Verhalten auch nach dem Rechtsbeugungsparagraphen 336 des Strafgesetzbuches (der Bundesrepublik) strafbar sei.

»... Bei der Prüfung, ob sich ein Richter der DDR-Justiz der Rechtsbeugung schuldig gemacht hat, ist – schon bei der Prüfung des objektiven Tatbestandes, im übrigen im Hinblick auf die innere Tatseite – zu berücksichtigen, daß es um die Beurteilung von Handlungen geht, die in einem anderen Rechtssystem vorgenommen worden sind. Die besonderen Züge dieses Rechtssystems sind bei der Prüfung der Frage, ob die Handlung gesetzwidrig im Sinne des § 244 StGB-DDR gewesen ist bzw. im Sinne des § 336 StGB das Recht gebeugt hat, zu beachten. An einer Gesetzwidrigkeit im Sinne des § 244 StGB-DDR hat es grundsätzlich gefehlt, wenn die Handlung des Richters vom Wortlaut des Rechts der DDR gedeckt war ... Bei der Auslegung von Normen kommt es auf die Auslegungsmethoden der DDR, nicht auf die der Bundesrepublik an ...«

»Unter Beachtung dieser Gesichtspunkte wird, abgesehen von Einzelexzessen, eine Bestrafung von Richtern der DDR wegen Rechtbeugung auf Fälle zu beschränken sein, in denen die Rechtswidrigkeit der Entscheidung so offensichtlich war und insbesondere die Rechte anderer, hauptsächlich ihre Menschenrechte, derart schwerwiegend verletzt worden sind, daß sich die Entscheidung als Willkürakt darstellt. Orientierungsmaßstab wird die offensichtliche Verletzung von Menschenrechten sein, wie sie in der DDR durch den Beitritt zum Internationalen Pakt über bürgerliche und politische Rechte (für die DDR in Kraft getreten am 23. März 1976 – GBl II 108) anerkannt waren (vgl. BGHSt 39, 1, 16 ff.) ...«

»Nur bei Anlegung dieses strengen Maßstabes ist gewährleistet, daß eine Bestrafung nicht gegen das Rückwirkungsverbot (Art. 103 Abs. 2 GG) verstößt. Dafür ist die Erwägung maßgeblich, daß das Recht der DDR auch mit den Auslegungsmethoden, die ihm eigentümlich waren, so ausgelegt werden konnte, daß Willkürakte im Sinne offensichtlicher, schwerer Menschenrechtsverletzungen vermieden wurden. (vgl. BGHSt 39, 1, 23). Eine solche menschenrechtsfreundliche Auslegung war dem Richter ungeachtet der auf ihn wirkenden Einflüsse möglich ... Hat der Richter sich dementsprechend verhalten, so wird schon der äußere Tatbestand der Rechtsbeugung zu verneinen sein.«

Mit seinen Grundsätzen zur Bestrafung von DDR-Richtern hat der Bundesgerichtshof rechtlich die Weichen gestellt zur Umsetzung des politischen Willens der Sieger im historischen Wettstreit zwischen den beiden Gesellschaftssystemen, die nach der Niederlage des NS-Staates auf deutschem Boden entstanden waren. Er wußte sich dabei auf sicherem Grund, denn nichts war nach seiner Kenntnis dafür ersichtlich, »daß der Gesetzgeber des Einigungsvertrages ... Fälle der Rechtsbeugung, die vor dem Systemwechsel in der DDR vorgekommen sind, von der Strafbarkeit ausnehmen« wollte. Daraus folgt, daß sich die Justiz jetzt bei der Bestrafung von DDR-Richtern ebenso auf das Einverständnis des Gesetzgebers stützen konnte wie seinerzeit bei der Freistellung der Nazirichter von jeglicher Bestrafung.

Damit nicht der Eindruck entsteht, Juristen der ehemaligen DDR sollten nachträglich für Taten bestraft werden, die in der DDR nicht mit Strafe bedroht waren, verlangte der BGH, bei der Auslegung von Normen nicht die Auslegungsmethoden der Bundesrepublik zugrundezulegen, sondern die der DDR. Ausschlaggebend blieben am Ende aber die Wertmaßstäbe des Westens. Auf ihnen beruhen alle Kriterien, nach denen Vertreter eines anderen Rechtssystems darüber entscheiden, ob eine Handlung vom Wortlaut der DDR-Gesetze gedeckt war oder nicht. Blutrichter wie Otto Thorbeck und Hans-Joachim Rehse brauchten nur zu versichern, streng nach Recht und Gesetz gehandelt zu haben, um von Strafe verschont zu bleiben; wenn DDR-Richter erklären, niemals vorsätzlich gesetzwidrig geurteilt zu haben, hilft ihnen das wenig oder gar nichts – ihnen wird der Wille zur Missetat in der Regel von vornherein unterstellt. Als »mittlerweile gesicherte Rechtsprechung« hat der Bundesgerichtshof in seiner Entscheidung vom 21.8.1997 festgehalten:

»Angesichts der hohen Anforderungen, die – bei Rücksichtnahme auf Anschauungen von DDR-Justizangehörigen zur Tatzeit – an die objektiven Voraussetzungen des Rechtsbeugungstatbestandes gestellt werden, (kann) die Wissentlichkeit der gesetzwidrigen Entscheidung (§ 244 StGB-DDR) regelmäßig nicht in Frage stehen.«

## Der Fall Reinwarth

Am 17. Juni 1994 verurteilte das Berliner Landgericht den früheren Richter am Obersten Gericht der DDR, Hans Reinwarth, wegen Rechtsbeugung in Tateinheit mit Totschlag und versuchtem Totschlag in drei Fällen zu einer Freiheitsstrafe von drei Jahren und neun Monaten; die bis dahin höchste Strafe gegen einen ehemaligen DDR-Juristen.

Den Mitte der fünfziger Jahre unter Mitwirkung von Reinwarth Verurteilten war Spionage vorgeworfen worden. Das Landgericht befand, bei den Taten zweier später Hingerichteter habe es sich um »untere bis mittlere Spionagetätigkeit« gehandelt, die die Todesstrafe nicht gerechtfertigt hätten.

Der Verteidiger des verurteilten DDR-Richters, Professor Dr. Erich Buchholz, legte am 26.9.1994 Revision beim Bundesgerichtshof ein. Er berief sich auf die Entscheidung des BGH vom 13.12.1993, wonach ein DDR-Richter wegen Rechtsbeugung nur verfolgt und bestraft werden könne, wenn er im Sinne des § 244 StGB/DDR wissentlich gesetzwidrig zugunsten oder zuungunsten eines Beteiligten entschieden habe und wenn diese Entscheidung auch nach § 336 StGB als Rechtsbeugung zu beurteilen sei. Wörtlich heißt es in der Revisionsbegründung weiter:

»Rechtsbeugung liegt nach § 244 StGB/DDR nur vor, wenn der Täter gesetzwidrig gegen ein geschriebenes Gesetz verstoßen hat und wenn er sich dabei dessen bewußt war, daß er contra legem scriptam entscheidet. Nach der in der DDR herrschenden Doktrin blieben demgemäß – wie immer man das Resultat rechtspolitisch beurteilen mag – Entscheidungen, die möglicherweise übergesetzliches Recht, Naturrecht, Gewohnheitsrecht oder nicht ins innerstaatliche Recht der DDR transformiertem Völkerrecht widersprachen, jenseits einer Strafbarkeit nach §244 StGB/DDR.

Die dahingehende auf das geschriebene innerstaatliche positive Recht abstellende Ansicht ergibt sich aus der bereits im DDR-Lehrbuch des Strafrechts, Allgemeiner Teil (1957), vertretenen Auffassung: ›Gewohnheitsrecht‹ – anderes ungeschriebenes, z.B. übergesetzliches, Recht war ohnehin schon von vornherein außer Betracht geblieben – kann ›nicht Grundlage der strafrechtlichen Verantwortlichkeit ... sein‹. Die gleiche Auffassung findet sich in dem letzten in der DDR herausgebrachten Lehrbuch Strafrecht der DDR von 1988; auf Seite 126 heißt es unmißverständlich: ›Das Strafrecht der DDR beruht auf dem Strafgesetz. Es wird demzufolge weder durch ein Gewohnheitsrecht noch durch gerichtliche Präjudizien begründet.‹

Auch völkerrechtliche Verpflichtungen, die die DDR eingegangen war, bedurften ... der Transformation in das Strafrecht der DDR durch legislativen Akt. An dieser eindeutigen Gesetzeslage in der DDR vermögen weder Gesetzgebung noch Rechtsprechung der Bundesrepublik etwas zu ändern. Insbesondere wäre es absolut unzulässig, den unmißverständlichen Terminus ›Gesetz‹ (bzw. gesetzwidrig) durch den Terminus ›Recht‹ (bzw. rechtswidrig) zu ersetzen, um so eine Strafbarkeit zu konstruieren, wo nach DDR-Recht Strafbarkeit nicht gegeben ist. Es fiele schwer, eine so offensichtliche Gesetzwidrigkeit und Verletzung des Artikels 315 des Einführungsgesetzes zum StGB (EStGB) nicht (zumindest objektiv) als Rechtsbeugung betrachten zu müssen ...

Der Beschwerdeführer (Reinwarth), der sich – wie auch die Strafkammer einräumt – sehr offen, freimütig und außerordentlich umfänglich und detailliert eingelassen hat, hat mit gleicher Eindeutigkeit und Entschiedenheit bekundet, daß er bei all seinen Entscheidungen stets davon überzeugt war, daß diese Entscheidungen mit dem Gesetz der DDR in Einklang standen und sie namentlich nicht ungesetzlich waren. Anderes hat die Strafkammer nicht festzustellen vermocht ...

Die Strafkammer unterschob – in unzulässiger Weise – ihre eigene heutige Vorstellung von einer gesetzwidrigen Entscheidung den damaligen Vorstellungen des Beschwerdeführers, der indessen damals in keiner Weise bei der Erwägung des Strafausspruchs an die Möglichkeit einer gesetzwidrigen Entscheidung zu denken vermochte. Noch krasser zeigt sich diese Unterschiebung von fremden Denkweisen und Vorstellungen darin, daß die Strafkammer auf ›einen Verstoß gegen die Menschenrechte‹ rekurriert. Die Strafkammer übersieht, daß sie Vorgänge aus der Zeit Mitte der fünfziger Jahre (also vor 40 Jahren) in einer anderen Rechtsordnung zu beurteilen bzw. festzustellen hat. Was heutzutage bzw. seit der Verabschiedung der beiden Konventionen über Menschenrechte (1966) zu diesem Gegenstand erörtert, diskutiert und auch in den Medien verbreitet wurde, war damals in der DDR jenseits jeder Vorstellungsweise, wie ein Blick in die damaligen Veröffentlichungen illustriert hätte ... Damit hat die Strafkammer gegen elementare Denkgesetze verstoßen ...«

Als Hans Reinwarth 1994 verurteilt wurde, war er 74 Jahre alt. Die Urteile, an denen er mitgewirkt hatte, lagen vierzig Jahre zurück. Sie ergingen zu einer Zeit, da sich die Siegermächte des Zweiten Weltkrieges auf Konfrontationskurs befanden. Im Mai 1955 wurde die Bundesrepublik in die Nato aufgenommen; auf östlicher Seite wurde der Warschauer Pakt – zunächst ohne DDR – aus der Taufe gehoben. Die Explosion der bis dahin größten sowjetischen Wasserstoffbombe löste im selben Monat einen Schock in den USA aus. Im Januar 1956 gründete die DDR die Nationale Volksarmee; zwei Monate darauf verabschiedete der Bundestag das Gesetz über die Wehrverfassung, der im Juli das Wehrpflichtgesetz folgte. Zusätzlich verschärft wurde die Situation, als das Bundesverfassungsgericht die Kommunistische Partei Deutschlands verbot und damit eine Welle politischer Strafverfahren auslöste.

Über die Revision im Fall Reinwarth entschied der Bundesgerichtshof mit Urteil vom 16. November 1995 (AZ 5 StR 747/94). Die Sache war von anderem Kaliber als der Fall des Waldheimrichters Otto Jürgens. Hier ging es um die Frage, wie DDR-Richter im Gegensatz zu den NS-Richtern der Rechtsbeugung überführt und bestraft werden können. Die ganze Tragweite des Urteils, aber auch seine Brisanz, wird vor dem Hintergrund des Freispruchs für den Richter am Volksgerichtshof Hans-Joachim Rehse erkennbar. Auszüge aus dem Urteil:

»Der 1920 geborene Angeklagte erlernte nach Besuch der Volks- und Bürgerschule den Beruf eines Strumpfwirkers. Er engagierte sich politisch gegen die Nationalsozialisten, erlitt Gefangenschaft in einem Konzentrationslager und kam anschließend zum Fronteinsatz ›zur Bewährung‹, unter anderem in einem Minensuchkommando. Im Jahre 1948 wurde er in Schwerin zum ›Volksrichter‹ ausgebildet; ab 1949 übte er verschiedene richterliche Tätigkeiten aus. Eine Teilnahme an den Waldheim-Prozessen lehnte er aus Gewissensgründen ab. 1954 wurde er beisitzender Richter am Obersten Gericht der DDR. Daneben war er von 1954 bis 1958 Parteisekretär des Obersten Gerichts. 1958 holte der Angeklagte das zweite juristische Staatsexamen nach. Er wurde 1960 zum Oberrichter am Obersten Gericht befördert und erhielt zunächst den Vorsitz eines Strafsenats. 1965 wurde er zum Vizepräsidenten für Zivilsachen des Obersten Gerichts ernannt. Nach seiner Promotion war er ab 1968 Dozent für Zivil- und Familienrecht an der Akademie für Staats- und Rechtswissenschaft der DDR, wo er 1973 eine Professur erhielt. Seit 1980 ist der Angeklagte Rentner.

Als beisitzender Richter am Obersten Gericht der DDR war der Angeklagte in den Jahren 1954 bis 1956 unter anderem mit der Verfolgung von gegen den Staat gerichteten Straftaten befaßt. Dabei wirkte er an drei Strafverfahren wegen ›Verbrechen gemäß Artikel 6 Absatz 2 der Verfassung der DDR‹ (DDR-Verfassung/1949) mit, die zu Todesurteilen gegen die Betroffenen führten und in denen das Schwurgericht sein Verhalten als Rechtsbeugung gewertet hat ...

Für die Beurteilung von Fällen der vorliegenden Art gilt im Grundsatz folgendes: Für den Tatzeitraum vermag die Verhängung der Todesstrafe, die in der DDR bis zu ihrer Abschaffung durch Beschluß des Staatsrates am 17. Juli 1987 als Sanktion vorgesehen war, als solche eine Verurteilung wegen Rechtsbeugung nicht ohne weiteres zu rechtfertigen. Die speziell in Artikel 102 des Grundgesetzes (Art. 102 GG: Die Todesstrafe ist abgeschafft; C.T.) zum Ausdruck gekommene Wertentscheidung des Grundgesetzes ... kann insoweit keinen Maßstab darstellen, an dem das damalige Handeln des Angeklagten gemessen werden dürfte. Bei der Prüfung seiner individuellen Schuld ist vielmehr zu beachten, daß die Todesstrafe in der Nachkriegszeit in den sogenannten sozialistischen Staaten in erheblichem Umfang angewandt wurde ... Die Verbreitung der Todesstrafe in den osteuropäischen Staaten, in deren System die DDR eingebunden war, verbietet es, von einem DDR-Richter im Tatzeitraum zu erwarten, daß er sein Verhalten an Erkenntnissen ausrichtete, die nach heutigem Verständnis für die Menschenrechtswidrigkeit der Sanktion sprechen. Ein Todesurteil kann deshalb in der gegebenen Fallkonstellation, jedenfalls aus subjektiven Gründen, nicht ohne Hinzutreten weiterer Umstände bereits für sich genommen als willkürliche Menschenrechtsverletzung angesehen werden. Dies gilt namentlich angesichts der Tatsache, daß auch führende westliche Demokratien in ihren Rechtsordnungen zur Tatzeit die Todesstrafe androhten; in Großbritannien etwa war sie bis 1969, in Frankreich bis 1981 vorgesehen ... Heute noch gilt die Todesstrafe in der überwiegenden Zahl der US-amerikanischen Bundesstaaten ...«

»Jede gerichtlich verhängte Strafe hat vor dem Willkürverbot nur Bestand, wenn sie in einer noch angemessenen Relation zum begangenen Unrecht bleibt. Die Idee der Gerechtigkeit fordert, daß Tatbestand und

Rechtsfolge in einem sachgerechten Verhältnis zueinander stehen (BVerfGE 20, 323, 331); eine verhängte Strafe muß ein gerechtes Verhältnis zum Maß der Schuld des Täters einhalten (BVerfGE 45, 187, 260) ... Maßgeblich für die Betrachtung, ob ein unerträglicher Willkürakt vorliegt, müssen die in der DDR herrschenden Wertvorstellungen im Tatzeitraum sein. Besonders beachtlich ist dabei auch die Berücksichtigung zeitgebundener Wandlungen im Verständnis von Strafe und Strafrechtsfunktion (vgl. BVerfGE 45, 187, 229).«

»Einerseits ist der Tatzeitraum in den Jahren 1955/1956 maßgeblich gekennzeichnet als Periode des ›Kalten Krieges‹. Das Schwurgericht legt dabei – nach Wahrunterstellungen – zugrunde, daß – von den Westsektoren Berlins ausgehend – zahlreiche Geheimdienste in der DDR und den Ostblockstaaten tätig wurden und daß eine äußerst angespannte politische Lage herrschte, in der die Großmächte des öfteren den Ausbruch eines Dritten – möglicherweise atomaren – Weltkriegs befürchteten. Eine solche durch entsprechende Staatspropaganda vermittelte und in weiten Bevölkerungskreisen als krisenhaft empfundene Situation konnte auch an der Rechtsprechung nicht spurlos vorbeigehen. So wurde in dieser Zeit – auf beiden Seiten – eine ›politische Justiz‹ mit einer aus heutiger Sicht nicht immer nachvollziehbaren Intensität betrieben. Die Konfrontation von West und Ost und die ideologische Konkurrenz der Machtblöcke beeinflußten gerade die in der SED-Diktatur ohnehin instrumentalisierte Rechtsprechung zusätzlich. Vor diesem Hintergrund wurde in der DDR-Justiz auch die Todesstrafe als ›Mittel des Klassenkampfes‹ für notwendig gehalten ... Andererseits muß in diesem Zusammenhang auch die überragende Bedeutung des Rechtsguts des menschlichen Lebens Beachtung finden. Sie kann dazu führen, daß Tatzeitrecht, welches vorsätzliche Tötung gestattete, im Blick auf vorrangige übergesetzliche Grundsätze und völkerrechtliche Normen als unwirksam zu verwerfen ist ...«

»Eine besonders kritische Überprüfung von Todesurteilen ist namentlich vor dem Hintergrund der Erfahrungen mit der NS-Diktatur notwendig. Das menschenverachtende nationalsozialistische Regime wurde durch willfährige Richter und Staatsanwälte gestützt, die das Recht pervertierten. Die Grausamkeit, die das Bild der Justiz in der NS-Zeit prägt, gipfelte in einem beispiellosen Mißbrauch der Todesstrafe. Diese Erfahrungen führten in der Bundesrepublik zur Abschaffung der Todesstrafe durch Artikel 102 des Grundgesetzes. Zwar behielt die DDR die Todesstrafe bei. Sie bekannte sich aber zur Abkehr von der nationalsozialistischen Gewaltherrschaft. Die DDR-Justiz war daher – auch unter den Bedingungen des ›Kalten Krieges‹ – in besonderem Maße gehalten, die von der Rechtsordnung vorgesehene Todesstrafe, zumal im Bereich politisch motivierten Strafrechts, auf Fälle schwersten Unrechts zu beschränken. Namentlich durfte diese äußerste Sanktion nicht angeordnet werden, wenn durch die zu ahndende Straftat kein gravierender Schaden entstanden war.«

»Der Senat verkennt nicht, daß Maßstäbe, wie sie in der Bundesrepublik Deutschland bei der Beurteilung von NS-Justizunrecht angewandt worden sind, weit weniger streng waren. Die Erkenntnis, daß eine Todesstrafe nur dann als nicht rechtsbeugerisch anzusehen ist, wenn sie der Bestrafung schwersten Unrechts dienen sollte, hätte in einer Vielzahl von Fällen zur Verurteilung von Richtern und Staatsanwälten des nationalsozialistischen Gewaltregimes führen müssen. Derartige Verurteilungen gibt es trotz des tausendfachen Mißbrauchs der Todesstrafe, namentlich in den Jahren 1939–1945, nur in sehr geringer Zahl (vgl. Spendel, Rechtsbeugung durch Rechtsprechung, S. 17; Lamprecht NJW 1994, 562).

Nach diesen Grundsätzen stellen sich die in den Fällen T., F. sowie H. und R. ausgesprochenen Todesurteile als Rechtsbeugung jeweils in Tateinheit mit vollendetem (T. und F.) oder versuchtem (H. und R.) Totschlag dar.«

»Auch wenn das Verhalten der Betroffenen aus der Sicht des Angeklagten grundsätzlich als nach Art. 6 Abs. 2 der DDR-Verfassung/1949 strafbar anzusehen sein mochte, rechtfertigte hier keiner der vom Obersten Gericht festgestellten Sachverhalte auch nur annähernd die verhängten Sanktionen ... Die im Urteil des Bezirksgerichts getroffenen, vom Obersten Gericht unter Mitwirkung des Angeklagten im Berufungsverfahren überprüften Feststellungen zu der von T. entfalteten ›Spionagetätigkeit‹ ergeben zwar nachhaltige Aktivitäten des Betroffenen, welche nach Umfang und Dauer aus damaliger Sicht des Angeklagten als gewichtige in Anwendung des Art. 6 Abs. 2 der DDR-Verfassung/1949 schwer zu bestrafende Spionagetätigkeiten gewertet werden konnten, ohne daß der Angeklagte sich deshalb bereits wegen Rechtsbeugung strafbar gemacht hätte. Andererseits belegen die Feststellungen keinen die Staatssicherheit wesentlich beeinträchtigenden Geheimnisverrat zum Nachteil der DDR ...«

»Die vom Bezirksgericht und vom Obersten Gericht im Verfahren gegen F. getroffenen Feststellungen belegen ebenfalls und erst recht keinen Sachverhalt, der auch nur entfernt geeignet wäre, das gegen den Betroffenen verhängte Todesurteil zu rechtfertigen. F. wurde beschuldigt, von Herbst 1953 bis Sommer 1955 für den britischen Geheimdienst tätig gewesen zu sein ... Die Verhängung der Todesstrafe im Fall F. läßt sich nur als willkürlicher Gewaltakt gegenüber einem ›Staatsfeind‹ und als gewollte Schreckensherrschaft zur Unterstützung der staatlichen Machthaber durch massive Abschreckung deuten. Auch im Fall der Verurteilten H. und R. stehen die Todesurteile in einem unerträglichen Mißverhältnis zu den gegen die Betroffenen erhobenen Vorwürfe. H. und R. wurden beschuldigt, im Auftrag des amerikanischen Geheimdienstes Spionage sowie die Abwerbung von Wissenschaftlern und sonstigen Fachkräften aus der DDR betrieben zu haben ...«

## »Rechtsbeugung hinreichend belegt«

»Die Feststellungen des Schwurgerichts zur inneren Tatseite tragen die Verurteilungen wegen Rechtsbeugung und damit tateinheitlich zusammentreffender Tötungsdelikte. Der Tatrichter führt dazu aus, der Angeklagte habe – wie er einräumt – die verhängten Strafen für ›nicht schuldangemessen‹ (Fälle sowie H. u.a.) bzw. für ›grob unbillig‹ (Fall F.) gehalten; gleichwohl habe er für die jeweiligen Entscheidungen gestimmt, wobei er mit der Vollstreckung der Todesurteile gerechnet habe. Damit ist hier auch der Vorsatz der Rechtsbeugung hinreichend belegt; und zwar auch, soweit § 244 StGB-DDR als mildestes Zwischengesetz (§ 2 Abs. 3 StGB) über den zur Tatzeit geltenden § 336 StGB hinaus eine ›wissentlich‹ gesetzwidrige Entscheidung und damit direkten Vorsatz voraussetzt. Der unbedingte Rechtsbeugungsvorsatz wird hier auch nicht dadurch in Frage gestellt, daß der Angeklagte bestreitet, wissentlich gesetzwidrig gehandelt zu haben ...«

»Angesichts der besonders hohen Anforderungen an den objektiven Rechtsbeugungstatbestand, der in Fällen der vorliegenden Art auf offensichtliche schwere Menschenrechtsverletzungen durch unerträgliche Willkürakte beschränkt ist, erscheint es von vornherein kaum vorstellbar, daß einem Berufsrichter die evidente Rechtswidrigkeit seiner Entscheidung verborgen geblieben sein kann. Dies gilt auch in Anbetracht des Werdeganges des Angeklagten und selbst unter Berücksichtigung seiner bloßen Volksrichterausbildung.«

»Für die vom Tatrichter vorgenommene Würdigung, daß der Angeklagte die willkürlichen Unterdrückungsakte gegen die seinerzeit Verfolgten auch subjektiv als solche erkannt hat, sprechen hier als zusätzliche Anzeichen einige Feststellungen des Schwurgerichts zu fragwürdigen Verfahrensabläufen ... Danach ist hinreichend belegt, daß der Angeklagte, der in Kenntnis aller maßgeblichen Umstände handelte, auch das Bewußtsein hatte, daß die verhängten Todesstrafen in einem krassen Mißverhältnis zur Schuld der Verurteilten standen und deshalb gesetzwidrig waren. Es erscheint lediglich denkbar, daß der Angeklagte diese Rechtsfolgen trotz dieses Bewußtseins letztlich aus Rücksicht auf die Staatsräson für hinnehmbar gehalten hat. Eine solche Fehlbewertung des eigenen Handelns berührt den (auch direkten) Vorsatz der Rechtsbeugung jedoch nicht ... Diese Einordnung in ein Unrechtssystem mag dabei unter Umständen so weit gehen, daß der gesetzwidrig Entscheidende ungeachtet seiner Kenntnis von allen Umständen und Wertungen, welche die Gesetzwidrigkeit ausmachen, sich gleichwohl von rechtsfremden Vorstellungen hat leiten lassen, die er in fehlsamer Subsumtion für ›Recht‹ hält. Dies vermag den (auch direkten) Rechtsbeugungsvorsatz gleichwohl nicht in Frage zu stellen.«

»Beispiele für die dargestellte Problematik bietet namentlich auch die (insgesamt fehlgeschlagene) Auseinandersetzung mit der NS-Justiz. Die nationalsozialistische Gewaltherrschaft hatte eine ›Perversion der Rechtsordnung‹ bewirkt, wie sie schlimmer kaum vorstellbar war ..., und die damalige Rechtsprechung ist angesichts exzessiver Verhängung von Todesstrafen nicht zu Unrecht oft als ›Blutjustiz‹ bezeichnet worden.

Obwohl die Korrumpierung von Justizangehörigen durch die Machthaber des NS-Regimes offenkundig war, haben sich bei der strafrechtlichen Verfolgung von NS-Unrecht auf diesem Gebiet erhebliche Schwierigkeiten ergeben (vgl. Grobbohm NJW 1988, 2842, 2843 ff.). Die vom Volksgerichtshof gefällten Todesurteile sind ungesühnt geblieben, keiner der am Volksgerichtshof tätigen Berufsrichter und Staatsanwälte wurde wegen Rechtsbeugung verurteilt; ebensowenig Richter der Sondergerichte und der Kriegsgerichte. Einen wesentlichen Anteil an dieser Entwicklung hatte nicht zuletzt die Rechtsprechung des Bundesgerichtshofs (vgl. BGHSt 10, 294; BGH NJW 1968, 1339, 1340; vgl. dazu LG Berlin DRiZ 1967, 390, 393, r. Sp.). Diese Rechtsprechung ist auf erhebliche Kritik gestoßen, die der Senat als berechtigt erachtet. Insgesamt neigt der Senat zu dem Befund, daß das Scheitern der Verfolgung von NS-Richtern vornehmlich durch eine zu weitgehende Einschränkung bei der Auslegung der subjektiven Voraussetzungen des Rechtsbeugungstatbestands bedingt war ...«

»Ein Richter, der in blindem Gehorsam gegenüber staatlichen Machthabern meint, sich auch dann im Einklang mit Recht und Gesetz zu befinden, wenn er über die Grenzen des gesetzlich Zulässigen hinaus den Willen der Staatsführung vollzieht und dabei in der geschilderten Weise Menschenrechte verletzt, unterliegt keinem den Vorsatz berührenden Irrtum. Dasselbe gilt, wenn er aus Motiven der Staatsräson in einer Weise ›Recht‹ spricht, welche die Grenzen aus ihm bekannten grundlegenden unverbrüchlichen Rechtsgrundsätzen offensichtlich überschreitet ...«

## »... kaum als gerecht zu vermitteln«

»Das persönliche Schicksal des Angeklagten kennzeichnet ihn als Opfer der NS-Gewaltherrschaft. Jenseits der hier abgeurteilten Taten gelang es dem Angeklagten, der grundsätzlich gegen die Todesstrafe eingestellt war, wiederholt, in erfolgreichem Widerstand gegen ihm entgegengebrachte Erwartungen des Systems Betroffene vor der Verhängung der Todesstrafe und Unschuldige vor ungerechten Verurteilungen zu bewahren. Zutreffend hat das Schwurgericht neben den übrigen bedeutenden mildernden Gesichtspunkten in der Persönlichkeit des Angeklagten auf die ungewöhnlich lange Zeit von 40 Jahren Bedacht genommen, welche seit Begehung der Taten verstrichen sind (vgl. auch BGH NStZ 1995, 394, 399).«

»Zu der Zeit, als der Angeklagte die Taten beging, für die er jetzt verurteilt wird, und noch später waren Richter der NS-Justiz, die Todesurteile gefällt hatten, aufgrund der bereits skizzierten überaus einschränkenden Auslegung und Anwendung des § 336 StGB von der bundesdeutschen Justiz nicht zur Verantwortung gezogen worden; sie waren hingegen teilweise sogar weiter in der Justiz tätig, zuweilen konnten sie auch in Staatsämtern Karriere machen (vgl. nur den Katalog zur Ausstellung ›Im Namen des deutschen Volkes‹ des Bundesministers der Justiz zu Justiz und Nationalsozialismus, 3. Auflage, S. 307 ff.). Hätte sich die Rechtsprechung schon damals bei der Prüfung richterlicher Verantwortung für Todesurteile an Kriterien orientiert, wie sie der Senat in seiner heutigen Entscheidung für Recht erkennt, hätte eine Vielzahl ehemaliger NS-Richter strafrechtlich wegen Rechtsbeugung in Tateinheit mit Kapitalverbrechen zur Verantwortung gezogen werden müssen. Naheliegend wären viele von ihnen nicht anders, als es dem Angeklagten in diesem Verfahren widerfährt, entsprechend zu verurteilen gewesen, und zwar vielfach, wie die Erkenntnisse über die NS-Justiz erweisen, angesichts des Mißverhältnisses zwischen Todesurteil und abgeurteilter ›Tat‹ wegen noch weit schwererer Fälle. Darin, daß dies nicht geschehen ist, liegt ein folgenschweres Versagen bundesdeutscher Strafjustiz. Dies kann selbstverständlich nicht dazu führen, das Verhalten des Angeklagten nun nach den gleichen zu engen Maßstäben zu beurteilen. Daß ihm gleichwohl eine grundlegend veränderte Haltung der Rechtsprechung, ohne die seine Verurteilung nicht möglich wäre, kaum als gerecht zu vermitteln sein dürfte, liegt nicht fern ...«

Das Eingeständnis des höchsten deutschen Strafgerichts, die bundesdeutsche Justiz habe sich wegen der unterbliebenen Bestrafung der Blutrichter des Dritten Reiches ein »folgenschweres Versagen« zuzuschreiben, erregte beträchtliches Aufsehen. Aber hat die Justiz wirklich versagt? Versagen kann doch nur jemand, der zumindest den Versuch unternommen hat, eine bestimmte Aufgabe zu lösen. Wenn er scheitert, weil seine Kräfte nicht ausgereicht haben, liegt darin nichts Unehrenhaftes. Was den Bundesgerichtshof betrifft, um dessen Rechtsprechung es hier hauptsächlich geht, so kann von einer sachlich begründeten Überforderung bei der Aufarbeitung des Justizunrechts der Nationalsozialisten nicht die Rede sein. Es wurde überhaupt nicht versucht, die Mörder in der Robe einer gerechten Strafe zuzuführen. Im Gegenteil; wenn ein nachgeordnetes Gericht zu einem Schuldspruch gelangt war, fiel ihm der Bundesgerichtshof in den Arm und bewirkte durch das, was er jetzt schlicht »eine zu weit gehende Einschränkung bei der Auslegung der subjektiven Voraussetzungen des Rechtsbeugungstatbestands« nennt, daß dem Beschuldigten kein Haar gekrümmt werden konnte. Nein, hier geht es nicht um Versagen, sondern um zielgerichtetes Handeln, das Nazirichtern vom Schlage eines Thorbeck oder Rehse die Flucht aus der Verantwortung hin zum Freispruch ermöglichte. Es handelt sich um eine historische Schuld, die nicht aus der Welt geschafft werden kann.

## Eine andere Ausgangslage

Im übrigen scheinen bei der Selbstbezichtigung des BGH nicht so sehr moralische Skrupel als vielmehr Zweckmäßigkeitserwägungen eine Rolle gespielt zu haben. Als nämlich der bundesdeutschen Justiz unversehens die Aufgabe zufiel, die Rechtsprechung der DDR unter die Lupe zu nehmen und auf mögliches Unrecht hin nachträglich zu überprüfen, saß der Bundesgerichtshof in der Falle. Er mußte in den sauren Apfel beißen und alles verwerfen, was er bis dahin als gesicherte Rechtsprechung in puncto Rechtsbeugung zu Papier gebracht hatte. Andere neue Maßstäbe waren notwendig; die ganze Ausgangslage hatte sich verändert. Zum einen handelte es sich diesmal um Kommunisten, die wegen richterlicher oder staatsanwaltschaftlicher Tätigkeit angeklagt und gegebenenfalls verurteilt werden sollten, zum anderen galt es, die Argumentation den Erfordernissen des DDR-Paragraphen für Rechtsbeugung anzupassen, der nach den Überleitungsregelungen im Einigungsvertrag anzuwenden war. Wie der Bundesgerichtshof dabei zu Werke ging, belegt sein Urteil gegen den ehemaligen Richter am Obersten

Gericht der DDR und einstigen Strumpfwirker Hans Reinwarth. Da ist nicht mehr die Rede vom »Recht des Staates auf Selbstbehauptung« und von der »Unterworfenheit« unter die damaligen Gesetze, da wird nicht an die Spitze aller Überlegungen die Feststellung gesetzt, für die Frage, ob der Beschuldigte sich einer strafbaren Handlung schuldig gemacht habe, sei nicht entscheidend, wie sich die Ereignisse von damals nach heutiger Erkenntnis darstellten, und es heißt auch nicht: »Eine solche rückschauende Wertung würde dem Angeklagten nicht gerecht werden.« Was der Bundesgerichtshof den NS-Richtern Thorbeck und Rehse zugutehielt, die inzwischen verstrichene Zeit von elf beziehungsweise 22 Jahren, läßt er für den DDR-Richter Reinwarth nicht gelten, obwohl in seinem Fall zwischen Tatzeit und Urteil nicht weniger als 40 Jahre liegen. Er läßt unberücksichtigt, daß gerade die Bewertung von Spionage seit jeher von der Interessenlage des betroffenen Staates abhängt, sondern entscheidet von sich aus im nachhinein, daß ungeachtet »nachhaltiger Aktivitäten« der seinerzeit wegen Spionage Verurteilten kein »für sich wichtiger Geheimnisverrat« vorgelegen habe und hält Rechtsbeugung »in der Form grausamen und überharten Strafens« für erwiesen.

Im Fall des Nazirichters Rehse hielt die Justiz die Einlassung des Beschuldigten für unwiderlegbar, er habe in keinem Fall »das Recht gebeugt, sondern als Richter an einem ordentlichen Gericht frei und unabhängig in einem einwandfreien Verfahren nach bester Überzeugung Recht gesprochen.« Ganz anders dagegen im Fall des DDR-Richters Reinwarth. Da heißt es lapidar: »Der unbedingte Rechtsbeugungsvorsatz wird auch nicht dadurch in Frage gestellt, daß der Angeklagte bestreitet, wissentlich gesetzwidrig gehandelt zu haben ... Daß der Angeklagte sich im übrigen auch in den Fällen eingestandener Billigung von Todesurteilen gegen den Vorwurf der Rechtsbeugung verteidigt hat, ändert daran nichts.«

Aus all dem ergibt sich: der Bundesgerichtshof mißt mit zweierlei Maß; je nachdem mit wem er es zu tun hat, urteilt er einmal streng und einmal voller Nachsicht, ganz in der Tradition der deutschen Justiz; auf dem rechten Auge blind. Weil diese Einäugigkeit so offen zu Tage liegt, hat er dem Eingeständnis folgenschweren Versagens gegenüber der

Nazijustiz gleich das Bekenntnis folgen lassen, dies könne »selbstverständlich nicht dazu führen, das Verhalten des Angeklagten nun nach den gleichen engen Maßstäben zu beurteilen«.

Ist die Position des Bundesgerichtshofes angreifbar? Anfängliche Schwachstellen, unter anderen wegen möglicher Verstöße gegen das Rückwirkungsverbot des Grundgesetzes, hat das Bundesverfassungsgericht abgesichert, so daß die beteiligten Richter mit ihrem späten Verdikt gegen die Amtsbrüder von der feindlichen Fakultät sich aufgehoben fühlen können wie in Abrahams Schoß, auch wenn der offenbar unzulängliche gesunde Menschenverstand dem Ganzen nur schwer zu folgen vermag. Daß die Aufarbeitung von Justizunrecht in rechtsstaatlich geordneten Bahnen verläuft, soll hier nicht angezweifelt werden. Unstrittig ist auch, daß während der SED-Herrschaft Urteile gefällt wurden, die das Gerechtigkeitsempfinden vieler Menschen verletzt haben und die rechtsstaatlichen Ansprüchen nicht genügen. Das gilt besonders für Prozesse mit politischem Hintergrund.

Aber erlebt nicht die allseits beklagte politische Justiz eine Renaissance, wenn in einer politisch grundlegend veränderten Landschaft Jahrzehnte zurückliegende Vorgänge nach dem Erkenntnisstand von heute mit veränderten Maßstäben bewertet werden? Todesurteile wegen Spionage zum Beispiel bewirken selbst bei Anhängern dieser höchsten Strafe widersprüchliche Empfindungen. Als der amerikanische Präsident Eisenhower ungeachtet weltweiter Proteste Anfang der fünfziger Jahre auch das zweite Gnadengesuch des wegen Atomspionage zum Tode verurteilten Ehepaares Rosenberg ablehnte, bekannte er freimütig: »Ich verschließe mich nicht der Tatsache, daß dieser Fall im In- und Ausland in den Köpfen ernster Menschen schwere Besorgnis erregt hat, von juristischen Erwägungen ganz zu schweigen.« Ethel und Julius Rosenberg wurden am 20. Juni 1953 hingerichtet, obwohl ihnen bestenfalls eine mittelbare Täterschaft bei der Weitergabe amerikanischer Atomgeheimnisse an die Sowjetunion nachgewiesen werden konnte. Selbst unabhängige Beobachter waren damals bestürzt über die »Unverhältnismäßigkeit der Strafe«. Auch ein Fall von Rechtsbeugung »in der Form grausamen und überharten Strafens«?

Dem DDR-Richter Reinwarth hält der Bundesgerichtshof vor, es sei

»Allgemeingut aller zivilisierten Völker«, daß eine verhängte Strafe nicht in einem unerträglichen Mißverhältnis zu der zu ahndenden Tat stehen dürfe. Im Fall des Nazirichters Rehse, der allein mehr Todesurteile gefällt hat als alle DDR-Richter zusammen im Verlaufe von 40 Jahren, spielte dieser Grundsatz keine Rolle. Rehse hat Menschen wegen eines politischen Witzes zum Tode verurteilt – gibt es ein unerträglicheres Mißverhältnis zwischen Strafe und Schuld? Der ehemalige Richter am Volksgerichtshof Roland Freislers verschanzte sich hinter der Rechtsprechung des Bundesgerichtshofes zu den subjektiven Voraussetzungen der Rechtsbeugung, aber es gab gleichwohl eine Möglichkeit, ihn der Rechtsbeugung zu überführen. Der BGH brauchte nur auf eines seiner eigenen Urteile zurückzugreifen. Am 16. Februar 1960 hatte er nämlich entschieden:

»Ein Strafrichter begeht, mag auch sein Schuldspruch keine vorsätzliche Rechtsbeugung enthalten, dennoch Rechtsbeugung, wenn er bewußt eine Strafe verhängt, die nach Art oder Höhe in einem unerträglichen Mißverhältnis zu der Schwere der Tat und zur Schuld des Täters steht.« (BGHSt 3, 110, 118 f.) Daß Rehse das Mißverhältnis bewußt war, dürfte nicht schwer zu beweisen gewesen sein. Weshalb hat der Bundesgerichtshof in diesem und ähnlichen NS-Richter-Fällen nicht auf diese Entscheidung zurückgegriffen, so wie er jetzt dem DDR-Richter ankreidet, er habe gegen einen Grundsatz verstoßen, der zum Allgemeingut aller zivilisierten Völker gehöre, indem er unangemessen hohe Strafen verhängt habe? Nach der deutschen Vereinigung hieß es, mit der Bestrafung von DDR-Funktionsträgern werde die Lehre aus den Fehlern gezogen, die im Umgang mit dem Unrecht der Nazizeit gemacht worden seien, so als ließe sich jeder Freispruch eines nationalsozialistischen Richters durch die Bestrafung eines kommunistischen Richters kompensieren. Die Verurteilung von Richtern und anderen Repräsentanten der DDR wird von den Opfern des Naziterrors oder deren Hinterbliebenen nicht als verspätete Wiedergutmachung des angeblichen Versagens der Justiz gegenüber dem NS-Unrecht empfunden; sie führt ihnen allenfalls vor Augen, daß die furchtbaren Juristen aus der Zeit des Dritten Reiches durchaus hätten zur Rechenschaft gezogen werden können, wenn man es gewollt hätte.

Die Opfer von DDR-Unrechtsurteilen erwarten ein konsequentes Vorgehen gegen Schuldige mit den Mitteln des Strafrechts, aber die Ergebnisse sind eher mager. Neun Jahre nach dem Fall der Mauer stellte der letzte Ministerpräsident der DDR, Lothar de Maizière, fest, die strafrechtliche Aufarbeitung der Vergangenheit habe »nicht zur inneren Befriedung beigetragen«. Zur selben Zeit vertrat der ehemalige DDR-Bürgerrechtler Friedrich Schorlemmer die Ansicht, die »juristische Rigorosität« im Umgang mit dem DDR-Unrecht störe die moralische und politische Aufarbeitung.

## »Tatzeitrecht ist zu verwerfen ...«

Artikel 2 der Konvention zum Schutz der Menschenrechte vom 4. November 1950 erklärt die »Vollstreckung eines Todesurteils, das von einem Gericht im Falle eines mit dem Tode bedrohten Verbrechens ausgesprochen worden ist«, für zulässig. Auch der Internationale Pakt über bürgerliche und politische Rechte vom 19. Dezember 1966 geht – wie der BGH bemerkt – von der Zulässigkeit der Todesstrafe aus. Im Artikel 6 Absatz 2 des Paktes heißt es:

»In Staaten, in denen die Todesstrafe nicht abgeschafft ist, darf ein Todesurteil nur für schwerste Verbrechen auf Grund von Gesetzen verhängt werden, die zur Zeit der Begehung der Tat in Kraft waren.«

Dazu meint der Bundesgerichtshof einschränkend im Reinwarth-Urteil, die Todesstrafe sei nur hinnehmbar und stelle nur dann keine Rechtsbeugung dar, wenn es um schwerste Schuld, etwa vorsätzliche Tötung, gehe. Mit dieser Interpretation baut sich das Gericht eine Brücke, um die nach DDR-Recht zulässigen Todesurteile als unvereinbar mit den Menschenrechten zu bezeichnen und zu erklären, die überragende Bedeutung des »Rechtsguts des menschlichen Lebens« könne dazu führen, »daß Tatzeitrecht, welches vorsätzliche Tötung gestattete, im Blick auf vorrangige übergesetzliche Grundsätze und völkerrechtliche Normen als unwirksam zu verwerfen« sei. Im vorliegenden Fall bedeutet das, daß eine straffreie Tat im nachhinein in eine strafbare Handlung umgemünzt wird. Oder anders ausgedrückt: Maßgebend ist nicht, was in der DDR galt, sondern was der Bundesgerichtshof 40 Jahre später für maßgebend hält. Dabei betont derselbe Bundesgerichtshof im gleichen Atemzug, das Recht der DDR dürfe »mit Rücksicht auf das Prinzip des Vertrauensschutzes, auch im Blick auf Artikel 103 Absatz 2 des Grundgesetzes, nicht nach einer am Grundgesetz orientierten Auslegung interpretiert werden; sonst würde das Handeln eines Täters an ihm fremden Maßstäben ... gemessen werden«. Ungeachtet dessen empfiehlt der BGH, »auch in Fällen der Verhängung der Todesstrafe durch einen Richter, der sich an Tatzeitrechtspraxis orientiert hat, bei der Annahme von Rechtsbeugung weniger Zurückhaltung zu üben«. Dem stehe nicht entgegen, daß aus Gründen des Vertrauensschutzes die Rechtsanwendung in einem anderen System weitgehend zu akzeptieren sei.

In der widersprüchlichen Argumentation, die einerseits dazu auffordert, das Tatzeitrecht gegebenenfalls zu ignorieren, und die andererseits verlangt, die Rechtsanwendung in einem anderen System zu akzeptieren, spiegelt sich möglicherweise eine gewisse Unsicherheit im Hinblick auf das Prinzip des *nulla poena sine lege* wider. Artikel 103 Absatz 2 des Grundgesetzes lautet: »Eine Tat kann nur bestraft werden, wenn die Strafbarkeit gesetzlich bestimmt war, bevor die Tat begangen wurde.« Gab es in der DDR eine gesetzliche Bestimmung, die dem DDR-Richter Reinwarth Strafe androhte, falls er jemanden wegen Spionage zum Tode verurteilte? Eine solche Bestimmung gab es nicht. Sie hätte im übrigen sehr präzise sein müssen, um den Anforderungen des Bundesverfassungsgerichts an Strafvorschriften zu genügen.

In der rechtlichen Auseinandersetzung um die Sitzdemonstrationen vor militärischen Einrichtungen im Zuge der Nachrüstungsdebatte Anfang der achtziger Jahre hatten Betroffene die Verletzung des Artikels 103 Absatz 2 des Grundgesetzes gerügt. Es ging um die Auslegung des Gewaltbegriffs. In einem Beschluß vom 10. Januar 1995 erklärte das Bundesverfassungsgericht:

»Die Bedeutung von Artikel 103 Absatz 2 des Grundgesetzes hat das Bundesverfassungsgericht bereits in mehreren Verfahren dargelegt... Danach enthält diese Regelung nicht nur ein Rückwirkungsverbot für Strafvorschriften. Sie verpflichtet den Gesetzgeber vielmehr auch, die Voraussetzungen der Strafbarkeit so konkret zu umschreiben, daß Anwendungsbereich und Tragweite der Straftatbestände sich aus dem Wortlaut ergeben oder jedenfalls durch Auslegung ermitteln lassen. Diese Verpflichtung dient einem doppelten Zweck. Sie soll einerseits sicherstellen, daß die Normadressaten vorhersehen können, welches Verhalten verboten und mit Strafe bedroht ist. Sie soll andererseits gewährleisten, daß die Entscheidung über strafwürdiges Verhalten im voraus vom Gesetzgeber und nicht erst nachträglich von der vollziehenden oder der rechtsprechenden Gewalt gefällt wird. Insoweit enthält Artikel 103 Absatz 2 des Grundgesetzes einen strengen Gesetzesvorbehalt, der die Strafgerichte auf die Rechtsanwendung beschränkt.« (1 BvR 718/89, 719/89, 722/89, 723/89) – BVerfGE 92, 1 ff.

## 1952: Nicht rückwirkend bestrafen

Da sich aus den Gesetzen der DDR die Strafbarkeit von Handlungen eines DDR-Richters nur schwer oder gar nicht ableiten läßt, das Tatzeitrecht einer Bestrafung also im Wege steht, und das Rückwirkungsverbot der nachträglichen Schaffung von Straftatbeständen einen Riegel verschiebt, konnten DDR-Juristen nur durch einen Verweis auf die Menschenrechte angeklagt werden. In den Todesurteilen des Richters Reinwarth wegen Spionage sieht der Bundesgerichtshof die Menschenrechte auf unerträgliche Weise verletzt, deswegen komme hier der Vertrauensschutz des Artikels 103 Absatz 2 nicht zum Zuge. Der Rückgriff auf die allgemeinen Menschenrechte schafft aber kein unmittelbar durch Gesetz beschriebenes Recht, wie es das Bundesverfassungsgericht fordert; die Konvention zum Schutz der Menschenrechte und Grundfreiheiten muß im übrigen von den Unterzeichnerstaaten zwar de facto, nicht aber de jure respektiert werden.

Abgesehen davon schreiben sowohl die Europäische Konvention zum Schutz der Menschenrechte als auch der Internationale Pakt über bürgerliche und politische Rechte vor, daß niemand wegen einer Handlung bestraft werden darf, die zum Zeitpunkt ihrer Begehung nicht mit Strafe bedroht war. Im Artikel 7 Absatz 1 der Konvention heißt es: »Niemand kann wegen einer Handlung oder Unterlassung verurteilt werden, die zur Zeit ihrer Begehung nach inländischem oder internationalem Recht nicht strafbar war.« Der Internationale Pakt bestimmt in Artikel 15: »Niemand darf wegen einer Handlung oder Unterlassung verurteilt werden, die zur Zeit ihrer Begehung nach inländischem oder nach internationalem Recht nicht strafbar war.«

Anders als die Allgemeine Erklärung der Menschenrechte der Vereinten Nationen vom 19. Dezember 1948, aus der das Verbot rückwirkenden Strafens übernommen wurde, enthalten die beiden internationalen Vereinbarungen eine einschränkende Vorschrift. Sie lautet in dem einen Fall: »Dieser Artikel schließt die Verurteilung oder Bestrafung einer Person wegen einer Handlung oder Unterlassung nicht aus, die im Zeitpunkt ihrer Begehung nach den von der Völkergemeinschaft anerkannten allgemeinen Rechtsgrundsätzen strafbar war.« In der Europäischen Menschenrechtskonvention heißt es im zweiten Absatz des Artikels 7: »Durch diesen Artikel darf die Verurteilung oder Bestrafung einer Person nicht ausgeschlossen werden, die sich einer Handlung oder Unterlassung schuldig gemacht hat, welche im Zeitpunkt ihrer Begehung nach den allgemeinen von den zivilisierten Völkern anerkannten Rechtsgrundsätzen strafbar war.«

Unter dem noch frischen Eindruck der Verbrechen, die von den Vollstreckern der nationalsozialistischen Wahnideen in fast allen Ländern Europas begangen wurden, wollten die Urheber mit dieser Einschränkung des Rückwirkungsverbots die Möglichkeit offenhalten, Schuldige an diesen Verbrechen strafrechtlich zu belangen. Die Bundesrepublik Deutschland, vertreten durch die CDU-geführte Bundesregierung unter Konrad Adenauer, geriet dadurch in eine prekäre Situation, waren doch Anfang der fünfziger Jahre in allen Bereichen des staatlichen, wirtschaftlichen und gesellschaftlichen Lebens ehemalige Parteigänger Hitlers tätig, darunter eine nicht geringe Zahl extrem belasteter Personen. Nicht zuletzt weil ohne ehemalige Offiziere und Generale der NS-Wehrmacht nur schwer in kurzer Zeit eine bewaffnete Streitmacht aufgestellt und weil wegen des erwarteten Widerstandes ohne erfahrene Juristen eine schlagkräftige Justiz nicht geschaffen werden kannte, mußte dem Eindruck entgegengewirkt werden, der Beitritt zur Europäischen Menschenrechts-Konvention könnte sich nachteilig für die ehemaligen Diener des NS-Regimes auswirken. Deshalb machte die Bundesrepublik Deutschland bei der am 5. Dezember 1952 erfolgten Ratifikation der Konvention folgenden Vorbehalt:

»Gemäß Artikel 64 der Konvention macht die Bundesrepublik Deutschland den Vorbehalt, daß sie die Bestimmung des Artikels 7 Absatz 2 der Konvention nur in den Grenzen des Artikels 103 Absatz 2 des Grundgesetzes der Bundesrepublik Deutschland anwenden wird. Die letztgenannte Vorschrift lautet wie folgt: ›Eine Tat kann nur bestraft werden, wenn die Strafbarkeit gesetzlich bestimmt war, bevor die Tat begangen wurde.‹«

Der Artikel 64 der Konvention, auf den der Vorbehalt sich bezieht, lautet im Absatz 1: »Jeder Staat kann bei Unterzeichnung dieser Konvention oder bei Hinterlegung seiner Ratifikationsurkunde bezüglich bestimmter Vorschriften der Konvention einen Vorbehalt machen, soweit ein zu dieser Zeit in seinem Gebiet geltendes Gesetz nicht mit der betreffenden Vorschrift übereinstimmt.«

Mit ihrem Vorbehalt gab die Bundesrepublik zu erkennen, daß der Artikel 103 Absatz 2 des Grundgesetzes mit seinem klar definierten Rückwirkungsverbot nicht mit dem Artikel 7 Absatz 2 der Menschenrechtskonvention übereinstimmt, der die rückwirkende Bestrafung in bestimmten Fällen erlaubt. Daraus folgt, daß dieser Passus der Konvention nicht mit dem Grundgesetz übereinstimmt. Welche Konsequenzen das für die rechtliche Bewertung von Handlungen aus der Zeit der DDR hat, ist nicht zu übersehen. Doch zunächst einige Einzelheiten zur Vorgeschichte. Auf Anfrage teilte das Bundesministerium der Justiz dem Verfasser am 10. August 1998 folgendes mit:

»Abweichend von der üblichen Staatspraxis ging die Initiative zur Ratifizierung der Europäischen Menschenrechtskonvention vom Bundestag aus. Ob die Initiative für die Einlegung eines Vorbehalts zu Artikel 7 Absatz 2 der Europäischen Menschenrechtskonvention maßgeblich von der Bundesregierung oder von Mitgliedern des Deutschen Bundestages getragen wurde, ist nach den Akten heute nicht mehr mit Sicherheit festzustellen. In der Bundestagsdrucksache 1/3338 findet sich folgende Stellungnahme des Bundestagsausschusses für das Besatzungsstatut und Auswärtige Angelegenheiten:

›Von allen übrigen Einzelfragen hielt der Ausschuß nur die hinsichtlich Artikel 7 Absatz 2 der Konvention aufgeworfene für wichtig. Er war nach dem Gutachten des Rechtsausschusses der Auffassung, daß zwischen den Absätzen 1 und 2 von Artikel 7 ein Widerspruch besteht. Absatz 1 enthält den Rechtssatz nulla poena sine lege in seiner schärfsten Form. Nach Absatz 2 aber darf eine Verurteilung oder Bestrafung nicht ausgeschlossen werden, wenn die schuldhafte Handlung oder Unterlassung im Zeitpunkt ihres Begehens nach den allgemeinen, von den zivilisierten Nationen anerkannten Rechtsgrundsätzen strafbar war. Mit dem Ausdruck Rechtsgrundsätze begibt sich die Konvention in den Bereich des Metajuristischen und lediglich Moralischen. Da das deutsche Volk mit dem Abweichen von dem Rechtssatz nulla poena sine lege während der nazistischen Diktatur die schlimmsten Erfahrungen gemacht hat und der Parlamentarische Rat in Artikel 103 Absatz 2 des Grundgesetzes diesen Rechtssatz deshalb wieder zur unbestrittenen Anerkennung bringen wollte, besteht nach Meinung des Ausschusses ein unbedingtes Interesse daran, diesen Rechtssatz in keiner Weise einzuschränken. Der Auswärtige Ausschuß schlägt dem Bundestag deshalb vor, in Bezug auf Artikel. 7 Absatz 2, gestützt auf die Bestimmung des Artikels 64 Absatz 2 einen Vorbehalt zu erklären, das heißt, die Bundesregierung zu ersuchen, anläßlich der Niederlegung der Ratifikationsurkunde beim Generalsekretär des Europarates diesen Vorbehalt zu erklären.‹ (Bundestagsdrucksache 1/3338, Seite 5).

Neben diesen rechtlichen Erwägungen war die Formulierung des Vorbehalts wohl auch politisch durch die Erfahrungen mit den Nürnberger Kriegsverbrecherprozessen motiviert. In den Dokumenten der parlamentarischen Beratungen findet sich allerdings nur ansatzweise ein Hinweis auf diese politische Motivation.

Nach heute wohl einhelliger Auffassung im Schrifttum ist der deutsche Vorbehalt zu Artikel 7 Absatz 2 der Europäischen Menschenrechtskonvention rechtlich ohne Bedeutung, weil er schon seinem Wortlaut nach die Vertragsstaaten nicht verpflichtet, Delikte der bezeichneten Art rückwirkend zu bestrafen. Aus diesem Grund ist auch bei der Ratifikation des VN-Pakts über bürgerliche und politische Rechte im Hinblick auf den mit Artikel 7 Absatz 2 der Europäischen Menschenrechtskonvention weitestgehend identischen Artikel 15 Absatz 2 auf einen entsprechenden Vorbehalt verzichtet worden (Bundestagsdrucksache 7/660, Seite 36).«

Das Gutachten des Rechtsausschusses, auf das sich der Vorbehalt stützt, enthält zwei wichtige Aussagen: Mit dem Begriff »Rechtsgrundsätze« verläßt die Menschenrechtskonvention sicheren gesetzlichen Boden und begibt sich in den »Bereich des Metajuristischen und lediglich Moralischen«; der Grundsatz *nulla poena sine lege*, wie er im Artikel 103 Absatz 2 des Grundgesetzes fixiert ist, darf unter keinen Umständen aufgeweicht werden. Beachtung verdient auch die Aussage des Bundesjustizministeriums, die Konvention verpflichte die Staaten nicht zur rückwirkenden Bestrafung.

Nutznießer des Bonner Vorbehalts zum Absatz 2 des Artikels 7 der Europäischen Menschenrechtskonvention waren neben vielen anderen die schwer belasteten ehemaligen NS-Richter, die ihr Tun nun als doppelt abgesichert ansehen konnten. Jetzt brauchten sie auch das Damoklesschwert der Menschenrechte nicht mehr zu fürchten.

40 Jahre später wirft die bundesdeutsche Justiz alles über Bord, was die Rechtsexperten einst gegen die Möglichkeit des rückwirkenden Strafens in Feld geführt hatten. Ausgerechnet jenen Passus der Menschenrechtskonvention, an den sich die Bundesrepublik Deutschland ausdrücklich nicht gebunden fühlen wollte, benutzt sie jetzt zur argumentativen Abstützung ihres Vorgehens gegen DDR-Hoheitsträger, so etwa wenn der Bundesgerichtshof sich auf »übergesetzliche Grundsätze und völkerrechtliche Normen« beruft. Allerdings führt der BGH die Menschenrechtskonvention nicht expressis verbis ins Feld, um den Vorwurf des grausamen und überharten Strafens gegen den DDR-Richter Reinwarth zu belegen. Als einzige völkerrechtliche Norm nennt er in diesem Zusammenhang die Proklamation Nr. 3 des Alliierten Kontrollrates vom 20. Oktober 1945. Darin verboten die Besatzungsmächte Strafen, »die gegen das gerechte Maß oder die Menschlichkeit verstoßen«. Fünf Monate nach der Kapitulation Hitlerdeutschlands wollten die Siegermächte eingedenk der Nazijustizgreuel damit dokumentieren, daß sich Ähnliches nicht wiederholen dürfe. Überhebt sich der Bundesgerichtshof nicht, wenn er nach seinem Freispruch für die Nazijustiz die Bestra-

fung eines DDR-Richters ausgerechnet mit dieser Proklamation des Alliierten Kontrollrates begründet?

Nachdem der Bundesgerichtshof die Revision gegen das Urteil des Schwurgerichts beim Landgericht Berlin im Fall Reinwarth verworfen hatte, legte der Betroffene Verfassungsbeschwerde beim Bundesverfassungsgericht in Karlsruhe ein. Er rügte insbesondere eine Verletzung von Artikel 103 Absatz 2 des Grundgesetzes. Diese Vorschrift sei dadurch verletzt, daß die Gerichte bereits verjährte Taten verfolgt und entgegen der eindeutigen Gesetzeslage der DDR ein Ruhen der Verjährung bis zur Wiedervereinigung angenommen hätten.

Des weiteren sei Artikel 103 Absatz 2 des Grundgesetzes dadurch verletzt worden, daß das Landgericht und der Bundesgerichtshof die durch die Vorschrift des § 244 StGB/DDR von 1968 erfolgte Einengung des Rechtsbeugungstatbestandes auf »wissentlich gesetzwidrige« Entscheidungen, die (als milderes Gesetz) auch für frühere Taten hätte in Anwendung kommen müssen, nicht beachtet und Reinwarth wegen Rechtsbeugung verurteilt hätten, obwohl es zur Tatzeit in der DDR keine geschriebene Strafzumessungsbestimmung gegeben habe, gegen die er habe verstoßen können. Der BGH habe vielmehr seine heutige Rechtsansicht – insbesondere zur Verhängung der Todesstrafe – zum Maßstab für die Beurteilung 40 Jahre zurückliegender gerichtlicher Entscheidungen in einem anderen Staat gemacht.

Die von Erich Buchholz verfaßte Beschwerde wurde in Karlsruhe nicht zur Entscheidung angenommen. Reinwarth verstarb am 8. April 1996 im Alter von 76 Jahren, kurz nachdem er im Krankenhaus die Ladung zum Strafantritt erhalten hatte. Obwohl das Bundesverfassungsgericht die Beschwerde nicht zur Entscheidung angenommen hat, setzt es sich in einem Beschluß vom 12. Mai 1998 (2 BvR 61/96) ausführlich mit den darin vorgebrachten Einwänden auseinander. Eine besondere Anstrengung war dafür nicht mehr vonnöten, denn das Bundesverfassungsgericht hatte bereits zwei Jahre davor, am 24. Oktober 1996, in einem anderen Verfahren das Rückwirkungsverbot den Erfordernissen der justitiellen Aufarbeitung von DDR-Unrecht angepaßt. Seither gilt der eherne Grundsatz, keine Strafe ohne Gesetz, nur noch eingeschränkt.

Erinnern wir uns: Das deutsche Volk habe mit dem Abweichen von dem Rechtssatz *nulla poena sine lege* während der nazistischen Diktatur die schlimmsten Erfahrungen gemacht, deshalb habe der Parlamentarische Rat in Artikel 103 Absatz 2 des Grundgesetzes diesen Rechtssatz wieder zur unbestrittenen Anerkennung bringen wollen. So redete der Bundestagsausschuß für das Besatzungsstatut und Auswärtige Angelegenheiten unter Berufung auf ein Gutachten des Rechtsausschusses den politisch Verantwortlichen ins Gewissen, als Anfang der fünfziger Jahre die Ratifizierung der Europäischen Menschenrechtskonvention bevorstand. Beschwörend fügte er hinzu, es bestehe ein unbedingtes Interesse daran, diesen Rechtssatz in keiner Weise einzuschränken.

Hat dies alles kein Gewicht mehr, weil endlich, endlich der kommunistische Erzfeind in Deutschland auch juristisch den Todesstoß bekommen soll, nachdem er politisch vor aller Welt zu Boden gegangen ist, zerbrochen unter anderem an seinen eigenen Widersprüchen und gescheitert an seinem Irrglauben, den Menschen als schöpferisches Wesen negieren zu können?

## Ausnahmerecht für DDR-Bürger

Auch wenn das Bundesverfassungsgericht beteuert, das Rückwirkungsverbot des Artikels 103 Absatz 2 des Grundgesetzes sei weiterhin absolut, so ändert das nichts daran, daß Bürgern der ehemaligen DDR und damit einem Teil des deutschen Volkes der Schutz des erwähnten Verfassungsartikels entzogen worden ist. Ehemalige Hoheitsträger der DDR stehen unter Ausnahmerecht. Das ist die Quintessenz der Entscheidung des Bundesverfassungsgerichts vom 24. Oktober 1996, bei der es um die Ablehnung von Verfassungsbeschwerden der früheren Mitglieder des Nationalen Verteidigungsrates der DDR Hans Albrecht, Heinz Keßler und Fritz Streletz ging. Die Kernsätze lauten:

»Das strikte Rückwirkungsverbot des Artikels 103 Absatz 2 des Grundgesetzes findet seine rechtsstaatliche Rechtfertigung in der besonderen Vertrauensgrundlage, welche die Strafgesetze tragen, wenn sie von einem an die Grundrechte gebundenen demokratischen Gesetzgeber erlassen werden. Diese besondere Vertrauensgrundlage entfällt, wenn der andere Staat für den Bereich schwersten kriminellen Unrechts zwar Straftatbestände normiert, aber die Strafbarkeit gleichwohl durch Rechtfertigungsgründe für Teilbereiche ausgeschlossen hatte, indem er über die geschriebenen Normen hinaus zu solchem Unrecht aufforderte, es begünstigte und so die in der Völkerrechtsgemeinschaft allgemein anerkannten Menschenrechte in schwerwiegender Weise mißachtete ... In dieser ganz besonderen Situation untersagt das Gebot materieller Gerechtigkeit, das auch die Achtung der völkerrechtlich anerkannten Meschenrechte aufnimmt, die Anwendung eines solchen Rechtfertigungsgrundes. Der strikte Schutz von Vertrauen durch Artikel 103 Absatz 2 des Grundgesetzes muß dann zurücktreten.« (2 BvR 1851, 1853, 1875, 1852/94)

Für den Rechtswissenschaftler Professor Erich Buchholz, der im Fall Reinwarth als Anwalt tätig war, ist die »Abweichung« von Artikel 103 Absatz 2 »juristisch unerträglich«. Nach seiner Ansicht schafft das Bundesverfassungsgericht grundgesetz- und menschenrechtswidrig zweierlei Recht: für den Regel- und Normalfall der generellen Unterworfenheit der Taten und Täter unter die bundesdeutsche Rechtsordnung einerseits und für »fremde« Taten und Täter andererseits, das heiße vornehmlich für (ehemalige) Staatsbürger eines anderen Staates, »eben des anderen deutschen Staates«. Das Gericht bekräftige mit dieser »bemerkenswert klar ausgesprochenen Position, daß gegenüber den ehemaligen DDR-Bürgern ein Sonderrecht gelten solle – was ob dieser Sonderheit nichts anderes sein kann als Unrecht«. Dem Bundesverfassungsgericht entgehe, argumentiert Buchholz weiter, daß das in Artikel 103 Absatz 2 des Grundgesetzes verankerte Rechtsprinzip universelle Geltung besitze. Der Bundesrepublik Deutschland sei es völkerrechtlich verboten, den Schutz dieses Artikels nur auf die Strafverfolgung von Bürgern der alten Bundesrepublik zu beschränken und ihn zumindest hinsichtlich der Rechtfertigungsgründe »Neubürgern« vorzuenthalten.

Auch der Einigungsvertrag, fährt Buchholz fort, lasse keinen Raum für eine Sonderbehandlung der Bürger des Beitrittsgebietes. Namentlich für das Strafrecht stelle der Vertrag klar, daß ab Beitritt »in toto das bundesdeutsche Strafgesetzbuch im Beitrittsgebiet gilt, in dessen § 1 sich der Grundsatz des Artikels 103 Absatz 2 des Grundgesetzes in wörtlicher

Übereinstimmung« wiederfinde. Die Vertragsparteien hätten damit die Verbindlichkeit des Rückwirkungsverbots auch zugunsten der Bürger des Beitrittsgebietes erklärt. Die Konstruktion des Bundesverfassungsgerichtes, nach der Artikel 103 Absatz 2 nicht mehr uneingeschränkt gelte, finde weder in einem Gesetz noch in sonst einer Regel seine Stütze; »sie ist schlicht gesetz- und verfassungswidrig«.

Erwartungsgemäß hat das Bundesverfassungsgericht seine einschränkende Interpretation des Vertrauensschutzes ungeachtet der Kritik an seiner Entscheidung vom 24. Oktober 1996 der Stellungnahme zur Verfassungsbeschwerde im Fall Reinwarth zugrunde gelegt. Der ehemalige DDR-Richter sei, so stellt das Gericht fest, weder durch das Urteil des Landgerichts noch durch die Entscheidung des Bundesgerichtshofes in seinen Grundrechten oder grundrechtsgleichen Rechten verletzt worden. Aus beiden Entscheidungen ergebe sich, daß der Eintritt der Verfolgungsverjährung nicht aufgrund des Gesetzes über das Ruhen der Verjährung bei SED-Unrechtstaten vom 26. März 1993 verneint worden sei. Es bedürfe daher keiner Erörterung, ob die Regelung des Verjährungsgesetzes mit dem Grundgesetz vereinbar sei.

Aus dem Wortlaut der Urteilsgründe des Bundesgerichtshofes zur Verjährungspraxis ergibt sich, daß der BGH das Ruhen der Verjährung »aufgrund eines quasigesetzlichen Verfolgungshindernisses« als Tatsache konstatiert und daraus folgert, daß Verfolgungsverjährung nach Artikel 315a EStGB ausgeschlossen sei. Als Belege für seinen Standpunkt führt der BGH in Klammern eigene Entscheidungen und das Verjährungsgesetz vom 26. März 1993 (BGBl I 392) an. Auch das vom Bundesgerichtshof abgesegnete Urteil des Landgerichts Leipzig gegen den Waldheim-Richter Otto Jürgens beruft sich auf dieses Gesetz. Auf Seite 147 der Urteilsausfertigung heißt es: »Nachdem eine Strafdrohung bis zu fünf Jahren für das Delikt der Rechtsbeugung im Raum steht, wären nach dem StGB § 78 Abs. 3 Nr. 4 die Handlungen des Angeklagten nach fünf Jahren und nach dem Strafgesetzbuch der DDR § 82 Abs. 1 Nr. 3 nach acht Jahren verjährt gewesen. Dem steht entgegen das Gesetz über das Ruhen der Verjährung bei SED-Unrechtstaten vom 26.3.1993.«

Eine Erörterung der Frage, ob die Regelung des Verjährungsgesetzes mit dem Grundgesetz vereinbar sei, ist also keineswegs überflüssig. Aber vielleicht fühlt sich die Justiz hier nicht in sonderlich guten Schuhen, weil das Verjährungsgesetz möglicherweise mit dem Rückwirkungsverbot kollidiert. Wäre es anders, bedürfte es nicht der weit ausholenden Argumentation, mit der das Bundesverfassungsgericht das Ruhen der Verfolgungsverjährung begründet:

»Über die Verjährung wurde ausschließlich anhand der allgemeinen Verjährungsvorschriften entschieden. Bei der auf dieser Grundlage getroffenen Entscheidung der Strafgerichte, Verfolgungsverjährung sei nicht eingetreten, handelt es sich um die Auslegung und Anwendung einfachen Rechts auf den einzelnen Fall, die grundsätzlich Sache der dafür allgemein zuständigen Gerichte und der Nachprüfung durch das Bundesverfassungsgericht entzogen sind ... Diese Einschränkung der Prüfungskompetenz des Bundesverfassungsgerichtes gilt auch, wenn es um die Feststellung, Auslegung und Anwendung von Normen einer fremden Rechtsordnung durch die Strafgerichte geht...«

»Das Vertrauen in den Fortbestand einer bestimmten Interpretation von Strafgesetzen ist nicht mehr durch Artikel 103 Abs. 2 GG geschützt, wenn die ihr zugrundeliegende Staatspraxis durch Aufforderung zu schwerstem kriminellen Unrecht und seiner Begünstigung die in der Völkergemeinschaft allgemein anerkannten Menschenrechte in schwerwiegender Weise mißachtet hat, denn hierdurch setzt der Träger der Staatsmacht extremes staatliches Unrecht, das sich nur solange behaupten kann, wie die dafür verantwortliche Staatsmacht faktisch besteht ...«

»Das Verbot grausamer, unmenschlicher oder erniedrigender Strafen ist bereits in Artikel 5 der Allgemeinen Erklärung der Menschenrechte in der von der Generalverversammlung der Vereinten Nationen am 10.12.1948 beschlossenen Fassung enthalten. Wenn der BGH annimmt, daß der Erklärung jedenfalls insofern ein hohes Maß an rechtlicher Bedeutung zukomme, als sie den Willen der Völkergemeinschaft, Menschenrechte zu verwirklichen, und den ungefähren Inhalt dieser Menschenrechte zum Ausdruck bringe, ... ist dies nicht zu beanstanden...«

»Die den angegriffenen Entscheidungen zugrundeliegende Auslegung der Strafbestimmungen der DDR über Rechtsbeugung ... verstößt auch nicht gegen Artikel 103 Abs. 2 GG in seiner Ausgestaltung als spezielles Willkürverbot des Grundgesetzes für die Strafgerichtsbarkeit ...

Die Rechtsauffassung, auch wenn das geschriebene Recht der DDR zur Tatzeit keine Strafzumessungsregeln enthalten habe, könne die Verhängung einer unerträglich überhöhten Strafe innerhalb des vorgegebenen Strafrahmens eine gesetzwidrige Entscheidung ... darstellen und damit den objektiven Tatbestand einer Rechtsbeugung erfüllen, überschreitet diese verfassungsrechtliche Grenze der Auslegung nicht ... Die Auslegung des Tatbestandsmerkmals ›gesetzwidrige Entscheidung‹ des § 244 StGB/DDR durch den BGH hält sich danach in den verfassungsrechtlichen Grenzen einer zulässigen Auslegung.«

Bei der verfassungsrechtlichen Bewertung des Verjährungsproblems, das wegen des großen Abstandes von 40 Jahren zwischen Tatzeit und Ahndung der Tat auch für Unbeteiligte von Bedeutung ist, macht das Bundesverfassungsgericht nicht nur einen Bogen um das Verjährungsgesetz, sondern auch um die anderen hier relevanten Bestimmungen. Es beschränkt sich auf die Feststellung, über die Verjährung sei ausschließlich anhand der allgemeinen Verjährungsvorschriften entschieden worden, bei denen es sich um einfaches Recht handle, dessen Anwendung und Auslegung Sache der dafür zuständigen Gerichte und der Nachprüfung durch das Bundesverfassungsgericht entzogen sei.

Widersprüchlich wie der Bundesgerichtshof argumentiert das Bundesverfassungsgericht, wenn es um die nachträgliche Bewertung von DDR-Recht geht. Da wird einerseits gefordert, auf die damalige Rechtspraxis und die damaligen Anschauungen Rücksicht zu nehmen, andererseits heißt es, diese Rücksichtnahme bedeute nicht, daß der Richter von heute »in jeder Hinsicht an die Interpretation des Rechts gebunden wäre, die in der damaligen Staatspraxis Ausdruck gefunden« habe. »Würde man auch die Sicht des Unrechtsstaates für maßgeblich erachten, wäre die Verfolgung solcher Straftaten von vornherein zum Scheitern verurteilt.«

Den Nazirichtern kam zustatten, daß die bundesdeutsche Justiz die Verhältnisse während des Dritten Reiches zur Richtschnur der Bewertung richterlicher Tätigkeit während jener Zeit machte. Die »Gesetzeslage und die sonstigen Gegebenheiten zur Tatzeit« seien zu berücksichtigen, hieß es in diesen Fällen. Auf die »damalige Sicht« komme es an; eine »rückschauende Wertung« würde den Betroffenen nicht gerecht werden.

# Freibrief für NS-Richter

»Schon eine wegen ihrer Art und Schwere besonders verwerfliche Tat konnte nach damaliger Ansicht den Täter als Volksschädling kennzeichnen, selbst wenn sie nicht auf einer grundsätzlichen Feindschaft gegen die Volksgemeinschaft beruhte.« So argumentierte die Staatsanwaltschaft beim Oberlandesgericht Stuttgart, als sie in der »Anzeigensache gegen Landgerichtsrat Dr. Paul Reimers wegen Totschlags« am 27. Juni 1960 (Js 4/60) das Verfahren einstellte. Schlimmer noch, sie führte sogar ins Feld, das jüdische Volk sei »damals allgemein für minderwertig gehalten« worden.

Dem ehemaligen Richter an einem NS-Sondergericht und am Volksgerichtshof, der inzwischen als Landgerichtsrat beim Landgericht Ravensburg beschäftigt war, wurde die Mitwirkung an 59 Todesurteilen zur Last gelegt, von denen insgesamt 116 Menschen betroffen waren. In den meisten Fällen wurden die Todesurteile vollstreckt. In der Einstellungsverfügung wird gleich zu Beginn auf die Entscheidung des Bundesgerichtshofes vom 7. Dezember 1956 (BGHSt 10, 294) Bezug genommen, wonach ein Beschuldigter wegen seiner richterlichen Mitwirkung an einem Todesurteil nur belangt werden kann, wenn ihm der unbedingte Vorsatz zu einer Rechtsbeugung nachgewiesen wird. Von diesem Freibrief profitierte auch Reimers.

Als Richter an einem Berliner Sondergericht verurteilte Reimers einen Mann zum Tode, der nachts während eines Fliegeralarms in eine Metzgerei eingebrochen war und eine Stange Würste herausgeholt hatte. Zwei andere büßten ihr Leben wegen einiger Kleintierdiebstähle ein. Trotz festgestellter Geistesschwäche wurde eine Frau zum Tode verurteilt, die während der Dunkelheit mit einem Ausländer in verschiedene Gartenhäuser eingebrochen war und – wie die Staatsanwaltschaft schreibt – alles Stehlenswerte mitgenommen hatte.

»Der Nachweis dafür, daß sich der Beschuldigte als Mitglied des Sondergerichtes Berlin und des Volksgerichtshofs in einem dieser Fälle bewußt über ein Gesetzestatbestandsmerkmal gesetzt habe, ist nicht zu führen. Denn mangels entgegenstehender Beweismittel muß zugunsten des Beschuldigten davon ausgegangen werden, daß er bei seinen Voten in der Urteilsberatung die in den von ihm unterschriebenen Urteilen niedergelegte tatsächliche und rechtliche Würdigung vorgenommen hat ... Zu den Verurteilungen wegen Hochverrats ist zu bemerken, daß als geschütztes Rechtsgut des Verfassungshochverrats die Verfassung in ihrer jeweils bestehenden Form galt und im 3. Reich das Unternehmen, das Reich als nationalsozialistischen Führer- und Einparteienstaat zu ändern, als Hochverrat abgeurteilt wurde. Auch wurden nach damaliger höchstrichterlicher Rechtsprechung alle Maßnahmen von Kommunisten zur Schwächung der Landesverteidigung nicht nur als Landesverrat bzw. Feindbegünstigung ..., sondern regelmäßig auch als Vorbereitung zum Hochverrat betrachtet. Die vorliegenden Urteile sind dieser Ansicht gefolgt ...«

»Das Sondergericht Berlin diente unter Mitwirkung des Beschuldigten der der Justiz von höchster Stelle zugemuteten ›volkshygienischen Aufgabe‹ der Reinigung des Volkskörpers von unnützen und kranken Elementen. Daß die Verhängung der Todesstrafe aus solchen Gründen eine mißbräuchliche Anwendung des gesetzten Rechts und damit Rechtsbeugung darstellte, braucht nicht näher dargelegt zu werden. Indes scheiterte die Feststellung der strafrechtlichen Verantwortlichkeit des Beschuldigten hierfür daran, daß nicht aufzuklären ist, ob und inwieweit solche Verurteilungen seinem Votum entsprachen ... Soweit Juden verurteilt wurden (Fall Martin Kochmann), liegt es nahe, daß sich die Zugehörigkeit der Angeklagten zu einem Volke, das allgemein für minderwertig gehalten wurde und das unter Sonderrecht (Polen- und Judenverordnung vom 4.12.1941) gestellt war, im Strafausspruch ausgewirkt hat ... Im Falle Martin Kochmann hatten die drei zum Tode verurteilten Angeklagten sich als Juden einem jüdisch-kommunistischen Kreis angeschlossen und mit mehr oder weniger Aktivität auf den Sturz der nationalsozialistischen Machthaber und auf die Herbeiführung einer kommunistischen Führung hingearbeitet ... Auch wenn man den genauen Beitrag des Beschuldigten zu diesem Urteil kennen würde, so müßte man ihm doch wohl zugute halten, daß er aus einer gewissen Rechtsblindheit gegenüber den menschlichen Problemen, die solche Fälle aufweisen, für die Todesstrafe stimmen zu müssen geglaubt hat.«

»Kann der Beschuldigte in den behandelten Fällen einer Rechtsbeugung auch nicht überführt werden und ist ein Verbrechen des Totschlages in den im Tenor dieser Einstellungsverfügung aufgeführten Fällen gegenüber den davon betroffenen 116 Angeklagten auch nicht festzustellen, so lassen die Urteile jedoch in ihrer erschreckenden Gesamtzahl und in einigen Fällen in ihrer gnadenlosen Härte erkennen, daß die Spruchkörper, in denen der Beschuldigte tätig war, die aus der Not des Krieges und von den nationalsozialistischen Machthabern zur Stützung ihrer Gewaltherrschaft geschaffenen Gesetze mit der höchstmöglichen Schärfe angewandt haben und die davon Betroffenen erbarmungslos dem Henker überantwortet wurden.«

Beiläufige Bemerkungen in dem Einstellungsbescheid der Stuttgarter Staatsanwaltschaft lassen erkennen, wie stark die Sicht des nationalsozialistischen Unrechtsstaates von der Nachkriegsjustiz der Bundesrepublik verinnerlicht worden ist. Die kritiklose Übernahme von Wendungen wie der, das jüdische Volk sei damals »allgemein für minderwertig gehalten« worden, spricht ebenso für sich wie die Floskel von der »Not des Krieges«. In diese Not war Deutschland nicht unverschuldet geraten: Sie war das bewußt herbeigeführte Ergebnis eines von langer Hand vorbereiteten Angriffskrieges. Damit die nationalsozialistischen Machthaber den Rücken frei hatten für ein Verbrechen größten Stils, wie etwa die Ausplünderung der überfallenen europäischen Völker, ließen sie daheim Menschen wegen kleinster Vergehen von willfährigen Richtern zum Tode verurteilen und hinrichten.

Paul Reimers war einer von diesen Richtern. Als 1979 neue Ermittlungen gegen ehemalige Angehörige des Volksgerichtshofes aufgenommen wurden, gehörte er zum Kreis der Betroffenen. Zu einer Verurteilung kam es nicht. Die Ermittlungen wurden 1986 – wie bereits erwähnt – unter Hinweis auf die Haltung des Bundesgerichtshofes wegen Aussichtslosigkeit eingestellt.

Zur selben Zeit, da sich die Stuttgarter Staatsanwaltschaft außerstande sah, dem NS-Richter Reimers ungeachtet einer Vielzahl von grausamen und überharten Urteilen Rechtsbeugung nachzuweisen, also im Jahr 1960, verurteilte der Bundesgerichtshof erstmals einen ehemaligen DDR-Richter als »Täter einer Rechtsbeugung«. Es handelte sich um Ernst Oehme, der 1950 und 1951 als Vorsitzender der 6. (politischen)

Strafkammer des Landgerichts Magdeburg Regimegegner zu Freiheitsstrafen verurteilt hatte und der 1952 nach Westberlin geflüchtet war. Der Bundesgerichtshof stützte sich bei dem Schuldspruch auf ein eigenes Urteil, wonach Rechtsbeugung auch ohne Nachweis des Vorsatzes attestiert werden kann, wenn eine Strafe in einem unerträglichen Mißverhältnis zur Schwere der Tat und zur Schuld des Täters steht. Dieses höchstrichterliche Urteil ist seit Bestehen der Bundesrepublik kein einziges Mal gegen einen NS-Richter ins Feld geführt worden.

Nach seiner Flucht in den Westen mußte sich Oehme vor dem Landgericht Berlin verantworten; er wurde in einem zweiten Verfahren vom Vorwurf der Rechtsbeugung in Tateinheit mit Freiheitsberaubung freigesprochen. Es ging dabei um die Verurteilung von sechs Angehörigen der »Zeugen Jehovas« wegen Spionage, Kriegshetze und Boykotthetze nach Artikel 6 der DDR-Verfassung. Zur Begründung des Freispruchs führte die 2. Große Strafkammer des Landgerichts Berlin an, der Beschuldige sei kein unabhängiger Richter und daher kein Beamter im Sinne des Rechtsbeugungsparagraphen 336 StGB gewesen; deswegen könne er nicht wegen Rechtsbeugung bestraft werden. Die Staatsanwaltschaft ging in Revision, und der angerufene Bundesgerichtshof hob den Freispruch mit Urteil vom 16. Februar 1960 auf (5 StR 473/59).

Der BGH entschied, daß Oehme als eine im Staatsdienst stehende Person sehr wohl als Beamter zu betrachten sei. Ob der Angeklagte bei der Leitung und Entscheidung dieser Rechtssache unabhängig gewesen sei, sei in diesem Zusammenhang ohne Bedeutung. Täter einer Rechtsbeugung könne auch ein Beamter »im oben dargelegten Sinn sein, der nicht unabhängig, sondern an Weisungen gebunden« sei. In dem BGH-Urteil heißt es weiter: »Auch ein solcher Richter macht sich, sofern nicht im Einzelfall ein von der Rechtsordnung anerkannter Rechtfertigungs- oder Schuldausschließungsgrund vorliegt, der Rechtsbeugung schuldig, wenn er bei der Leitung oder Entscheidung einer Rechtssache bewußt gegen Gesetz oder Recht verstößt, weil die politischen Machthaber dies erwarten ... Ein Strafrichter begeht, mag auch sein Schuldspruch keine vorsätzliche Rechtsbeugung enthalten, dennoch Rechtsbeugung, wenn er bewußt eine Strafe verhängt, die nach Art oder Höhe in einem unerträglichen Mißverhältnis zu der Schwere der Tat und der Schuld des

Täters steht (vgl. BGHSt 3, 110, 118 ff. = NJW 52, 1024; ...). So kann es hier gewesen sein.« (Oehme hatte Zuchthausstrafen zwischen dreieinhalb und zehn Jahren verhängt, C.T.)

»Der Angeklagte ist Volljurist, von dem erwartet werden kann, daß er ein Gefühl dafür hat, ob eine Strafe in unerträglichem Mißverhältnis zur Schwere der Tat und zur Schuld des Täters steht. Er hat der Erklärung, daß er die Strafen für angemessen gehalten habe, hinzugefügt, daß er sich verpflichtet gefühlt habe, die ›Zeugen Jehovas‹ als Staatsfeinde wegen ihrer Gefährlichkeit für die demokratische Ordnung hart zu bestrafen, weil dies der allgemeinen Tendenz entsprochen habe ... All diese Umstände erwecken den Verdacht, daß der Angeklagte ... bewußt das Recht gebeugt hat, um der ›allgemeinen Tendenz‹, d.h. dem Verlangen der politischen Machthaber, zu genügen, die ›Zeugen Jehovas‹ durch Strafen ›unschädlich zu machen‹.«

Dem Nazirichter und Volljuristen Dr. Paul Reimers wurde zugute gehalten, »daß er aus einer gewissen Rechtsblindheit für die Todesstrafe stimmen zu müssen geglaubt« habe. Die »Möglichkeit der Rechtsblindheit, basierend auf politischer Verblendung« wollte auch das Schwurgericht Kassel nicht ausschließen, als es die beiden Volljuristen Fritz Hassenkamp und Dr. Edmund Kessler, die den jüdischen Diplom-Ingenieur Werner Holländer wegen Geschlechtsverkehrs mit einer ›deutschblütigen‹ Frau zum Tode verurteilten, am 25. März 1952 freisprach, weil ihnen ein Rechtsbeugungsvorsatz nicht nachzuweisen sei. »Trotz erheblicher Bedenken mußte das Schwurgericht die Frage, ob aus der unmenschlich harten Strafe auf einen Rechtsbeugungsvorsatz zuverlässig geschlossen werden kann, verneinen«, heißt es in dem Urteil. Werner Holländer wurde am 30. Mai 1943 hingerichtet. (Ausführlich dargestellt wird der Fall in Jörg Friedrichs Buch »Freispruch für die Nazijustiz«, Rowohlt Taschenbuch Verlag, Reinbek 1983).

In dem Kasseler Urteil finden sich folgende Sätze: »Der deutsche Richter zeichnet sich ohne Rücksicht auf wiederholte sogenannte Justizkrisen, die mit der inneren Einstellung des Richters nichts zu tun hatten, von jeher dadurch aus, daß er in seiner richterlichen Unabhängigkeit, das heißt dem Richten ohne Rücksicht auf rechtsfremde Einflüsse, das Wesen seiner Tätigkeit überhaupt sah. So erklärt es sich, daß Verurteilungen von Richtern wegen Rechtsbeugung zu den größten Seltenheiten in der deutschen Strafrechtspraxis gehörten. Im vorliegenden Fall war daher zu prüfen, ob die beiden Angeklagten von der deutschen Tradition der Sauberkeit des Richterstandes abgewichen sind.« Ergebnis der Prüfung: Die Beschuldigten wurden mit einem Freispruch »mangels Beweises« belohnt.

## DDR-Urteil »evident rechtswidrig«

Auch Urteile, die nicht mit der Todesstrafe wegen eines vergleichsweise harmlosen Delikts enden, können das Gerechtigkeitsempfinden schwer verletzen. Ein solches Urteil wurde 1982 in der DDR gefällt. Der für politische Strafsachen zuständige Senat des Stadtgerichts in Ostberlin verurteilte einen Mathematiker zu einer Freiheitsstrafe von acht Jahren, weil er die im Westen gedruckte Zeitschrift »Roter Morgen« und andere als Hetzschriften bewertete Druckerzeugnisse in der Zeit zwischen 1975 und 1980 in der DDR verbreitet hatte. Im März 1983 verurteilte derselbe Senat ein Ehepaar zu Freiheitsstrafen von zwei Jahren und zehn Monaten sowie zwei Jahren und vier Monaten, weil es die Ständige Vertretung der Bundesrepublik in der DDR aufgesucht und dort Kopien von Ausreiseanträgen übergeben hatte. Das Ehepaar hatte außerdem ein Schreiben zu den vergeblichen Ausreisebemühungen an das Bundesministerium für innerdeutsche Beziehungen weitergeleitet. Ein Taxifahrer wurde im Mai 1983 zu zwei Jahren Freiheitsentzug verurteilt, weil er sich von der Ständigen Vertretung der Bundesrepublik in Ostberlin über Ausreisemöglichkeiten hatte beraten lassen und einen an das Bundesministerium für innerdeutsche Fragen gerichteten Fragebogen ausgefüllt hatte.

Gegen die Vorsitzende und einzige Berufsrichterin des Strafsenats, der diese Urteile gefällt hatte, wurde nach dem Beitritt der DDR zur Bundesrepublik ein Verfahren vor dem Berliner Landgericht eröffnet, das eine Freiheitsstrafe von einem Jahr und neun Monaten wegen Rechtsbeugung (§ 244 StGB/DDR) verhängte. Der Bundesgerichtshof bestätigte im Revisionsverfahren den Schuldspruch. Zur Begründung führte er unter anderem aus, die im Juli 1982 verhängte Freiheitsstrafe von acht Jahren erscheine als unerträglicher Willkürakt und offensichtlich schwere Menschenrechtsverletzung. Eine derart massive Freiheitsstrafe, die letzlich für eine bloße Meinungsäußerung verhängt werde, verstoße gegen das Verbot grausamer und übermäßig harter Strafen und entspreche nicht mehr sachlichen Erwägungen.

Die ehemalige DDR-Richterin legte gegen die Entscheidung des Bundesgerichtshofes Verfassungsbeschwerde ein. Als das Bundesverfassungsgericht dazu am 7. April 1998 einen Beschluß faßte, war das Urteil gegen die Richterin bereits rechtskräftig geworden, und sie befand sich zur Verbüßung der Strafe in Haft. Die Beschwerdeführerin rügte die Verletzung von Grundrechten, wie sie in Artikel 1 und 2 des Grundgesetzes aufgeführt sind, sowie unter anderem eine Verletzung des Rückwirkungsverbots nach Artikel 103 Absatz 2 des Grundgesetzes. Zur Begründung trug sie nach dem Beschluß des Bundesverfassungsgerichts unter anderem vor, die Verurteilung beruhe auf einer nachträglichen Erweiterung des Rechtsbeugungstatbestandes des § 244 StGB/DDR. Die vom BGH entwickelten Fallgruppen habe es in der DDR nicht gegeben. Auch habe im DDR-Recht nicht die vom BGH herangezogene menschenrechtsfreundliche Gesetzesauslegung gegolten ... Die Feststellung der Tatbestandsüberdehnung bei der Anwendung der Paragraphen 99 und 100 StGB/DDR beruhe auf einer Auslegung der Normen des DDR-Rechts nach bundesdeutschen Wertvorstellungen. Damit würden die Strafbestimmungen zu restriktiv ausgelegt ... Als eine in der DDR ausgebildete Juristin habe sie sich nicht an den nunmehr durch den BGH aufgestellten Kriterien zur Auslegung des § 244 und der Bestimmungen des politischen Strafrechts der DDR orientieren können; mithin habe sie sich nicht bewußt für das Unrecht entschieden.

Die Verfassungsbeschwerde wurde nicht zur Entscheidung angenommen; sie habe keine grundsätzliche verfassungsrechtliche Bedeutung, erklärte das Bundesverfassungsgericht. Alles sei bereits hinreichend geklärt. Die Anwendung und Auslegung des Rechtsbeugungsparagraphen der DDR durch den BGH verletzten nicht das Rückwirkungsverbot des Artikels 103 Absatz 2 des Grundgesetzes. Weiter heißt es:

»Für die Rechtsprechung des BGH zu § 244 StGB/DDR kann dahinstehen, ob und inwieweit einer zur Tatzeit in der Staatspraxis zum Ausdruck gekommenen Interpretation der Strafgesetze bei der Frage, ob die Strafbarkeit einer Tat vor ihrer Begehung gesetzlich bestimmt war, Bedeutung zukommt. Das Vertrauen in den Fortbestand einer bestimmten Interpretation von Strafgesetzen ist jedenfalls in Fällen der vorliegenden Art nicht mehr durch Artikel 103 Absatz 2 des Grundgesetzes geschützt. Artikel 103 Absatz 2 des Grundgesetzes (GG) ist nicht anwendbar, wenn die der Rechtsanwendung zugrundeliegende Staatspraxis durch Aufforderung zu schwerstem kriminellen Unrecht und seiner Begünstigung die in der Völkergemeinschaft allgemein anerkannten Menschenrechte in schwerwiegender Weise mißachtet, denn hierdurch setzt der Träger der Staatsmacht extremes staatliches Unrecht, das sich nur solange behaupten kann, wie die dafür verantwortliche Staatsmacht faktisch besteht. Dies hat das Bundesverfassungsgericht für die Inanspruchnahme eines – teils normierten, teils auf staatlicher Praxis beruhenden – Rechtfertigungsgrundes im Zusammenhang mit vorsätzlichen Tötungshandlungen von Grenzsoldaten der DDR entschieden. (vgl. BVerfGE 95, 96–133 – aaO). Für die Anwendungen von Rechtsvorschriften durch Richter und Staatsanwälte der DDR kann nichts anderes gelten. Die Fälle einer schwerwiegenden Mißachtung von Menschenrechten beschränken sich nicht auf Eingriffe in Leib und Leben. Zu den in der Völkergemeinschaft allgemein anerkannten Menschenrechten gehören auch das Recht auf persönliche Freiheit und der Schutz vor grausamer und unmenschlicher Bestrafung. Dies ergibt sich aus Art. 7 Satz 1 und Art. 9 Abs. 1 Satz 2 des Internationalen Paktes über bürgerliche und politische Rechte (IPbürgR), aber auch schon aus Art. 3 und Art. 5 der Allgemeinen Erklärung der Menschenrechte in der von der Generalversammlung der Vereinten Nationen am 10.12.1948 beschlossenen Fassung. Bei der Beugung des Rechts durch Richter und Staatsanwälte handelt es sich jedenfalls dann, wenn die Rechtsbeugungshandlung zu Freiheitsentzug führt, um schwerstes kriminelles Unrecht ...«.

»Die Beschwerdeführerin ist rechtskundig. Die Rechtsanwendung war für sie als Berufsrichterin keine ungewöhnliche Aufgabenstellung ... Danach ist es verfassungsrechtlich nicht zu beanstanden, daß der BGH angesichts der besonders hohen Anforderungen an den objektiven

Rechtsbeugungstatbestand davon ausgeht, es erscheine von vornherein kaum vorstellbar, daß einem Berufsrichter die evidente Rechtswidrigkeit seiner Entscheidung in diesen Fällen verborgen geblieben sein könne (vgl. BGH NJW 1996, 857–862/NJ 1996, 154). Bei Berufsrichtern kann der Strafrichter auf die Schwere des Rechtsverstoßes regelmäßig die Feststellung stützen, der Betreffende habe wissentlich gegen das Gesetz verstoßen ... Es unterliegt in diesem Zusammenhang auch keinen verfassungsrechtlichen Bedenken, wenn der BGH davon ausgeht, daß der Richter, der in blindem Gehorsam gegenüber staatlichen Machthabern meint, sich auch dann im Einklang mit Recht und Gesetz zu befinden, wenn er über die Grenzen des gesetzlich Zulässigen hinaus den Willen der Staatsführung vollzieht und dabei Menschenrechte in schwerwiegender Weise verletzt, keinem den Vorsatz berührenden Irrtum unterliegt. Gleiches gilt für die Erwägung, daß ein möglicherweise vorliegender Verbotsirrtum nicht unvermeidbar sei und sich deshalb der Strafrahmen nicht verschiebt ...« (BVerfG, 2. Kammer des Zweiten Senats, Beschluß vom 7. April 1998 – 2 BvR 2560/95 – Neue Justiz, 6/1998, S. 314 ff.)

Was NS-Richtern ohne weiteres zugebilligt wurde, die »Möglichkeit der Rechtsblindheit, basierend auf politischer Verblendung«, wird im Fall der DDR-Richterin als strafmildernd nicht in Erwägung gezogen. Im Gegenteil, das höchste Gericht erklärt es ausdrücklich für verfassungsgemäß, wenn der BGH einem DDR-Richter das Recht auf Irrtum abspricht, wenn er »über die Grenzen des Zulässigen hinaus« den Willen der Staatsführung vollzogen und dabei die Menschenrechte »in schwerwiegender Weise verletzt« habe. Auch sei es verfassungsrechtlich nicht zu beanstanden, wenn der Bundesgerichtshof einem Berufsrichter unterstelle, ihm könne angesichts der hohen Anforderungen an den objektiven Rechtsbeugungstatbestand die evidente Rechtswidrigkeit seiner Entscheidung »in diesen Fällen« nicht verborgen geblieben sein.

## Hohes Amt für Nazirichter

Acht Jahre Freiheitsentzug für das bloße Verbreiten oppositioneller Druckschriften sprechen ohne weiteres für einen Willkürakt; gleichwohl hat die bundesdeutsche Justiz in weit schlimmeren Fällen völlig andere Maßstäbe angelegt, vorausgesetzt, es handelte sich um das Fehlverhalten eines ehemaligen Nazirichters. Da verurteilte beispielsweise die 3. Kammer des Sondergerichts beim Deutschen Landgericht in Brünn am 11. September 1942 den 35 Jahre alten tschechischen Arbeiter Franz Korta »als Volksschädling wegen Nachdruckens und Vertreibens von ... Fleischmarken und Brotmarken« zum Tode. Beteiligt an dem Urteil war als Beisitzer der damalige Landgerichtsrat Dr. Friedrich Mattern. Sechs Tage darauf verurteilte dieselbe Kammer unter Mitwirkung von Mattern den 57 Jahre alten Müller Jaroslav Riedel »wegen unerlaubten Besitzes einer Armeepistole mit über 35 Stück Munition« zum Tode. Einen Tag später, am 18. September 1942, verurteilte das Gericht unter Beteiligung von Mattern den 20 Jahre alten tschechischen Angestellten Zdenek Michalik als »Volksschädling wegen Handelns mit ... Fleischmarken und Brotmarken« zum Tode. Am selben Tag erging »wegen unerlaubten Besitzes von zwei Pistolen nebst Munition und wegen fortgesetzten Abhörens von Feindsendungen« das Todesurteil gegen den 44 Jahre alten tschechischen Arbeiter Stephan Vnuk. Auch an diesem Urteil war Dr. Friedrich Mattern beteiligt (»Der Spiegel«, Nr. 14/1968 vom 1.4.1968).

Im März 1960 erstattete der Prager Verband der antifaschistischen Widerstandskämpfer unter Hinweis auf die Todesurteile des Brünner Sondergerichts Anzeige gegen Mattern. Die Staatsanwaltschaft beim Oberlandesgericht Karlsruhe leitete daraufhin ein Ermittlungsverfahren gegen Mattern ein, das jedoch bereits einen Monat nach Anzeigeerstattung, am 28. April 1960, eingestellt wurde. Begründung: Die Todesstrafen stünden nicht in einem unerträglichen Mißverhältnis zur strafrechtlichen Schuld der Verurteilten; somit sei Rechtsbeugung zu verneinen.

Der Vorgang verschwand in der Versenkung, ohne daß eine breitere Öffentlichkeit von den Anschuldigungen gegen den Juristen etwas erfuhr. Mattern hatte zur Entlastung einen Spruchkammerbescheid aus dem Jahr 1948 vorgelegt; darin hieß es, der Richter habe »soweit wie möglich Milde walten lassen«. Dieses Ergebnis war augenscheinlich nur zustandegekommen, weil Mattern im Entnazifizierungsverfahren seine

Mitwirkung an den Todesurteilen des Brünner Sondergerichts verschwiegen hatte. »Die Spruchkammer ... kannte die Todesurteile nicht«, schrieb jedenfalls das Nachrichtenmagazin »Der Spiegel« am 1. April 1968, nachdem Matterns frühere Richterfunktion schließlich am 28. März 1968 doch noch publik geworden war.

Jetzt wurde auch bekannt, daß Dr. Friedrich Mattern zur selben Zeit, da er zum ersten Mal von seiner Vergangenheit eingeholt zu werden drohte – also 1960 –, bereits seit zwei Jahren als Richter am Bundesgerichtshof in Karlsruhe tätig war – an eben jenem Gericht, das mit seiner Entscheidung vom 7. Dezember 1956 die Bestrafung von Nazirichtern wegen Rechtsbeugung verhindert hat. Kein Wunder, daß der Bundesgerichtshof sich sogleich schützend vor sein Mitglied Mattern stellte. Noch am selben Tag, an dem die Öffentlichkeit von dessen früherer Tätigkeit an einem NS-Sondergericht und der Beteiligung an Todesurteilen erfuhr, erklärte der BGH in einer Stellungnahme, die Vorgänge seien seit Jahren bekannt und von verschiedenen Stellen geprüft worden. Das Gericht verwies auf die Einstellung des Verfahrens durch die Karlsruher Staatsanwaltschaft und teilte außerdem mit, auch der Bundesminister der Justiz – zuständig war damals der CSU-Politiker Fritz Schäffer – habe schon 1960 die Teilnahme von Bundesrichter Dr. Mattern an jenen Urteilen überprüft; »er hat in ihr ebenfalls keinen Anlaß zu Maßnahmen gegen den Richter gefunden.«

So war das damals: Die Mitwirkung an Todesurteilen eines Nazi-Sondergerichtes war kein Hindernis für die Tätigkeit als Richter am Bundesgerichtshof. Mit fristloser Entlassung mußte hingegen rechnen, »wer als Beamter, Angestellter oder Arbeiter im Bundesdienst an Organisationen oder Bestrebungen gegen die freiheitliche demokratische Staatsordnung teilnimmt«, wie es in einem Beschluß der Bundesregierung vom 19. September 1950 hieß. Gemeint war damit unter anderem auch die Mitgliedschaft in der Vereinigung der Verfolgten das Naziregimes, die als kommunistische Tarnorganisation galt.

Als es nichts mehr zu beschönigen gab, räumte Dr. Mattern 1968 mit Blick auf die Brünner Todesurteile ein, sie hätten, »wenn man sie heute liest, einen makabren Charakter«. Gleichwohl sah die Staatsanwaltschaft kein Mißverhältnis zwischen den Todesstrafen und der strafrechtlichen

Schuld der damals Verurteilten. In der erwähnten »Spiegel«-Ausgabe hieß es dazu:

»Just das aber ist in allen vier Fällen zweifelhaft. Zwar druckte Franz Korta, wie das Sondergericht feststellte, falsche Lebensmittelkarten für 1400 Kilogramm Fleisch und verhökerte sie größtenteils an Zdenek Michalik, der die Bezugsscheine weiterverkaufte. Doch selbst nach den damals gültigen Strafvorschriften war die Todesstrafe für solche Delikte nicht zwingend vorgeschrieben. Und: Michalik war noch nicht einmal volljährig ... Im Lichte solcher Rechtspraxis wirkt Matterns Entschuldigung schwach, er habe sich als ›Knecht des Gesetzes‹ gefühlt. ›Daß es Grenzen des richterlichen Gehorsams gibt, ist eine neue Erkenntnis‹, meint der Bundesrichter, einst Doktorand des Altsozialisten und Rechtsprofessors Gustav Radbruch, 1933 SA-Mann, 1937 Parteigenosse. Doch hier irrt der Bundesrichter. Denn ›Ungehorsam ist dem Richter eine heilige Pflicht, wo der Gehorsam Treubruch sein würde gegen die Gerechtigkeit, in deren Dienst er allein gegeben ist‹ (Anselm von Feuerbach vor 150 Jahren).«

## Berufsverbot für DDR-Richter

Gegen diese Maxime des Begründers der modernen deutschen Strafrechtswissenschaft ist zu keiner Zeit auf schändlichere Weise verstoßen worden als in den Jahren der nationalsozialistischen Gewaltherrschaft. Dennoch machten die meisten Mitverantwortlichen für den Justizterror im NS-Staat nach dem Krieg Karriere in der Bundesrepublik Deutschland. Selbst wer – wie Friedrich Mattern – an Todesurteilen beteiligt war, konnte in eine Spitzenposition des demokratischen Justizapparates aufrücken. Wer hingegen als Richter oder Staatsanwalt der DDR in einem Verfahren mit politischem Hintergrund auch nur eine Freiheitsstrafe von einem Jahr zu verantworten hat, dessen berufliche Existenz als Richter soll für immer beendet sein. Wie so ein lebenslanges Berufsverbot begründet wird, hat der Bundesgerichtshof am 15. September 1995 in einem Urteil zur Rechtsbeugung von Richtern und Staatsanwälten der DDR bei Anwendung »politischen Strafrechts« dargetan:

»Die Mitwirkung an rechtsstaats- und menschenrechtswidrigen Maßnahmen, denen die Opfer der DDR-Justiz ausgesetzt waren, fordert insbesondere auch jenseits strafrechtlicher Verfolgung Konsequenzen gegenüber den dafür verantwortlichen Richtern und Staatsanwälten der DDR, etwa die kritische Prüfung, inwieweit solche Juristen für den Beruf eines Rechtsanwalts als unwürdig erscheinen ... Daß sie keine Verwendung als Richter oder Staatsanwalt mehr finden können, wird sich regelmäßig von selbst verstehen.«

Diese Empfehlung gab der Bundesgerichtshof im Verfahren gegen eine DDR-Staatsanwältin, die nach der Wende vom Landgericht Berlin wegen Rechtsbeugung in Tateinheit mit Freiheitsberaubung zu einer Freiheitsstrafe von drei Jahren verurteilt worden war. Es ging dabei um die Tätigkeit der Juristin als Vertreterin der Anklagebehörde in der Abteilung Ia des Generalstaatsanwaltes von Berlin in den Jahren 1976 bis 1985. Ihr Arbeitsgebiet war die Verfolgung von »Staatsverbrechen« sowie von »Straftaten gegen die staatliche und öffentliche Ordnung«. Der BGH befand, daß in drei von zehn ursprünglich aufgeführten Fällen »der objektive Tatbestand einer gesetzwidrigen Entscheidung vorliegt«. Auch »an den subjektiven Voraussetzungen für eine Verurteilung wegen Rechtsbeugung« fehlte es nach den Feststellungen des Gerichts nicht.

Im einzelnen wurde der Staatsanwältin u.a. zur Last gelegt, daß sie eine Freiheitsstrafe von einem Jahr für eine Ostberlinerin beantragte, die sich im Mai 1979 gegenüber einem Fernsehkorrespondenten der ARD kritisch zu einer Anordnung des DDR-Ministeriums für Außenhandel über die Einführung von »Wertschecks« für Einkäufe im Intershop geäußert hatte. Ihre Äußerungen waren noch am selben Abend in der ARD-Sendung »Tagesthemen« ausgestrahlt worden. Die Frau wurde am 23. Mai 1979 verhaftet und vom Stadtbezirksgericht Berlin-Lichtenberg entsprechend dem Antrag der Staatsanwältin wegen Verstoßes gegen Paragraph 220 Absatz 1 des Strafgesetzbuches der DDR zu einer Freiheitsstrafe von einem Jahr verurteilt. Nach insgesamt fünfmonatiger Haft wurde sie am 7. November 1979 entlassen.

Der Paragraph 220 Abs. 1 StGB/DDR sah Freiheitsstrafen bis zu drei Jahren vor, wenn unter anderem Maßnahmen staatlicher Organe öffentlich herabgewürdigt wurden. Es war aber auch möglich, jemanden lediglich mit einer Geldstrafe zu belegen oder ihn mit einem öffentlichen Tadel zu bestrafen. Nach Ansicht des Bundesgerichtshofes konnte im vorliegenden Fall der Tatbestand dieser Strafnorm »bei extensiver Auslegung aus Sicht der Angeklagten ... als gegeben angesehen werden«. Jedoch stellten sich der Haftbefehl gegen die Betroffene, »dessen Aufrechterhaltung die Angeklagte beantragte, und die – ebenfalls von ihr beantragte – Verhängung einer Freiheitsstrafe von einem Jahr ... indes wegen offensichtlicher Willkür im Gewand eines justizförmigen Strafverfahrens als Rechtsbeugung dar«.

In dem Urteil des BGH wird weiter ausgeführt: »Hier sollte an einem Menschen, der auch bei systemimmanenter Betrachtung allenfalls geringe Schuld auf sich geladen hatte, ein Exempel statuiert werden, indem er einer grausamen Bestrafung unterworfen wurde, um Bürger von mißliebigen Äußerungen ohne Rücksicht auf deren Gewicht abzuschrecken. Die schwere seelische Belastung der Betroffenen durch die Vorgehensweise der Strafverfolgungsorgane und ihre berufliche Vernichtung belegen beispielhaft, daß die Voraussetzungen menschenrechtswidriger willkürlicher Sanktionen im Einzelfall auch ohne absolut besonders gravierende Strafhöhe vorliegen können ... Die Angeklagte hat ... vorsätzlich gehandelt. Der Tatrichter hat festgestellt, die Angeklagte habe gewußt, daß sie gesetzwidrig gehandelt hat. Damit ist die innere Seite der Rechtsbeugung, die das Bewußtsein der Rechtswidrigkeit voraussetzt, hinreichend belegt. Dies wird auch nicht dadurch in Frage gestellt, daß der Tatrichter in den drei Fällen, in denen Rechtsbeugung objektiv im Ergebnis mit Recht bejaht wurde, dies noch weitergehend, teilweise bedenklich, insbesondere nach Maßgabe am Grundgesetz orientierter Maßstäbe begründet hat.«

Diese behutsame Kritik des Bundesgerichtshofes läßt darauf schließen, daß die Vorinstanz mit ihrer Argumentation gewaltig daneben gegriffen haben muß; denn im Grunde liegt der Bewertung richterlichen und staatsanwaltlichen Tuns während der DDR-Zeit durch die bundesdeutsche Justiz ungeachtet aller entgegengesetzten Bekenntnisse in der Regel westliches Denken zugrunde. Auch in diesem Fall wird der Vorsatz zur Rechtsbeugung als bewiesen unterstellt, obwohl die betroffene Staatsanwältin versichert hat, sie habe ihr Handeln für rechtmäßig gehalten.

Die Begründung des Landgerichtsurteils – vom BGH »Tatrichter« genannt – scheint jedoch so konfus zu sein, daß der Bundesgerichtshof – kein alltäglicher Vorgang – in einem langen Absatz meint darlegen zu müssen, wie das Ganze zu verstehen sei. Das liest sich dann so:

»Unmittelbar im Anschluß an die Feststellung zum Vorsatz der Angeklagten heißt es allerdings in den Urteilsgründen, daß die Angeklagte ihre Handlungsweise für rechtmäßig gehalten habe und daß dies den Vorsatz nicht berühre, weil sich der Vorsatz nicht auf die Rechtswidrigkeit zu beziehen brauche. Diese zusätzliche Wendung stellt die Feststellung des Vorsatzes der Rechtsbeugung indessen nicht in Frage. Der Senat hält es für ausgeschlossen, daß der Tatrichter zwei einander ausdrücklich widersprechende Sätze aneinanderfügen wollte. Vielmehr muß der zweite Satz wie folgt verstanden werden: der Tatrichter wollte zum Ausdruck bringen, daß die Angeklagte im Bewußtsein der Gesetzwidrigkeit ihrer Handlungen gemeint hat, sie sei befugt, aus politischen Gründen, etwa zum Schutz der sozialistischen Staats- und Gesellschaftsordnung vor politischen Gegnern, auch solche Anträge zu stellen, die nach Maßgabe des § 244 StGB-DDR gesetzwidrig sind. Auf eine solche Vorstellung trifft die Wendung der Urteilsgründe zu, daß der Vorsatz hiervon unberührt bleibt.« (AZ 5 StR 713/94 – BGH 41, 247)

Der 5. Strafsenat des Bundesgerichtshofes macht in diesem Urteil aus dem Jahr 1995 auch grundsätzliche Ausführungen über den Charakter der Gesetze, die in der DDR bei der politisch motivierten Strafverfolgung angewandt wurden. Hier seien Gesetze zum Tragen gekommen, »die schon für sich, erst recht aber in ihrer konkreten Anwendung mit rechtsstaatlichen Anforderungen unvereinbar und nicht an der Wahrung von Menschenrechten ausgerichtet« gewesen seien. »Auf solches Unrecht muß ein der Idee der Gerechtigkeit verpflichteter Rechtsstaat in angemessener Weise reagieren.« Dabei stehe die Rechtsprechung »zum Teil vor ähnlichen Rechtsproblemen, wie sie sich bei der Verfolgung nationalsozialistischen Justizunrechts gestellt« hätten.

Auf welche Weise die deutsche Justiz, insbesondere der Bundesgerichtshof, die Probleme bei der Verfolgung von NS-Justizunrecht gelöst hat, ist hinreichend bekannt. Da spielte es keine Rolle, ob die von den Nazirichtern angewandten Gesetze rechtsstaatlichen Anforderungen entsprachen. Wenn ein Richter sich diesen Gesetzen unterworfen hat, dann durfte ihm deswegen in strafrechtlicher Hinsicht kein Vorwurf gemacht werden.

## Andere Töne

Ein Jahr bevor der 5. Senat des Bundesgerichtshofes die Verurteilung einer DDR-Staatsanwältin für rechtens erklärte, die u.a. für einen ausreisewilligen DDR-Bürger eine Freiheitsstrafe beantragt hatte, erkannte der 4. Senat des Bundesgerichtshofes in einem ähnlich gelagerten Fall auf Freispruch. Betroffen waren ein Richter und eine Staatsanwältin der DDR, die ursprünglich vom Landgericht Schwerin wegen Rechtsbeugung in Tateinheit mit Freiheitsberaubung zu einer Freiheitsstrafe von neun Monaten auf Bewährung verurteilt worden waren. Den beiden wurde nach der Wende zur Last gelegt, daß sie an der Verurteilung eines ausreisewilligen DDR-Bürgers mitgewirkt hatten. Dem Verfahren lag folgender Sachverhalt zugrunde:

Um seine Inhaftierung und den »Freikauf« durch die Bundesrepublik zu bewirken, entrollte der Mann am 23. November 1985 anläßlich der öffentlichen Vereidigung von Angehörigen der DDR-Grenztruppen vor dem Gebäude des Rats des Kreises Perleberg beim Abspielen der DDR-Nationalhymne ein 60 mal 80 Zentimeter großes selbstgefertigtes Plakat mit der Aufschrift: »DDR! Deine Grenzen sind für mich kein Friedensbeitrag!« Er wurde nach etwa 20 Sekunden von Sicherheitskräften festgenommen und inhaftiert. Die Staatsanwältin erhob gegen den Mann Anklage wegen Beeinträchtigung staatlicher oder gesellschaftlicher Tätigkeit gemäß Paragraph 214 StGB/DDR und beantragte für ihn in der nichtöffentlichen Hauptverhandlung vor der Strafkammer des Kreisgerichts Schwerin-Stadt am 18. Februar 1986 eine Freiheitsstrafe von einem Jahr und sechs Monaten ohne Bewährung. Das Urteil entsprach dem Strafantrag. Nach knapp achtmonatiger Haft wurde der Vollzug der Strafe zur Bewährung ausgesetzt und der Verurteilte zusammen mit Frau und Tochter in den Westen abgeschoben. Die Bundesrepublik Deutschland hatte sie – wie erhofft – »freigekauft«.

Der Vorsitzende Richter der Strafkammer und die Staatsanwältin legten nach ihrer Verurteilung Revision beim Bundesgerichtshof ein, dessen 4. Strafsenat die Tatbestandsvoraussetzungen der Rechtsbeugung hier als nicht erfüllt ansah. In seinem Urteil vom 6. Oktober 1994 führt der Senat unter anderem aus:

»Die Rechtsanwendung durch die Angeklagten ... hält zwar rechtsstaatlichen Anforderungen nicht stand; sie verstieß aber weder gegen überpositives Recht noch gegen – materielles oder formelles – Recht der DDR ... Die Meinungsfreiheit stellt ein völkerrechtlich anerkanntes, in Artikel 10 der Konvention zum Schutz der Menschenrechte und Grundfreiheiten vom 4. November 1950 und Artikel 19 des Internationalen Paktes über bürgerliche und politische Rechte unter Schutz gestelltes, auch von der Verfassung der DDR in Artikel 27 garantiertes Menschenrecht dar. Sie gilt jedoch nicht schrankenlos, sondern steht auch nach den genannten völkerrechtlichen Übereinkünften unter einem weitreichenden Gesetzesvorbehalt. Zum Schutz anderer anerkannter Rechtsgüter, mit denen die Meinungsfreiheit in Konflikt geraten kann, sind daher Einschränkungen möglich, deren Ausmaß sich nach dem Wert des durch die Meinungsfreiheit beeinträchtigten Rechtsgutes richtet. Die Achtung der nationalen Rechtsordnung stellt in der Regel ein schützenswertes Rechtsgut dar, so daß es grundsätzlich als zulässig erachtet werden muß, wenn ein Staat öffentliche provokative Kritik an seiner Gesetzgebung unter Strafe stellt.«

Der 4. Senat beschäftigt sich sodann mit der völkerrechtlich anerkannten Ausreisefreiheit, die zwar gesetzlichen Einschränkungen unterliegen könne, im Kern aber nicht angetastet werden dürfe. Die einengende Handhabung dieses Menschenrechtes durch die Gesetze und die Behörden der DDR habe nicht dem Geist jener auch von der DDR anerkannten völkerrechtlichen Abkommen entsprochen. Eine – auch provokative – Kritik an einer solchen Gesetzesregelung sei deshalb nach rechtsstaatlichen Grundsätzen zulässig gewesen. Diesem Verständnis werde der § 214 StGB/DDR nicht gerecht, wenn er auch auf diesen Bereich kritikwürdiger Gesetzgebung erstreckt werde.

»Allein dieser Umstand vermag jedoch eine Strafbarkeit der Angeklagten wegen Rechtsbeugung nicht zu begründen«, fährt der 4. Senat fort. »Wollte man die Geltungskraft und Reichweite von Strafvorschriften der DDR, aus denen sich für Richter und Staatsanwälte die Rechtfertigung für Eingriffe in Rechte, insbesondere Freiheitsrechte, der Bürger herleitet, an Maßstäbe eines freiheitlich-demokratischen Rechtsstaates anknüpfen, so würde einer Vielzahl nach dem Recht der DDR gesetzmäßiger Entscheidungen nachträglich die rechtliche Grundlage entzogen. Derartige Entscheidungen als Rechtsbeugung zu werten, widerspräche dem Rückwirkungsverbot des Artikels 103 Absatz 2 des Grundgesetzes. Eine offensichtliche schwere Menschenrechtsverletzung, die eine andere Beurteilung rechtfertigen könnte, ist – anders als in den genannten Beispielen einer Legalisierung von Folter oder Völkermord – weder in der Ausreisegesetzgebung der DDR als solcher noch in einer Pönalisierung öffentlicher Kritik an jener Gesetzgebung zu erblicken.«

»Zusammenfassend ergibt sich, daß das ... Strafverfahren weder von der Verfahrensgestaltung noch von seinem Ergebnis her den Grundsätzen eines fairen rechtsstaatlichen Verfahrens entsprach. Vielmehr war es Bestandteil eines von der politischen Führung der DDR entwickelten weitgefächerten Systems ›zur Unterbindung und Zurückdrängung von Versuchen von Bürgern der DDR, die Übersiedlung nach nichtsozialistischen Staaten und Westberlin zu erreichen ...‹ In dieses System haben sich die Angeklagten einbinden lassen. Dies allein begründet jedoch noch keine strafrechtlich relevante Schuld ... Diese setzt vielmehr erst dann ein, wenn Strafvorschriften *ausschließlich* als Vorwand für Zwangsmaßnahmen zur Unterdrückung des – auch nach dem Recht der DDR nicht strafbaren – Begehrens nach Ausreise benutzt wurden. Dies ist – wie vorstehend ausgeführt – angesichts der bewußt provokanten Handlungsweise des P., der Opfer des Systemunrechts geworden ist ..., hier nicht ersichtlich.«

»Der Schuldspruch wegen Rechtsbeugung und damit auch wegen Freiheitsberaubung kann danach nicht bestehenbleiben. Da die Aufhebung des Urteils nur aufgrund einer anderen rechtlichen Beurteilung der vom Landgericht vollständig und fehlerfrei getroffenen Feststellungen erfolgt, hat der Senats gemäß § 354 Abs. 1 der Strafprozeßordnung in der Sache selbst entschieden. Die Angeklagten werden freigesprochen.« (BGH 40, 272)

Abgesehen vom Ergebnis unterscheiden sich die zuletzt erwähnten

Urteile der beiden Senate des Bundesgerichtshofes auch in der Argumentation. Die Entscheidung des 4. Senats kommt gelassen und souverän daher, während der 5. Senat einen aggressiv-polemischen Ton anschlägt. Von grausamer Bestrafung ist da die Rede, wo es um eine Freiheitsstrafe von einem Jahr geht, die nur zur Hälfte verbüßt werden mußte; von Rechtsbruch und einem willkürlichen Unterdrückungs- und Gewaltakt, wenn Freiheitsentzug von einem Jahr zur Debatte steht; da werden Gesetze der DDR pauschal als Unrecht gekennzeichnet, auf das der Rechtsstaat in angemessener Weise reagieren müsse.

Und das alles unter der Prämisse, das geschriebene Recht der DDR dürfe »nicht nach einer am Grundgesetz orientierten Auslegung interpretiert und damit das Handeln eines Täters an ihm fremden Maßstäben, nämlich denen eines Rechtsstaates und seiner Wertordnung. gemessen werden« (BGH41, S. 256).

## Rufer in der Wüste

Zu dieser Problematik äußerte sich – im Zusammenhang mit der Diskussion um eine Amnestie für verurteilte Hoheitsträger der DDR – der langjährige Ordinarius für Strafrecht an der Berliner Humboldt-Universität, Professor Erich Buchholz, am 4. Februar 1999 in einem Beitrag der Hamburger Wochenzeitung »Die Zeit«:

»Festzuhalten ist zunächst: Amnestie setzt das Vorliegen und auch die Feststellung strafrechtlicher Schuld voraus; wo keine Strafe vorliegt, gibt es auch nichts zu amnestieren. Ob aber eine Strafe vorliegt, richtet sich ausschließlich nach dem zur Tatzeit geltenden beziehungsweise geltend gewesenen Gesetz, nicht nach einem wie auch immer gearteten Rechtsempfinden oder politischen Intentionen. Ob nun die Täter, um die es in der jetzigen Diskussion geht, in der DDR tatsächlich Straftaten begangen haben, für die sie jetzt zur Verantwortung zu ziehen sind, richtet sich nach dem damals in der DDR geltend gewesenen Gesetz. Es ist ein im Grundgesetz (Artikel 103 Absatz 2) wie in der Verfassung der DDR (Artikel 99 Absatz 2) und in den Menschenrechts-Konventionen – so in Artikel 7 der ›europäischen‹ und in Artikel 15 der ›internationalen‹

Konvention – festgeschriebenes elementares Gebot neuzeitlichen Strafrechts, das Rückwirkung und Fremdbewertung verbietet.

Dieses fundamentale Rechtsprinzip gilt absolut, ausnahmslos und gegenüber jedermann, und die Bundesrepublik Deutschland hat sich auch in markanter Weise dazu bekannt. So klar und eindeutig diese Rechtsprinzipien sind, so allgemein sie gelehrt werden, so problematisch gestaltet sich ihre praktische Anwendung in Strafverfahren gegen ehemalige Hoheitsträger der DDR. Denn da mit dem Untergang dieses Staates auch dessen Justiz verschwand und nach dem Einigungsvertrag die bundesdeutsche Rechtsordnung auf das Beitrittsgebiet ausgedehnt wurde, ergab sich eine in der Geschichte des Strafrechts wohl einmalige Situation.

Über die Frage, ob die betreffenden DDR-Hoheitsträger sich nach dem DDR-Recht strafbar gemacht hatten, durften und mußten nun bundesdeutsche Staatsanwälte und Richter befinden, die weder das DDR-Recht studiert hatten noch auf diese außerordentliche Aufgabe spezifisch vorbereitet wurden, denen zudem das DDR-Recht nicht nur ungeläufig, sondern auch von seinem Wesen und seiner Struktur her fremd war und ist, dem sie – um es ganz vorsichtig auszudrücken – zumindest skeptisch gegenüberstehen, war es doch für sie immer das ›Recht‹ eines ›Unrechtsstaates‹. Da waren Rechtsfehler und fehlerhafte Urteile – das heißt materielles Unrecht – geradezu programmiert. Die Besorgnis des Juristen bezieht sich jedoch nicht nur darauf, daß auf diese Weise Unrechtsurteile zustande kommen; sie richtet sich nicht minder darauf, daß der Rechtsstaat beschädigt wird.

Hätte sich die bundesdeutsche Strafjustiz strikt an das damals geltende Recht gehalten, wäre die Amnestiedebatte von vornherein obsolet; denn es wären nur die Personen – zu Recht – bestraft worden, die tatsächlich Gesetze der DDR verletzt hatten, solche, die sicherlich auch Friedrich Schorlemmer nicht amnestiert haben möchte. Nun sieht die bundesdeutsche Rechtsordnung ein förmliches Verfahren zur Korrektur von rechtskräftigen Verurteilungen, auch wenn sie materiell Unrecht darstellen, nur in besonderen hier nicht vorliegenden Ausnahmefällen vor. Daher kann das Dilemma, daß nicht wenige Unrechtsurteile gegen frühere DDR-Bürger ergingen, wohl nur noch politisch, durch den Gesetzgeber, gelöst werden.«

Einwände grundsätzlicher Art läßt der 5. Senat des Bundesgerichtshofes in Verfahren wegen DDR-Unrechts nicht gelten. Kühl bemerkt er in einem Urteil vom 21. August 1997, soweit Revisionen grundlegend abweichende Beurteilungen für angezeigt hielten, so gäben die »durchweg nicht neuen Einwände dem Senat keinen Anlaß, von dieser mittlerweile gefestigten Rechtsprechung abzugehen«.(AZ 5 StR 403/96). Er bezieht sich dabei auf seine eigenen Grundsätze zur Strafbarkeit von Richtern und Staatsanwälten der DDR bei der Anwendung »politischen Strafrechts« (BGH 40, 30). Danach wird – wie bereits erwähnt – der »direkte Rechtsbeugungsvorsatz« beziehungsweise die »Wissentlichkeit der gesetzwidrigen Entscheidung« jeweils dann als feststehende Tatsache angesehen, wenn die »Rechtswidrigkeit der Entscheidung so offensichtlich war und ... Menschenrechte derart schwerwiegend verletzt worden sind, daß sich die Entscheidung als Willkürakt darstellt«.

Diese Voraussetzungen sieht der BGH zum Beispiel bei einem Richter und einem Staatsanwalt als erfüllt an, die einen ausreisewilligen DDR-Bürger zu einem Jahr Freiheitsstrafe verurteilten. Der Betroffene, dessen Ausreiseantrag abschlägig beschieden worden war, hatte im Herbst 1988 zu einer – wie es in dem Urteil vom 21. August 1997 heißt – »Demonstration seines Ausreisewillens, wie sie von Ausreise-Antragstellern in der DDR verbreitet geübt wurde, an der Antenne seines wenige Monate zuvor teuer erworbenen Gebrauchtwagens ein weißes Stoffbändchen befestigt. Drei im Rahmen polizeilicher Kontrollen erfolgten Aufforderungen, das Bändchen zu entfernen, hatte er nicht Folge geleistet, nach der dritten Weigerung war er verhaftet worden«.

Der DDR-Bürger wurde nach mehr als neunmonatiger Haft vorzeitig entlassen und – wie angestrebt – in die Bundesrepublik abgeschoben. Seine Verurteilung war aufgrund des Paragraphen 214 StGB/DDR (Beeinträchtigung staatlicher oder gesellschaftlicher Tätigkeit) erfolgt, dessen Strafrahmen bekanntlich von einem öffentlichen Tadel bis zu einer Freiheitsstrafe von drei Jahren reichte. Neun Jahre später legt der Bundesgerichtshof nun den Vorgang dahingehend aus, daß die Tatbestandsvoraussetzungen gemäß § 214 StGB/DDR hier nicht vorlägen, so daß sich die Beteiligten objektiv der Rechtsbeugung schuldig gemacht hätten. Was die subjektiven Gründe angehe, so erfülle grundsätzlich »eine Inhaftierung allein wegen solchen Verhaltens« die Voraussetzungen der Rechtsbeugung. Im übrigen hätten die Angeklagten »fraglos« erkannt, daß es sich um einen Bagatell- und Grenzfall gehandelt habe, in dem keinesfalls mehr als eine Freiheitsstrafe von sechs Monaten hätte verhängt werden dürfen.

## Böser Vorsatz wird unterstellt

Hält sich der Bundesgerichtshof damit an die eigenen Grundsätze für die Auslegung des geschriebenen Rechts der DDR? Zwei Jahre bevor er zu seinen oben zitierten Aussagen kam, hatte der BGH in seinem Urteil vom 15. September 1995 noch folgendes postuliert:

»Nicht jede rechtsstaatswidrige oder mit den Grundsätzen des Menschenrechtsschutzes als unvereinbar zu wertende Entscheidung von Richtern oder Staatsanwälten, die auf der Grundlage des DDR-Rechts erging, kann nachträglich als eine Beugung des Rechts aufgefaßt werden. Das rechtsstaatlich verankerte Prinzip des Vertrauensschutzes verlangt grundsätzlich, auch im Blick auf Artikel 103 Absatz 2 des Grundgesetzes, das geschriebene Recht der DDR bei der Prüfung der Gesetzwidrigkeit einer Entscheidung im Sinne des § 244 StGB–DDR als wirksam zu betrachten, soweit es um die Strafbarkeit des Amtsträgers geht, der sein Handeln von diesem DDR-Recht gedeckt sehen konnte. Aus demselben Grund darf das geschriebene Recht der DDR nicht nach einer am Grundgesetz orientierten Auslegung interpretiert und damit das Handeln eines Täters an ihm fremden Maßstäben, nämlich denen eines Rechtsstaats und seiner Wertordnung, gemessen werden.« (BGHSt 41, S.256)

Was hat den Bundesgerichtshof veranlaßt, sich von diesen Grundsätzen so augenfällig abzuwenden und die Gangart gegenüber Richtern und Staatsanwälten der DDR weiter zu verschärfen? Nun, zwischen dem BGH-Urteil vom 15. September 1995 mit dem Bekenntnis zum Vertrauensschutz und dem Urteil vom 21. August 1997 liegt der Beschluß des Zweiten Senats des Bundesverfassungsgerichts vom 24. Oktober 1996, der eben jenen Vertrauensschutz nach Artikel 103 Absatz 2 des Grundgesetzes und das darin verankerte Rückwirkungsverbot für Hoheitsträger der DDR praktisch aufhebt. Dieser Personenkreis kann nach dem höchstrichterlichen Beschluß Rechtfertigungsgründe nicht mehr gelten machen, weil – wie es heißt – »der andere Staat« die Strafbarkeit selbst »schwersten kriminellen Unrechts« für Teilbereiche ausgeschlossen habe.

Folgerichtig erklärt denn auch der 5. Senat des Bundesgerichtshofes in seinem Spruch vom 21. August 1997, daß »in jenen gravierenden Fällen ... auch obergerichtliche Orientierungen und eine verbreitete oder gar regelmäßige gleichartige Vorgehensweise der DDR-Justiz am direkten Rechtsbeugungsvorsatz nichts zu ändern (vermögen)«. Das heißt, auch wenn ein DDR-Richter versichert, sich an die allgemein übliche Rechtspraxis gehalten und nicht wissentlich gesetzwidrig zuungunsten eines Beteiligten entschieden zu haben, wird ihm in allen Fällen, die von der bundesdeutschen Justiz für gravierend angesehen werden, der direkte Vorsatz zur Rechtsbeugung von vornherein unterstellt. Da verwundert es nicht, daß von dem volltönenden Bekenntnis zum Vertrauensschutz in dem BGH-Urteil vom 21. August 1997 nur noch ein leiser Nachhall bleibt:

»Der nach dem Rechtsstaatsgebot zu beachtende Vertrauensschutz und letztlich der Grundsatz, daß sich Zweifel zugunsten des Angeklagten auswirken, führen dazu, daß eine Verurteilung in Fällen der vorliegenden Art nur noch in Betracht kommt, wenn die Rechtsanwendung durch Justizangehörige der DDR auch bei Berücksichtigung der dort praktizierten Auslegungskriterien und Methoden schlechterdings nicht mehr nachvollziehbar zu machen ist.«

Der BGH begründet damit – im Gegensatz zur Vorinstanz – seine »Durchentscheidung auf Freispruch« in einigen der Fälle, die in dem Verfahren insgesamt zur Sprache gekommen waren. Was sich wie eine restriktive Auslegung liest, bedeutet in der Praxis, daß alle DDRRichter und Staatsanwälte wegen Rechtsbeugung zu verurteilen sind, wenn ihr Handeln »nicht mehr nachvollziehbar zu machen ist«.

## ... nicht so bei Rehse

So wenig Federlesens hat der Bundesgerichtshof gegenüber NS-Richtern selbst dann nicht gemacht, wenn jemand – wie der Richter am

Volksgerichtshof Hans-Joachim Rehse – 231 nachgewiesene Todesurteile auf dem Gewissen hatte. Wie hat der BGH da agiert? Nachdem Rehse am 3. Juli 1967 von einem Schwurgericht wegen Beihilfe zum Mord in drei Fällen und wegen Beihilfe zum versuchten Mord in vier Fällen zu fünf Jahren Zuchthaus verurteilt worden war, sah der Bundesgerichtshof weiteren Aufklärungsbedarf und wies die Sache am 30. April 1968 zu neuer Verhandlung an das Berliner Landgericht zurück.

In der neuen Verhandlung vor dem Schwurgericht bei dem Landgericht Berlin wies Rehse niedrige Beweggründe weit von sich. Er habe in keinem Falle das Recht gebeugt; in allen Fällen habe er sich an die gesetzlichen Bestimmungen gehalten, diese habe er als gültiges Recht angesehen, an das er als Richter gebunden gewesen sei. Niemals habe er unsachliche oder rechtsfremde Zwecke verfolgt. Alle Urteile hätten seiner Überzeugung entsprochen.

»Das Schwurgericht kann dem Angeklagten diese Einlassung nicht widerlegen. Ein strafbares Verhalten ist ihm ... nicht nachzuweisen«, heißt es zusammenfassend in dem Urteil vom 6. Dezember 1968, das mit einem Freispruch für Rehse endete. Woher der Wind geweht hatte, machte das Schwurgericht gleich im zweiten Absatz der Urteilsgründe mit der Bemerkung deutlich: »Auf die Gründe des Urteils des Bundesgerichtshofes (vom 30. April 1968) wird Bezug genommen.«

## Auflehnung gegen BGH

Ein bemerkenswerter Fall von Auflehnung gegen den Kurs des Bundesgerichtshofes in Sachen DDR-Unrecht ereignete sich 1998. Am 23. Juni jenes Jahres hob der BGH das freisprechende Urteil der 12. großen Strafkammer des Landgerichts Berlin vom 11. November 1997 gegen den ehemaligen Generalstaatsanwalt von Ostberlin, Dr. Dieter Simon, auf und wies die Sache zu neuer Verhandlung und Entscheidung an eine andere Strafkammer des Landgerichts Berlin zurück. Stein des Anstoßes waren unter anderem unterschiedliche Ansichten über den Grundsatz *in dubio pro reo*, im Zweifel für den Angeklagten. Der Bundesgerichtshof meinte, das Landgericht habe diesen Grundsatz überdehnt.

Vier Monate später wurde Simon erneut – diesmal von der 10. großen Strafkammer des Landgerichts Berlin – freigesprochen.

Um was ging es? Zwei miteinander befreundete junge Ostberliner im Alter von 20 und 22 Jahren hatten sich am 5. Dezember 1985 nachts gegen 3.20 Uhr nach Alkoholgenuß an die Berliner Grenzübergangsstelle Bornholmer Straße begeben, wo sie in der Abfertigungshalle für Fußgänger unter Vorlage ihrer Personalausweise die Ausreise nach Westberlin verlangten. »Sie hofften«, führt der BGH hierzu aus, »aufgrund dieser Aktion inhaftiert, verurteilt und im Wege des ›Freikaufs‹ in die Bundesrepublik entlassen zu werden. Erwartungsgemäß wurden sie festgenommen.«

Wie üblich wurde den beiden gemäß Paragraph 214 Absatz 1 StGB/DDR zur Last gelegt, die Tätigkeit staatlicher Organe beeinträchtigt und eine Mißachtung der Gesetze bekundet zu haben. Da sie zu zweit waren, erstreckte sich der Vorwurf auch auf Absatz 3 dieses Paragraphen, der eine Freiheitsstrafe bis zu fünf Jahren androht, wenn jemand »zusammen mit anderen« eine solche Tat begeht. Ungewöhnlich an dem Fall war, daß es sich bei dem 22jährigen um den Sohn des stellvertretenden Generaldirektors des Kombinats Fernmeldebauamt in Berlin (Ost) handelte.

Wahrscheinlich aus diesem Grund wurde der stellvertretende Generalstaatsanwalt der DDR von dem Vorgang unterrichtet. Das entsprechende undatierte Schreiben trug die Unterschrift des Generalstaatsanwalts von Ostberlin, Dr. Simon. Vor der Hauptverhandlung gegen die jungen Männer am 28. Februar und 3. März 1986 vor dem Stadtbezirksgericht Berlin-Pankow zeichnete Simon, der damit zum zweiten Mal mit diesem Verfahren befaßt war, als Dienstvorgesetzter mit seinem Namenskürzel den ihm von zwei Staatsanwälten vorgelegten Strafvorschlag ab. Er lautete: ca. 1,6 Jahre Freiheitsentzug. Das Gericht verhängte Freiheitsstrafen von jeweils einem Jahr und fünf Monaten ohne Bewährung. Der jüngere der beiden Verurteilten wurde ein Jahr nach seiner Inhaftierung im Dezember 1986 in die Bundesrepublik Deutschland entlassen. Der Sohn des stellvertretenden Kombinats-Generaldirektors mußte die Strafe bis Mai 1987 vollständig verbüßen; er konnte die DDR etwa ein Jahr später, Mitte 1989, verlassen.

Nach der Wende wurde Simon wegen Rechtsbeugung und Freiheitsberaubung angeklagt. Die Beschuldigungen der Staatsanwaltschaft werden in dem Urteil des Berliner Landgerichts vom 20. Oktober 1998 wie folgt zitiert: »Obwohl der Angeklagte gewußt habe, daß strafbares Handeln nicht vorgelegen habe, habe er es unterlassen, was rechtlich geboten und aufgrund seiner Garantenstellung gegenüber den Beschuldigten im Strafverfahren erforderlich gewesen sei, auf eine umgehende Freilassung der gesetzwidrig Verfolgten aus der Untersuchungshaft und eine Einstellung des Verfahrens hinzuwirken. Statt dessen habe er die Strafakten im Bewußtsein der weiteren gesetzwidrigen Strafverfolgung der Inhaftierten in den Geschäftsgang zurückgegeben, womit er dem Strafverfahren entscheidend Fortgang gegeben habe. Ferner habe der Angeklagte den ihm vorgelegten Strafvorschlag ... abgezeichnet. Hierdurch habe er Einfluß auf die Strafzumessung des erkennenden Gerichts genommen.«

Das Landgericht sprach Simon frei und erklärte zur Begründung unter anderem, der ehemalige Generalstaatsanwalt habe sich mangels bewußter Pflichtwidrigkeit im Sinne direkten Rechtsbeugungsvorsatzes nicht wegen Rechtsbeugung in Tateinheit mit zweifacher Freiheitsberaubung strafbar gemacht. Die Staatsanwaltschaft legte Revision beim Bundesgerichtshof ein, dessen 5. Strafsenat in seinem Urteil vom 23. Juni 1998 dem Landgericht vorhielt, seine Auffassung stehe »nicht im Einklang mit der gefestigten Rechtsprechung des Bundesgerichtshofs. Nach dessen ständiger Rechtsprechung lag im Antrag eines DDR-Staatsanwalts auf Anordnung von Untersuchungshaft wegen eines Vergehens nach § 214 StGB-DDR in einem Fall ›schlichter Paßvorlage‹ regelmäßig direkt vorsätzliche Rechtsbeugung in Tateinheit mit Freiheitsberaubung vor.«

»Die Annahme, der Angeklagte könne als Behördenleiter den Strafvorschlag inhaltlich nicht zur Kenntnis genommen haben, lag ungeachtet einer Mitzeichnung durch nachgeordnete Staatsanwälte fern ... Ohne jede Anhaltspunkte zugunsten eines Angeklagten – der hier zur Sache keine Angaben gemacht hat – einen derart fernliegenden Sachverhalt zu unterstellen, bedeutet eine Überspannung des Grundsatzes in dubio pro reo.« (5 StR 203/98).

Die 10. große Strafkammer des Landgerichts Berlin, der die Sache zu neuer Verhandlung und Entscheidung zugewiesen worden war, zeigte sich wenig beeindruckt von der Argumentation des Bundesgerichtshofes. Ebenso wie die 12. Strafkammer sprach sie den ehemaligen Generalstaatsanwalt von Ostberlin aus tatsächlichen Gründen vom Vorwurf der Rechtsbeugung frei. In ihrem Urteil vom 20. Oktober 1998 hält die Kammer der Darstellung der Staatsanwaltschaft, bei dem Ausreisebegehren der beiden Ostberliner habe »strafbares Handeln nicht vorgelegen« die Aussage der Betroffenen entgegen, ihnen sei aus vorangegangenen zahlreichen Gesprächen mit Freunden bekannt gewesen, daß sie aufgrund eines solchen Verhaltens mit ihrer sofortigen Festnahme, Inhaftierung und strafrechtlichen Verurteilung zu rechnen hatten. Was den vor der Hauptverhandlung von Simon abgezeichneten Strafvorschlag betrifft, so führt die 10. große Strafkammer des Berliner Landgerichts hierzu unter anderem aus:

»Die Kammer vermochte nicht festzustellen, daß der Angeklagte, bevor er diesen Strafvorschlag mit seinem Namenskürzel abzeichnete, die Strafverfahrensakten, insbesondere die Anklageschrift vom 10. Februar 1986 gelesen und in ihrem wesentlichen Inhalt zur Kenntnis genommen hatte ... Der Angeklagte hat in seiner schriftlichen, in der Hauptverhandlung verlesenen Einlassung zunächst auf den Umfang der ihm damals obliegenden Aufgaben verwiesen. Er hat weiter ausgeführt ..., eine erneute gründliche Prüfung jedes strafrechtlich relevanten Einzelfalls, dem eine sachkundige Prüfung und Entscheidung durch dazu berufene und befähigte Staatsanwälte schon vorausgegangen sei, überfordere in der Regel die objektiven Möglichkeiten eines Behördenleiters ...«

»Der Angeklagte konnte und durfte davon ausgehen, daß die damaligen Beschuldigten ... in schwerwiegenderer Weise straffällig geworden waren, als es sich der dürren Tatbeschreibung des Berichtes entnehmen ließ ... In Bezug auf den von dem Angeklagten gegengezeichneten Strafvorschlag ... ist eine Anstiftung oder Beihilfe zur Rechtsbeugung ebenfalls aus tatsächlichen Gründen nicht nachzuweisen. Der Angeklagte läßt sich insoweit dahin ein, daß er offenbar nach Aktenlage keine Überprüfung der Arbeit der ihm untergebenen befähigten Staatsanwälte vorgenommen habe, er habe wohl keine berechtigten Zweifel an der Richtigkeit ihrer Entscheidung gehabt. Diese Einlassung ist nicht zu widerlegen ... Der Umstand, daß sich der Angeklagte ohne nähere Einzelfallprüfung auf seine Mitarbeiter verlassen haben will, indiziert für sich genommen noch kein rechtbeugerisches Handeln. Das Vorliegenden eines bedingten Vorsatzes wäre für eine Verurteilung nach § 244 StGB-DDR nicht ausreichend.« (30 Js 121/90 KLs 29/98).

## Dreimal Freispruch

In dem juristischen Tauziehen zwischen dem Bundesgerichtshof und dem Berliner Landgericht ging es nicht nur um den Grundsatz, daß sich Zweifel zugunsten des Angeklagten auszuwirken haben, sondern auch um den Stellenwert des DDR-Rechts bei der Bewertung des Tuns von DDR-Juristen durch die bundesdeutsche Justiz. Grundlage der strafrechtlichen Ahndung justitiellen Unrechts müsse das zur Tatzeit geltende Recht sein, wie es sich aus den Gesetzen der DDR ergab. Darin waren sich zu Beginn der Prozesse gegen DDR-Richter und Staatsanwälte alle einig. Noch in seinem Urteil vom 15. September 1995 (5 StR 713/94) hat der Bundesgerichtshof – wie erwähnt – ausführlich bekräftigt, daß das geschriebene Recht der DDR als wirksam zu betrachten ist, »soweit es um die Strafbarkeit des Amtsträgers geht, der sein Handeln von diesem DDR-Recht gedeckt sehen konnte«.

Zwei Jahre später, in seinem Urteil vom 21. August 1997, beschränkt sich der BGH auf zwei beiläufige Bemerkungen in Nebensätzen: »... bei Rücksichtnahme auf Anschauungen von DDR-Justizangehöringen zur Tatzeit ...« und »aus der grundsätzlich maßgeblichen Sicht der DDR-Justiz ...« Noch ein Jahr später, in seinem Urteil vom 23. Juni 1998 gegen den ehemaligen Generalstaatsanwalt von Ostberlin, steht zu diesem Thema überhaupt nichts mehr; hier gibt es nur noch die ungeschminkte Bewertung aus westlicher Sicht, also »nach fremden Maßstäben, nämlich denen eines Rechtsstaates und seiner Wertordnung«.

Um so beachtlicher ist das Votum der 10. großen Strafkammer des Landgerichts Berlin, die den BGH mit seiner Feststellung, die 12. große Strafkammer habe in ihrem freisprechenden Urteil den Grundsatz *in dubio pro reo* »überspannt«, ins Leere laufen läßt und den Angeklagten erneut aus tatsächlichen Gründen freispricht. Daß sich das Landgericht dabei nicht den Hinweis verkneift, der Bundesgerichtshof habe in einem vergleichbaren Fall drei Jahre zuvor ebenfalls auf Freispruch erkannt, und daß es dessen Argumente ausgiebig zitiert, ist möglicherweise Ausdruck einer tiefer sitzenden Unzufriedenheit mit dem Kurs des Bundesgerichtshofes.

In dem Verfahren gegen den ehemaligen Generalstaatsanwalt von Ostberlin hatte es die bundesdeutsche Justiz mit einem wirklich herausragenden Vertreter des Justizapparates der DDR zu tun. Was mußte so einer nach landläufiger Vorstellung auf dem Kerbholz haben, wenn er 16 Jahre lang von 1973 an ununterbrochen als Generalstaatsanwalt in der Hauptstadt der DDR tätig war? Beliefen sich die Freiheitsstrafen, an denen er in dieser langen Zeit direkt oder indirekt mitgewirkt hat, zusammengerechnet auf hundert Jahre oder mehr? Wir wissen inzwischen, was die Justiz der Bundesrepublik Deutschland an Vorwerfbarem gefunden hat: die Mitwirkung an zwei Freiheitsstrafen von jeweils einem Jahr und fünf Monaten, die am Ende in den Streit unter Juristen über die Frage einmündete, inwieweit sich Zweifel an der strafrechtlichen Schuld zugunsten des Angeklagten auswirken dürfen. Dem Bundesgerichtshof war die Sache aber so wichtig, daß er den zweiten Freispruch ebenfalls aufhob und eine weitere Verhandlung anordnete. Im Juli 2001 endete auch dieses Verfahren mit einem Freispruch.

Der Bundesgerichtshof, der im Fall Simon den Grundsatz »im Zweifel für den Angeklagten« nicht gelten lassen wollte und unnachsichtig auf Bestrafung drängte, argumentierte im Fall des Chefrichters bei dem SS- und Polizeigericht München, Dr. Otto Thorbeck, der wenige Tage vor Kriegsende die Widerstandskämpfer um Admiral Canaris und Pastor Bonhoeffer zum Tode verurteilte und nackt aufhängen ließ, ganz anders. In diesem Urteil vom 25. Mai 1956 ist zu lesen:

»Nach der Überzeugung des Senats ist es für schlechthin ausgeschlossen zu erachten, daß etwa in einer abermaligen Hauptverhandlung weitere tatsächliche Grundlagen für die Gewinnung einer einwandfreien richterlichen Überzeugung vom Vorliegen reiner Scheinverfahren, die Dr. Thorbeck unter dem Deckmantel des Rechts durchgeführt habe, insbesondere nach der inneren Tatseite, gewonnen werden könnten. Seine nachdrückliche Einlassung, er habe sich in seiner richterlichen Tätigkeit völlig frei gefühlt, läßt sich ihm bei der obwaltenden Beweislage nicht widerlegen. Bleibt aber ein Zweifel an der Schuld des Angeklagten im Sinne der Anklage, und läßt er sich bei Berücksichtigung der Beweisergebnisse des gesamten bisherigen Verfahrens nach der Überzeugung des Revisionsgerichts auch in einer neuen Hauptverhandlung nicht beheben, so ist nach dem Grundsatz ›im Zweifel zugunsten des Angeklagten‹ auf Freisprechung mangels Beweises zu erkennen.«

Hätte der dreimal vom Vorwurf der Rechtsbeugung freigesprochene frühere Generalstaatsanwalt von Ostberlin – wäre er nicht schon Rentner – Aussicht auf Weiterbeschäftigung im Justizdienst der Bundesrepublik Deutschland? Wohl kaum. Zwar ist ihm nur angelastet worden, in zwei Fällen die Aufhebung eines Haftbefehls verabsäumt und einen Strafvorschlag von 1,6 Jahren abgezeichnet zu haben, aber als ehemals prominentes SED-Mitglied ist er für eine juristische Karriere im demokratischen Rechtsstaat nicht geeignet. Ihm geht es wie einem Bäcker, der sich berufsbedingt die sogenannte Bäckerkrätze zugezogen hat und der deswegen auf Dauer seinen Beruf nicht mehr ausüben darf.

## Andere Eignungskriterien

Anders sieht die Sache dann aus, wenn jemand Generalstaatsanwalt im Reichsgau Danzig-Westpreußen gewesen ist. Da waren selbst 350 Todesurteile, die über seinen Tisch gingen, einer Nachkriegskarriere im Justizdienst nicht hinderlich. Dr. Kurt Bode hieß der Mann, der ab 1942 zu den einhundert führenden Juristen des »Großdeutschen Reiches« zählte und der es nach dem Krieg bis zum Vizepräsidenten des Hanseatischen Oberlandesgerichts in Bremen gebracht hat. Dieter Schenk, der über Bode ein Buch mit dem Titel »Die Post von Danzig« geschrieben hat, charakterisierte den ehemaligen NS-Generalstaatsanwalt im Mai 1998 während eines deutsch-polnischen Symposiums in Danzig mit den Worten: »Er ist ein Massenmörder.«

Noch vor seiner Ernennung zum obersten Ankläger des Gaues Danzig-Westpreußen verurteilte Bode im September 1939 als Vorsitzender eines deutschen Feldkriegsgerichtes 38 polnische Postbeamte als Freischärler zum Tode. Sie hatten das Gebäude der polnischen Post in Danzig am 1. September 1939, dem Tage des deutschen Angriffs auf Polen, gegen angreifende nationalsozialistische Polizeikräfte verteidigt. Nach Kriegsende wurde Bode, im zweiten Jahr des Bestehens der Bundesrepublik Deutschlands, in den Bremer Justizdienst eingestellt. Dort amtierte er unangefochten bis zum Erreichen des Pensionsalters und ging 1960 in den Ruhestand. Erst danach, Anfang der sechziger Jahre, ermittelte die Bremer Staatsanwaltschaft wegen der Vorgänge in Danzig, aber sie fand nichts, was zur Anklage hätte führen müssen. Sie beauftragte damals einen Gerichtsassessor mit einem hausinternen Rechtsgutachten, das zu dem Ergebnis kam, eine Verurteilung der polnischen Postbediensteten wegen Freischärlerei hätte nicht erfolgen dürfen. Nach Angaben Schenks wurde das Gutachten zu den Handakten genommen, was die gleiche Wirkung gehabt habe, als wäre es in den Papierkorb geworfen worden.

»Eine andere Methode der Nichtaufklärung war, wesentliche Ermittlungen zu unterlassen oder wichtige Fragen in richterlichen beziehungsweise staatsanwaltschaftlichen Vernehmungen einfach nicht zu stellen«, erklärte Schenk in seinem Danziger Vortrag, den die »Frankfurter Rundschau« am 9. Januar 1999 in einer leicht gekürzten Fassung abdruckte. »So wurde der Schuldvorwurf gegen Personen, die am Gnadenverfahren der Postbeamten beteiligt waren, gar nicht überprüft, indem man sie weder als Beschuldigte noch als Zeugen in das Verfahren einbezog. Der Grund dafür könnte gewesen sein, daß der ehemalige Oberst Ernst Mantel inzwischen Richter am Bundesgerichtshof und der ehemalige Oberstleutnant Albrecht Radke mittlerweile Vizepräsident des Bundesamtes für Verfassungsschutz geworden waren.«

Ohne den Namen Bodes zu nennen schrieb der Bremer Senatsrat Dr. Hans Wrobel in einer Publikation zum 62. Deutschen Juristentag in Bremen: »Kritiker der Verfahrenseinstellung verweisen darauf, daß die Ermittler, ganz wie der Beschuldigte, zu Zeiten fest in der NS-Bewegung verwurzelt gewesen seien.« (Verlag C. H. Beck 1998) Am 25. Mai 1998, neun Jahre nach dem Tod Bodes, stellte die 3. große Strafkammer des Landgerichts Lübeck fest, daß er als Vorsitzender Richter 1939 das Recht gebeugt und sich des Mordes schuldig gemacht hat.

Ähnlich wie im Fall des Ostberliner Generalstaatsanwalts Simon führte der BGH auch bei der juristischen Aufarbeitung der Schikanen gegen Robert Havemann einen Kampf an zwei Fronten: einerseits gegen die DDR-Richter und Staatsanwälte, die den Regimekritiker gemaßregelt haben, und andererseits gegen jene Richter, die nach der Wende eben jene Richter und Staatsanwälte vom Vorwurf der Rechtsbeugung freigesprochen haben. Die Art und Weise, in der die Führung der DDR den einstigen Gesinnungs- und Leidensgenossen Erich Honeckers aus der Zeit des antifaschistischen Widerstandes zum Schweigen bringen wollte, kennzeichnet nicht nur die innere Schwäche der DDR, sondern auch den politisch-moralischen Bankrott einer Führung, die den permanenten Selbstbetrug zum Überlebensprinzip erhoben hatte.

Bereits viele Jahre bevor die DDR unter dem Druck der Montagsdemonstrationen zusammenbrach, war die innere Lage so morbid, daß die Staats- und Parteiführung nicht einmal mehr der eigenen Justiz über den Weg traute. Als Robert Havemann wegen kritischer Äußerungen unter Kuratel gestellt werden sollte, nahm der Chef des Ministeriums für Staatssicherheit, Erich Mielke, hinter den Kulissen die Fäden des Geschehens in die Hand. Seine Experten legten in einem bis ins letzte Detail ausgetüftelten »Fahrplan« haargenau fest, wie die Richter und Staatsanwälte zu agieren hatten und welche Ergebnisse das Schurkenstück haben mußte. Im November 1976 verurteilte das Kreisgericht Fürstenwalde Havemann zu einer Aufenthaltsbeschränkung auf dessen Grundstück in Grünheide. Seine Berufung verwarf das Bezirksgericht Frankfurt (Oder) im Januar 1977. Erst nach mehr als zwei Jahren, im Mai 1979, durfte Havemann sein Grundstück wieder verlassen. Wegen Devisenvergehens wurde der Regimekritiker im Mai/Juni 1979 zu einer Geldstrafe verurteilt. Die Berufung verwarf das Bezirksgerichts Frankfurt (Oder) im Juni 1979.

Fünf an den Verfahren beteiligte Richter und zwei Staatsanwälte der DDR wurden nach der Wende wegen Rechtsbeugung, teilweise in Verbindung mit Freiheitsberaubung, angeklagt und am 30. September 1997 vom Landgericht Frankfurt (Oder) freigesprochen. Bei zwei Richtern und den beiden Staatsanwälten legte die Staatsanwaltschaft Revision ein, über die der Bundesgerichtshof mit Urteil vom 10. Dezember 1998 entschied. Der 5. Senat hob die Freisprüche auf und verwies die Sache zu neuer Verhandlung und Entscheidung an das Landgericht in Neuruppin.

Die Gründe für den Freispruch durch das Landgericht Frankfurt (Oder) werden in dem Urteil des BGH wie folgt dargestellt: »Das Landgericht hat ... nicht festgestellt, daß die Angeklagten ihre eigenen Entscheidungen – die sie selbst für rechtlich zutreffend gehalten hatten – in Abstimmung mit dem Ministerium für Staatssicherheit (MfS) getroffen hätten. Auch ist das Landgericht nicht davon überzeugt, daß sie jedenfalls die Abstimmung der obersten Justizorgane mit dem MfS oder auch nur dessen Aktivitäten gekannt hätten. Das Landgericht hat daher auch insoweit – im Hinblick auf Art und Weise der Durchführung der Verfahren – keine Rechtsbeugung angenommen.«

Die Feststellungen des Landgerichts zur Vorgeschichte werden vom Bundesgerichtshof ausführlich zitiert. Unter anderem heißt es hierzu: »Der 1982 verstorbene Naturwissenschaftler Robert Havemann war 1943 als Widerstandskämpfer vom Volksgerichtshof unter dem Vorsitz Freislers zum Tode verurteilt worden und hatte das Kriegsende im Zuchthaus Brandenburg erlebt, wo auch Erich Honecker inhaftiert war. Nach dem Krieg war Havemann Prorektor an der Humboldt-Universität geworden; er war SED-Mitglied und Mitglied der DDR-Volkskammer. Nachdem er sich über die Entwicklung in der DDR kritisch geäußert hatte, wurde er 1964 aus der SED ausgeschlossen und aus seinem beruflichen Wirkungskreis entlassen. Sein endgültiger Bruch mit den Regierenden der DDR erfolgte 1968 aus Anlaß der Niederschlagung des Prager Frühlings. Spätestens jetzt durfte er seine Ansichten in der DDR nicht mehr publizieren.«

Obwohl im Laufe der Zeit mehr als 200 Inoffizielle Mitarbeiter des Ministeriums für Staatssicherheit auf Havemann angesetzt waren, hatte Honecker bis Mitte der siebziger Jahre nach den Feststellungen des Landgerichts »strafrechtliche Maßnahme gegen Havemann stets abgelehnt«. Das änderte sich augenscheinlich, nachdem Havemann am 18. November 1976 in einem privaten Brief an Honecker gegen die Ausbürgerung des Liedermachers Wolf Biermann aus der DDR protestiert hatte und nachdem am 22. November 1976 im Nachrichtenmagazin »Der Spiegel« ein Artikel Havemanns zur Ausbürgerung Biermanns erschienen war. Darin hatte Havemann von der »Diktatur einer Handvoll Politiker« gesprochen und die Gewährung von Grundrechten in einem »demokratischen Sozialismus« im Sinne des Eurokommunismus gefordert. »Daraufhin hielt es das MfS am 25. November für erforderlich, gegen Havemann gerichtlich vorzugehen«, heißt es in dem Urteil des BGH. »Am darauffolgenden Tag sprach das Kreisgericht Fürstenwalde im beschleunigten Verfahren ... eine Aufenthaltsbeschränkung aus.«

## Rechtsanwalt B. tritt auf

»Rechtsanwalt B. ... legte am 29. November 1976 im Auftrag Havemanns beim Kreisgericht Berufung ein ..., in der er unter anderem das beschleunigte Verfahren und die Art und Weise der Aufenthaltsbeschränkung (›käme einer Haft gleich‹) beanstandete«, wird weiter ausgeführt. »Noch am selben Tag verschaffte sich die Bezirksverwaltung des MfS Kenntnis von der Berufungsbegründung und leitete den Text an die Zentralstelle in Berlin weiter. Rechtsanwalt B. ... wurde in das Justizministerium zitiert; dort wurde ihm mitgeteilt, daß er mit sofortiger Wirkung aus dem Anwaltskollegium ausgeschlossen sei.« Zugleich verbot ihm das Ministerium jegliche anwaltliche Tätigkeit. Die Berufung im Fall Havemann wurde als »offensichtlich unbegründet« vom Bezirksgericht Frankfurt (Oder) verworfen.

Noch ehe das Aufenthaltsverbot am 9. Mai 1979 aufgehoben wurde, hielt die Führung in Ostberlin eine weitere Zwangsmaßnahme für geboten. Robert Havemann, dem die Veröffentlichung von Schriften in der DDR verwehrt worden war, erzielte Einkünfte in Form von Devisen durch Veröffentlichungen im Westen. So entstandene Ansprüche und Guthaben hatte er entgegen den Bestimmungen des Devisengesetzes der DDR nicht angemeldet. Bislang waren derartige, durch bekannte Künstler und Schriftsteller begangene Verstöße nicht verfolgt worden. Das änderte sich, als DDR-Schriftsteller, unter anderen Stefan Heym, kritische Schriften im Westen veröffentlichten. Am 13. Februar 1979 beschloß das Politbüro der SED eine Verschärfung der Zoll- und Devisenbestimmungen. Schon davor kam es zur Einleitung von Ermittlungsverfahren. Auch Havemann war betroffen.

Am 16. April 1979 fertigte die Hauptabteilung IX des MfS nach Feststellungen des Landgerichts Frankfurt (Oder) eine »Konzeption zur Durchführung des Ermittlungsverfahrens gegen Robert Havemann« an, der am 23. April 1979 ein »Maßnahmeplan im Ermittlungsverfahren gegen Robert Havemann« folgte. Am 15. Mai 1979 legte Mielke Erich Honecker eine von der Hauptabteilung IX des MfS ausgearbeitete »Konzeption zum Abschluß des Strafverfahrens gegen Robert Havemann« vor, die Honecker nach gewissen Modifikationen abzeichnete. Nicht einverstanden war Honecker mit dem Vorschlag, Havemann die Eigenschaft als Verfolgter des Nationalsozialismus abzuerkennen und ihm die Ehrenpension als Opfer des Faschismus zu entziehen.

Die Stasi-Konzeption vom 15. Mai 1979 legte alle Einzelheiten des weiteren Vorgehens mit bürokratischer Akribie fest. So hieß es unter anderem: »Durch den Generalstaatsanwalt der DDR wird das Verfahren an den Staatsanwalt des Kreises Fürstenwalde mit der Maßgabe übergeben, beim Kreisgericht Fürstenwalde ... den Erlaß eines auf eine Geldstrafe in Höhe von 10.000 Mark gerichteten Strafbefehls zu beantragen. Die Hauptverhandlung ... wird gerichtsüblich geführt, wobei zur Verhinderung von Provokationen durch von Havemann über den Prozeßtermin informierte Personen der Gerichtssaal durch einen auszuwählenden Personenkreis besetzt wird.« Sogar die Pressemeldung, die nach der Verhandlung von der DDR-Nachrichtenagentur ADN verbreitet werden sollte, wurde Wort für Wort vorformuliert.

Trotzdem gab es eine Panne. Der Direktor des Kreisgerichts Fürstenwalde lud Havemann abweichend von der »Konzeption« und dem »Maßnahmeplan« des MfS am 25. Mai 1979 zu einer Aussprache in das Gericht und gewährte ihm rechtliches Gehör zu dem Antrag auf Erlaß eines Strafbefehls gegen ihn. Nachdem der Direktor den Strafbefehl unterzeichnet hatte, erhob Havemann dagegen Einspruch. Das löste neue Aktivitäten der Staatssicherheit aus. Einer noch am selben Tag angefertigten »Information über die Durchführung des Strafbefehlsverfahrens gegen Robert Havemann« folgte am 4. Juni 1979 ein »Vorschlag zur Durchführung der gerichtlichen Hauptverhandlung gegen Robert Havemann vor dem Kreisgericht Fürstenwalde«.

In diesem Vorschlag wurde nicht nur festgelegt, an welchem Tag die Hauptverhandlung beginnen sollte, sondern auch um welche Uhrzeit und in welchem Saal; jetzt hieß es auch nicht mehr verschleiernd, der Gerichtssaal sei durch einen »auszuwählenden Personenkreis« zu besetzen, sondern es wurde unumwunden erklärt: »Mit Beginn der Dienstzeit im Kreisgericht um 7.30 Uhr werden die Plätze des Raumes durch Mitarbeiter des MfS eingenommen ... Sollte Havemann im Verlaufe der Beweisaufnahme oder des ihm zustehenden letzten Wortes feindlich-provokative, nicht den Gegenstand des Strafverfahrens betreffende Äußerungen machen, wird er vom Vorsitzenden verwarnt und ihm bei Fortsetzung seines Verhaltens das Wort entzogen.«

Entsprechend dem Vorschlag des MfS wurde der Beginn der Hauptverhandlung auf den 14. Juni 1979 festgesetzt; der zweite Verhandlungstag, für den eigens eine »Konzeption zur Fortführung der gerichtlichen Hauptverhandlung gegen Robert Havemann vor dem Kreisgericht Fürstenwalde« von der Untersuchungsabteilung des MfS angefertigt worden war, fand am 20. Juni 1979 statt. Der Gerichtssaal war auch diesmal mit Mitarbeitern des MfS besetzt worden. Havemann beantragte vergeblich die Einstellung des Verfahrens. Er wurde entsprechend dem bereits ergangenen Strafbefehl wegen Devisenvergehen nach § 17 Abs. 1 Nr. 1 und 2 des Devisengesetzes der DDR zu einer Geldstrafe von 10.000 Mark verurteilt. Die Berufung gegen das Urteil wurde – wie in der MfS-Konzeption vom 15. Mai 1979 bereits vorgesehen – vom Bezirksgericht Frankfurt (Oder) als »offensichtlich unbegründet« verworfen.

## Der Havemann-»Drehbuch-Fall«

Zu dem freisprechenden Urteil des Landgerichts Frankfurt (Oder) vom 30. September 1997 stellte der 5. Senat des Bundesgerichtshofes unter seinem Vorsitzenden Laufhütte fest:

»Der Freispruch hält rechtlicher Nachprüfung nicht stand. Rechtsfehlerhaft ist die Verneinung der objektiven und subjektiven Voraussetzungen der Rechtsbeugung im Aufenthaltsbeschränkungs-Verfahren ... Rechtsfehlerhaft ist auch die Verneinung des Rechtsbeugungsvorsatzes ... im Devisenverfahren ... Das Devisenverfahren war objektiv rechtsbeugerisch allein im Blick auf eine willkürliche Verfahrensgestaltung unter Einflußnahme des MfS. Das Aufenthaltsbeschränkungs-Verfahren war darüber hinaus schon objektiv rechtsbeugerisch ... Beide Gerichtsverfahren waren zudem rechtsbeugerisch durch die konkrete Form der Einflußnahme«, stellt der Bundesgerichtshof weiter fest. »Rechtsbeugung im Sinne der Willkür durch schwere Menschenrechtsverletzungen kann auch durch die Art und Weise der Durchführung von Verfahren begangen werden, namentlich wenn die Strafverfolgung und die Bestrafung überhaupt nicht der Verwirklichung von Gerechtigkeit (Artikel 86 der DDR-Verfassung), sondern der Ausschaltung des politischen Gegners gedient hat ... Insoweit hat der Bundesgerichtshof insbesondere an ›Drehbuch-Fälle‹ gedacht ... Das sind jedenfalls Verfahren, in denen von vornherein keine justizförmige Entscheidungsfindung vorlag, sondern vielmehr das Ergebnis vorgegeben war bis hin zu detaillierten Vorgaben zum Weg, auf dem – auf scheinbar justizförmige Art und Weise – dieses Ergebnis erreicht werden sollte. In solchen Fällen liegt Rechtsbeugung für denjenigen Justizangehörigen, der ›Akteur‹ eines solchen ›Drehbuchs‹ ist, auch dann vor, wenn das Ergebnis des Verfahrens für sich betrachtet noch keine willkürliche Rechtsanwendung darstellt ...«

»Bei den Drehbuchfällen ist es zur Annahme des Rechtsbeugungsvorsatzes nicht erforderlich, daß die beteiligten Richter und Staatsanwälte die Operativpläne des MfS und das ›Drehbuch‹ in Einzelheiten kannten. Das Landgericht ist von einem zu engen Beurteilungsmaßstab ausgegangen, wenn es auf eine (präzise) Kenntnis der Angeklagten von den Operativplänen des MfS abstellt. Ausgehend von diesem zu engen Verständnis hat sich der Tatrichter daher mit den besonderen Umständen des Falles nur unzureichend auseinandergesetzt. Für die Feststellung wissentlichen Handelns genügt das Bewußtsein, daß ›von oben‹ die Ausschaltung des politischen Gegners gewollt war und daß die handelnden Justizorgane notwendiger Teil der Umsetzung waren. Das wissentliche Eingebundensein in die Ausschaltung eines politischen Gegners im Gewande eines justitiellen Verfahrens (›Scheinjustiz‹, vgl. BGHR StGB § 336 DDR-Recht 25) ist keine Rechtsanwendung und daher gesetzwidrig und eine Beugung des Rechts. Wissen die Richter, daß sie auf diese Weise eingebunden werden, dann wollen sie grundsätzlich auch den verfahrensfremden Zweck verfolgen. Wollen sie gleichwohl Recht sprechen, so müssen sie deutlich machen, daß sie von einer Außensteuerung unbeeinflußt sind...«

»Hier legen die vom Landgericht festgestellten Rahmenbedingungen den Schluß nahe, daß die mit der Sache befaßten Richter und Staatsanwälte den eigentlichen Zweck der Verfahren - die politische Ausschaltung Havemanns - gekannt haben ... Zudem hat das Landgericht wichtige Indizien, die für Wissen und Wollen der Gesetzwidrigkeit durch Ausschaltung des politischen Gegners sprechen, nur isoliert gewürdigt. Es hat die Indizien je einzeln und jedes für sich behandelt als nicht ausreichend beweiskräftig bewertet (›nicht belegt‹, ›nicht bewiesen‹, kein ›direkter Hinweis‹, ›nicht der sichere Schluß‹, ›es ist zweifelhaft‹). Das läßt besorgen, daß das Landgericht bei der Beweiswürdigung von zu engen Voraussetzungen ausgegangen ist und verkannt hat, daß – für sich betrachtet zwar ambivalente – aber immerhin doch belastende Indizien in der Gesamtschau ausreichenden Beweis für die tatrichterliche Überzeugung erbringen können. Durch den Gesamtzusammenhang der Urteilsgründe läßt sich diese Besorgnis nicht zerstreuen; sie wird dadurch im Gegenteil noch verstärkt. (BGH 5 StR 322/98).

Am 14.August 2000 verurteilte das Landgericht in der Geburtsstadt Theodor Fontanes und Karl Friedrich Schinkels zwei an den Havemann-Verfahren beteiligte Staatsanwälte zu jeweils einem Jahr Haft auf Bewährung.

## Scheinverfahren – mal ja, mal nein

Der Bundesgerichtshof hatte mit seinem Havemann-Spruch vom Dezember 1998 im Zusammenhang mit den Drehbuch-Fällen einen neuen Rechtsbeugungstatbestand geschaffen. In solchen Fällen liege Rechtsbeugung für »denjenigen Justizangehörigen, der ›Akteur‹ eines solchen ›Drehbuchs‹ ist, auch dann vor, wenn das Ergebnis des Verfahrens für sich betrachtet noch keine willkürliche Rechtsanwendung« darstelle. Dies läuft auf dasselbe hinaus, als würde man jemandem sagen: Was Du da gemacht hast, ist nicht strafbar, wohl aber die Art und Weise, in der Du es gemacht hast.

Wenn der BGH überdies den Rechtsbeugungsvorsatz bereits als erfüllt ansieht, wenn jemand sich bewußt an der »von oben« gewollten Ausschaltung eines politischen Gegners beteiligte, dann läßt er augenscheinlich alle Lebenserfahrungen der Menschen in der DDR außer acht. Nur was »von oben« gewollte wurde, konnte sich ungehindert entfalten. Das war die Quintessenz des »demokratischen Zentralismus«, der nicht nur für die SED Geltung hatte, sondern auch als staatliches Leitungsprinzip offiziell dazu ausersehen war, Gesetze und Beschlüsse von oben nach unten durchzusetzen. Unter dem Stichwort »Rechtspflege« ist im »Kleinen Politischen Wörterbuch« des Ostberliner Dietz-Verlages von 1973 zu lesen: »Nach dem Prinzip des demokratischen Zentralismus organisiert und geleitet, ist die Rechtspflege in die einheitliche sozialistische Staatsmacht eingeordnet.«

Als eine Art Staatsdoktrin war der demokratische Zentralismus im Artikel 47 der DDR-Verfassung verankert.

Konnte ein Richter zu DDR-Zeiten ignorieren, was »von oben« vorgegeben war?

Verkörperte nicht jedes Gesetz den Willen »von oben«, zumal im Bereich des politischen Strafrechts?

Hat sich nicht jeder Richter nach der neuen Rechtsprechung des Bundesgerichtshofes strafbar gemacht, wenn er nach dem Gesetz in einem politischen Verfahren durch die Verurteilung eines Angeklagten den Wünschen »von oben« entsprochen hat, auch wenn die Staatssicherheit ihre Finger nicht erkennbar im Spiel hatte?

Waren nach der Logik des BGH nicht alle politischen Strafverfahren in der DDR Scheinverfahren, einzig zu dem Zweck inszeniert, politische Gegner oder auch nur politisch Mißliebige zu quälen und die Öffentlichkeit einzuschüchtern?

Wie hätten DDR-Richter wohl deutlich machen sollen, daß sie »von einer Außensteuerung unbeeinflußt« sind, um vor dem Bundesgerichtshof bestehen zu können, vor einem Gerichtshof, der obendrein verlangt, die Richter hätten deutlich machen »müssen«, daß sie Recht sprechen wollen? Wohin hat sich der Bundesgerichtshof mit seiner Rechtsprechung gegenüber einstigen DDR-Hoheitsträgern manövriert, wenn selbst ein Mann wie der Präsident des Bundesverwaltungsgerichts a.D.,

Professor Dr. Horst Sendler (in NJW 1997, Heft 7) es für »mehr als fragwürdig« hält, »wenn man das damals in der DDR geltende Recht heute in einer Weise anwendet, an die damals niemand dachte«?

Anders als das bei NS-Richtern der Fall war, nutzt es den früheren DDR-Richtern gar nichts, wenn sie den Vorsatz zur Rechtsbeugung beziehungsweise zu gesetzwidrigem Verhalten verneinen. Sie werden als Akteure eines Scheinverfahrens straffällig, wenn eine Außensteuerung festgestellt wird. Eine solche Außensteuerung entweder durch Hitler, Himmler oder Kaltenbrunner gab es auch bei dem Standgerichtsverfahren gegen die Widerstandskämpfer um Admiral Canaris und Pastor Bonhoeffer. Für ein Scheinverfahren sprach in diesem Fall überdies der Verzicht auf Protokollführer und Verteidiger sowie die Einsetzung des KZ-Kommandanten von Flossenbürg als Beisitzer. Folgerichtig kam das Schwurgericht Augsburg am 15. Oktober 1955 zu dem Ergebnis, daß das Verfahren einzig zu dem Zweck durchgeführt worden ist, »unbequem gewordene Häftlinge unter dem Schein eines gerichtlichen Verfahrens beseitigen zu können«. Es verurteilte den verantwortlichen Richter Dr. Thorbeck zu vier Jahren Zuchthaus.

Auf dessen Revision hin beschäftigte sich der Bundesgerichtshof erneut mit dem Fall. Er vermißte in dem Urteil des Schwurgerichts ausreichende Beweise für das, was heute Außensteuerung genannt wird. In seinem Urteil vom 25. Mai 1956 bemängelte der BGH unter anderem: »Bei der formelhaften Beweisaufnahme zum inneren Tatbestand fehlt aber auch völlig die ausreichende Untermauerung mit Tatsachen (etwa durch den Inhalt aufgefundener Geheimbefehle, durch Zeugenaussagen über erteilte Tötungsanweisungen oder dergleichen), von denen die Schlußfolgerungen des Schwurgerichts gestützt werden könnten.«

Der Bundesgerichtshof folgerte daraus, daß sich »der Nachweis von reinen befehlsgemäßen Scheinverfahren gegen Dr. Thorbeck nicht führen« lasse. Von »belastenden Indizien«, die »in der Gesamtschau« nach jetziger Ansicht des BGH einen ausreichenden Beweis rechtsbeugerischen Handelns erbringen können, war damals nicht die Rede. Thorbeck erklärte, sich »in seiner richterlichen Tätigkeit völlig frei gefühlt« zu haben, und der Bundesgerichtshof erkannte auf Freispruch mangels Beweises.

## Die Handschrift von Demokraten

Als Erich Honecker 1979 die Vorschläge des MfS zur Verurteilung Havemanns wegen Devisenvergehens nach gewissen Modifikationen abzeichnete, bestand zwischen ihm und seinem einstigen »Knast-Kumpel« aus der gemeinsamen Haftzeit im Zuchthaus Brandenburg seit 15 Jahren eine offene politische Gegnerschaft. Ungeachtet dessen gab es für Honecker aber eine Grenze, die er nicht zu überschreiten gewillt war: Robert Havemanns Ehre als antifaschistischer Widerstandskämpfer durfte nicht angetastet werden. Mit der Ablehnung des Vorschlages von Erich Mielke, Havemann den Status eines Kämpfers gegen den Faschismus abzuerkennen und ihm die Ehrenpension zu entziehen, bezeugte der Staatsratsvorsitzende und Generalsekretär der SED dem politischen Gegner jenen Respekt, den er sich durch seine Verfolgung während der NS-Zeit erworben hatte.

Diesen Respekt blieb die Bundesrepublik Deutschland jenem Mann schuldig, der Havemann als Rechtsanwalt beistand und der wegen der Parteinahme für den Regimekritiker von den Machthabern der DDR mit dem Ausschluß aus dem Anwaltskollegium und unbefristetem Berufsverbot bestraft wurde.

Zweimal hebt der Bundesgerichtshof in seinem Urteil vom 10. Dezember 1998 den Einsatz des »Rechtsanwalts B.« zugunsten von Havemann rühmend hervor. Sein Name: Dr. Götz Berger. Ungeachtet seiner doppelten Verfolgung – die Nationalsozialisten hatten ihm 1933 aus politischen Gründen schon einmal die Zulassung als Rechtsanwalt entzogen und ihn in die Emigration getrieben – wurde ihm nach der Wende die Entschädigungsrente als Verfolgter des Naziregimes entzogen – ein beispielloser Akt bürokratischer Unmenschlichkeit, wie sich bei näherem Hinsehen herausstellt.

Götz Berger war 87 Jahre alt, als ihm die »Kommission der Bundesrepublik Deutschland zum Versorgungsruhens- und Entschädigungsrentengesetz« am 28. Juli 1992 per Einschreiben mitteilte, es würden wegen seiner »ehemaligen Tätigkeit als Oberrichter am Stadtgericht Berlin Ermittlungen durchgeführt, um zu klären, ob dadurch Sachverhalte verwirklicht worden sind, bei denen eine Aberkennung oder Kürzung

Ihrer Entschädigungsrente in Betracht zu ziehen ist ... Eine Aberkennung oder Kürzung derartiger Entschädigungsrenten hat zu erfolgen, wenn der Berechtigte gegen die Grundsätze der Menschlichkeit oder Rechtsstaatlichkeit verstoßen oder in schwerwiegendem Maße seine Stellung zum eigenen Vorteil oder zum Nachteil anderer mißbraucht hat (§ 5 Absatz 1 Entschädigungsrentengesetz).«

Wie aus der Bundestagsdrucksache 12/2224 hervorgeht, wurde das Gesetz 1992 nicht ohne die sprichwörtlichen Bauchschmerzen seiner Befürworter im zuständigen Ausschuß beschlossen. »Mitglieder der Fraktion der CDU/CSU unterstrichen, daß sie sich der Probleme bewußt seien, die daraus entstünden, daß ein Teil der als Kämpfer gegen den Faschismus ausgezeichneten Verfolgten ihrerseits aktiv an der Unterstützung eines Unrechtsregimes mitgewirkt hätten ... Die Mitglieder der SPD-Fraktion räumten ein, daß es insgesamt um eine sehr schwierige Abwägung zwischen den verschiedenen ins Gewicht fallenden Faktoren gehe. Andererseits sei aber eine Aufrechnung der Verfolgteneigenschaft mit nachfolgendem Verhalten problematisch.«

Berger beantwortete das Schreiben der »Kommission« am 17. August 1992 mit einem handgeschriebenen Brief, dessen Inhalt klar und bestimmt ist; die zierliche Schrift verrät nur hier und da etwas über das hohe Alter des Verfassers. »Ihr Schreiben vom 28. Juli 1992 habe ich erhalten und mit großem Erstaunen zur Kenntnis genommen. Ich erlaube mir, zunächst kurz dazu Stellung zu nehmen: Mit Entschiedenheit verwahre ich mich gegen den Vorwurf, als Oberrichter am Stadtgericht Berlin ›gegen die Grundsätze der Menschlichkeit oder Rechtsstaatlichkeit‹ verstoßen zu haben. Ich habe in der Zeit meiner dortigen Tätigkeit – das heißt vor 40 Jahren! – im Rahmen der damals gültigen Gesetze und üblichen Rechtsprechung als Richter fungiert – und zwar unbeanstandet. Als Mitte der 50er Jahre in der Anklagepolitik der DDR immer mehr eine Tendenz zum Gesinnungsstrafrecht in Erscheinung trat, habe ich bereits am 1.10.1954 schriftlich in Eingaben an die Justizverwaltung und die SED hieran deutlich Kritik geübt. Ich wurde daraufhin zwangsversetzt und schied aus der Justiz aus.«

»Von da an war ich Rechtsanwalt und zog mir in der Verteidigertätigkeit den deutlichen Haß der STASI zu, besonders seit der Verteidigung der Söhne Havemanns anläßlich der Invasion in der CSR 1968. 1976 wurde ich nach Übernahme der Verteidigung von Robert Havemann und Stellungnahme zugunsten von Wolf Biermann – ohne gehört zu werden – mit Berufsverbot belegt. (Einmaliger Fall, der auch international Aufsehen erregt hat). Nach der Wende wurde mein Verhalten vielfach als vorbildlich herausgestellt; in den Medien, in der Kundgebung im Schauspielhaus, in der Ausstellung im Museum für deutsche Geschichte (Zeughaus), nicht zuletzt auch in der Fachliteratur, z.B. in der renommierten Fachzeitschrift in Hamburg ›Demokratie und Recht‹, wo in Nr. 4/1990 ein Artikel erschienen ist: ›Ein Jurist mit aufrechtem Gang: Götz Berger / geb. 1905.«

Unbeeindruckt von den Darlegungen des 87jährigen schrieb ihm die »Kommission« (gez. Dr. Köhler, Vorsitzender) am 9. September 1992 per Einschreiben mit Rückschein unter anderem: »Nach § 5 ERG (Entschädigungsrentengesetz) entscheidet das Bundesversicherungsamt Berlin auf Vorschlag der Kommission ... über die Kürzung oder Aberkennung von Entschädigungsrenten ... Aufgrund Ihrer in der ehemaligen DDR ausgeübten Tätigkeiten und innegehabten Stellungen als Vorsitzender Richter am Stadtgericht Berlin haben Sie im Zeitraum von 1952 bis 1954 maßgeblich an Verurteilungen mitgewirkt, in denen eine Vielzahl Betroffener wegen politischer Meinungsäußerungen und Handlungen zu hohen Haftstrafen verurteilt wurden, für die eine Rechtsgrundlage zweifelhaft ist. Bevor die Kommission einen Entscheidungsvorschlag für das Bundesversicherungsamt (BVA) beschließt, wird Ihnen hiermit Gelegenheit zur Stellungnahme innerhalb von drei Wochen ab Zugang dieses Schreibens gegeben; diese Stellungnahme sollte nochmals eine detaillierte Beschreibung Ihrer späteren Opposition in der ehemaligen DDR beinhalten; bitte fügen Sie möglichst Unterlagen dazu anbei.«

Mit Datum vom 21. September 1992 übersandte Dr. Götz Berger der Kommission die angeforderte Stellungnahme, in der er sich unter anderem wie folgt äußerte:

»Der Versuch, einem früheren Richter wegen seiner richterlichen Tätigkeit von vor 40 Jahren jetzt die Rente zu kürzen oder zu entziehen, widerspricht dem Grundgesetz der BRD, denn danach können Richter wegen ihrer richterlichen Tätigkeit nur dann zur Verantwortung gezogen werden, wenn sie *vorsätzlich* Rechtsbeugung begangen haben. Gestützt auf diese Bestimmung wurden ja sogar die Blutrichter vom Freislerschen ›Volksgerichtshof‹, die Hunderte Menschen in den Tod geschickt haben, nur weil sie am Endsieg Hitlers gezweifelt haben, völlig unbehelligt gelassen, ihnen wurde sogar die hohe Rente belassen. Wie kann die heutige Verfolgung der früheren DDR-Richter mit demokratischer Gesetzlichkeit und Gerechtigkeit in Einklang gebracht werden?«

»Das grundgesetzlich verankerte Verbot der Rückwirkung gilt heute ebenso wie damals und ist ein elementarer Grundsatz der Rechtsstaatlichkeit. Es kann also keine Handlungsweise heute für unrechtmäßig angesehen werden, die seinerzeit dem damals geltenden Recht entsprach. Und daß meine Rechtsprechung dem damaligen Recht entsprach, ergibt sich allein daraus, daß die Urteile fast durchweg später bestätigt wurden. Wobei noch zu erwähnen ist, daß damals in der Justiz der DDR auch bürgerlich-humanistische Juristen von Rang und Klang tätig waren (sämtliche Justizminister der 5 Länder des Ostens gehörten bürgerlichen Parteien an. An der Spitze stand der liberale Minister aus der Weimarer Zeit Eugen Schiffer. Maßgebliche Theoretiker – z.B. die Professoren Baumgarten aus Basel und Kohlrausch, *der* Strafrechtler der Weimarer Zeit – waren bürgerlicher Herkunft). Ich selbst wurde zum Kongreß der antifaschistischen Juristen in Frankfurt am Main eingeladen, der unter Leitung des Oberbürgermeisters Kolb stand. Die Rechtmäßigkeit der Justiz der DDR, in deren Rahmen ich als Richter tätig war, unterlag mithin – besonders in der damaligen Periode der antifaschistisch-demokratischen Ordnung – keinem Zweifel, auch wenn sie antifaschistisch, antikapitalistisch ausgerichtet war.«

»Selbst unterstellt, das eine oder andere meiner Urteile von damals stelle unter heutiger Betrachtungsweise einen Verstoß gegen die Gesetzlichkeit dar, so wäre das auch nur relevant, wenn ich das Urteil vorsätzlich – also wider besseres Wissen – gegen die Gesetzlichkeit oder Menschlichkeit gefällt hätte. Dafür gibt es aber – besonders auch unter Berücksichtigung der obigen Ausführungen – nicht den mindesten Anhaltspunkt. Als Richter der DDR war ich verpflichtet, DDR-Recht anzuwenden und durfte sogar nicht das Recht der BRD zugrunde legen.

Das betraf natürlich auch die Vorrangigkeit der zu schützenden Rechtsgüter. Während in der BRD auf fast allen Gebieten – Wirtschaft, Militär, Kulturpolitik, Bildungswesen, Innenpolitik und Agrarwesen – Persönlichkeiten aus der Nazizeit in Amt und Würden waren und dementsprechend rückwärts gerichtete Tendenzen sichtbar wurden, war die Gesellschaftsordnung in der DDR auf Antimilitarismus und Ausweitung der Demokratie auch in wirtschaftlicher und sozialer Hinsicht ausgerichtet. (So stellte sie sich jedenfalls dar, ob rückblickend die Politik objektiv als richtig zu bewerten ist, ist eine andere Frage.) Für mich war die politische Zielrichtung jedenfalls nicht nur rechtlich, sondern auch moralisch-politisch zu bejahen. Für die subjektive Verantwortung eines damaligen Richters ist meines Erachtens die gesamte politisch-gesellschaftliche Situation der DDR zur damaligen Zeit zugrunde zu legen. Eine Beurteilung aus der Sicht und mit den Maßstäben der ganz anders gearteten heutigen Situation der BRD ist fehlerhaft.«

»Gesetzlich waren die Urteile des von mir geleiteten Senats alle gedeckt. Entweder waren es Verbrechen, die in allen Ländern ausdrücklich strafbar sind, z.B. Sabotage (etwa das massenhafte Herausreißen von Schienenstoßverbindungen auf den Gleisen der Eisenbahn und damit eine Gefährdung des Bahnverkehrs) oder Spionage, die heute sogar strafbar ist, wenn sie zugunsten eines nicht mehr existierenden Staates begangen worden ist. Andere Delikte rein politischer Art, wenn sie in Wort oder Schrift die existentielle Sicherheit der DDR bedrohten, waren nach der – für uns bindenden – Kontrollratsdirektive 38 strafbar, getragen von dem Gedanken, daß eine gewaltsame Vernichtung der DDR die Gefahr eines Krieges oder einer faschistischen Restaurierung hätte mit sich bringen können. Ich gebe durchaus zu, daß – aus heutiger Sicht – die Grenze zu dem Recht auf freie Meinungsäußerung manchmal fließend war und insoweit die allgemeine Atmosphäre des zugespitzten kalten Krieges nicht ohne Einfluß war ...«

»Nach der Wende bin ich dann in der Öffentlichkeit vielfach als früher und konsequenter Stasigegner herausgestellt worden. (Z.B. in der Veranstaltung im Schauspielhaus, in der Ausstellung von Stasiopfern im Museum für Deutsche Geschichte. in verschiedenen Kolloquien und mehrfachen Radio-Interviews, zuletzt am 21. Juli 1992 im SFB, gleich nach der Wende auch in der Volkshochschule Wedding). Konrad Weiß hat 1990 für DEFA-Dokumentar über mich einen sehr ausführlichen Film gedreht und diesen in der Fernsehillustrierten mit den Worten angekündigt: ›Dieser Mann – G. B. – verdient es, daß ihm ein Denkmal gesetzt wird‹.«

## Götz Berger – eine deutsche Biographie

Wie sieht der Lebensweg eines solchen Mannes aus? Götz Berger, 1905 im kaiserlichen Berlin geboren, entstammte einer bürgerlichen Familie. Sein Vater war Studienrat und als Sozialdemokrat pazifistisch eingestellt. So kam der Junge schon sehr früh mit politischen Dingen in Berührung und erlebte als 13jähriger die Novemberrevolution mit dem Ende des Kaiserreiches und der Ausrufung der Republik bewußt mit. Am traditionsreichen Friedrich-Werdischen Gymnasium zu Berlin genoß er eine humanistische Ausbildung, legte dort sein Abitur ab und studierte anschließend Rechtswissenschaft in Berlin und Freiburg. Er schloß sich dem Kommunistischen Jugendverband an und trat 1927 der Kommunistischen Partei Deutschlands bei.

Bereits während des Studiums engagierte sich Götz Berger bei der Roten Hilfe, einer Organisation zur Unterstützung politisch verfolgter Arbeiter und Intellektueller und übernahm als Referendar in Untervollmacht für Anwälte Verteidigeraufgaben. Nach der Promotion und dem Assessorexamen ließ er sich 1932 in Berlin als Rechtsanwalt nieder; seine Kanzlei betrieb er in Sozietät mit der damaligen Rechtsanwältin und späteren Justizministerin der DDR, Hilde Benjamin. Die Nationalsozialisten entzogen beiden gleich nach der Machtübernahme die Anwaltszulassung; Hilde Benjamin tauchte unter ihren Mädchennamen Lange als juristische Mitarbeiterin der sowjetischen Handelsvertretung unter, während Götz Berger sich weiterer Verfolgung im Sommer 1933 durch die Emigration nach Frankreich entzog.

Von Frankreich aus emigrierte er mit seiner Lebensgefährtin nach Spanien. Das junge Paar hielt sich zunächst mit Sprachunterricht in verschiedenen Städten und dann als Inhaber einer kleinen Pension auf Mallorca über Wasser. Als der spanische Bürgerkrieg ausbrach, schloß Berger sich den Internationalen Brigaden an. Nach dem Sieg Francos über die republikanische Regierung floh er zurück nach Frankreich und wurde im Straflager Vernet interniert. Anschließend kam er in ein französisches Internierungslager in Nordafrika und entging so der Inhaftierung durch die Nazis. Die insgesamt mehr als vierjährige Internierung endete für ihn mit der Landung britischer Truppen in Nordafrika.

Berger trat in die britische Armee ein und diente als »Arbeitssoldat« in verschiedenen nicht kämpfenden Einheiten. Zusammen mit einer Reihe von Kameraden aus den Internationalen Brigaden bemühte er sich um die Einreise in die Sowjetunion; die Spanienkämpfer wollten dort bei der Umerziehung deutscher Kriegsgefangener mithelfen. Mit Unterstützung der Engländer erreichten Berger und die anderen auf vielen Umwegen das Land ihrer Träume. Endstation war Turkmenistan. Statt bei der Umerziehung von Kriegsgefangenen mitzuwirken mußten die Ankömmlinge in einer Seidenfabrik arbeiten. »Die Zeit in der Sowjetunion war unheimlich schwer«, berichtete Berger später.

Ein Jahr nach der Kapitulation des »Dritten Reiches« kehrte Berger nach Deutschland zurück und ließ sich Ostern 1946 im sowjetisch besetzten Berlin nieder. Wenige Tage vor seiner Heimkehr hatte im Ostteil der Stadt der sogenannte Vereinigungsparteitag stattgefunden, auf dem sich KPD und SPD zur Sozialistischen Einheitspartei Deutschlands zusammenschlossen. Ziel der Partei war »die Herstellung der Einheit Deutschlands als antifaschistische, parlamentarisch-demokratische Republik« und die »Beseitigung der kapitalistischen Monopole«.

»Vom ersten Tag an interessierten sich die Genossen in der Justiz für mich. Es gab ja damals sehr wenige Juristen, die durch das Nazireich nicht belastet waren. Insoweit bot ich mich selbstverständlich als überzeugter Antifaschist an«, gab Berger zu Protokoll, als ihn 46 Jahre später, am 12. November 1992, zwei Staatsanwälte in Berlin als Beschuldigten wegen des Verdachts der Anstiftung zur Rechtsbeugung vernahmen. Diesen Verdacht leitete die bundesdeutsche Justiz nach der Wende aus Bergers Tätigkeit bei der Ausbildung und der Auswahl von Volksrichtern und Staatsanwälten für die Waldheimprozesse ab. Angesprochen auf eine abfällige Äußerung über die Personen, die in Waldheim abgeurteilt werden sollten – »Da wir ihnen nicht einfach einen Genickschuß geben können, müssen sie vor Gericht gestellt werden« – räumte Berger ein:

»Ja, es mag sein, daß ich mich in dieser Weise geäußert habe. Es gab ja damals auch Stimmen, die die Ansicht vertraten, kurzen Prozeß zu machen und die Leute einfach an die Wand zu stellen. Diese Ansicht habe ich nie vertreten. Ich war stets der Auffassung, daß diese Nazi- und Kriegsverbrecher von Gerichten abgeurteilt werden müßten, und zwar jeweils von einem ordentlichen Gericht.« Rückblickend fügte Berger hinzu, er sei nach seinem jetzigen Kenntnisstand davon überzeugt, daß damals auch Unschuldige »in die sowjetischen Mühlen« geraten seien; er verurteile im nachhinein die Art und Weise der Waldheimer Verfahren, an deren Vorbereitung er im übrigen nicht teilgenommen habe.

Später wurde er gefragt, weshalb er nicht vorzeitig aus der Justiz ausgeschieden sei. Sein Kommentar: »Dazu muß ich sagen, daß ich kein berufsmäßiger Märtyrer bin. Ein solcher Schritt hätte bedeutet, daß ich sofort bei der Staatssicherheit gelandet wäre. Dies wollte ich nicht auf mich nehmen. Die weitere theoretische Möglichkeit, sich – die Grenzen waren damals noch offen – in den Westen zu begeben, habe ich für mich nicht in Betracht gezogen, weil ich ein Gegner des westlichen Systems und des dort herrschenden Kapitalismus war.« Berger blieb in der DDR und fällte als Vorsitzender eines politischen Senats harte Urteile gegen Menschen, die sich nach damaliger Lesart der friedensgefährdenden Propaganda für den Militarismus, der Sabotage oder Spionage schuldig gemacht hatten. In einem Fall soll er eine Strafe von acht Jahren und sechs Monaten verhängt haben.

Zwei Seelen wohnten unverkennbar in der Brust dieses Mannes. Er scheute sich nicht, die von Moskau gesteuerte Kampagne gegen den abtrünnigen Kommunisten Tito zu kritisieren, obwohl er sich selbst für einen überzeugten Stalinisten hielt; er verhängte als Richter drakonische Urteile gegen tatsächliche oder vermeintliche Feinde der DDR und kritisierte gleichzeitig den rechtswidrigen Umgang der Staatssicherheit mit solchen Personen; obwohl er nach eigenem Bekunden zunehmend unzufrieden war mit dem als diktatorisch erkannten Herrschaftssystem in der DDR, kam für ihn eine Abwanderung in den Westen nicht in Frage.

Wie viele andere Intellektuelle glaubte Berger, das politische System in seinem Land ließe sich von innen her demokratisieren, und ein demokratischer Sozialismus könnte eines Tages an die Stelle des diktatorischen treten. Sein freiwilliges Ausscheiden aus dem Justizdienst der DDR im Jahr 1957, dem die Zwangsversetzung von einem politischen Strafsenat zu einem Wirtschaftsstrafsenat vorausgegangen war, zeugte bereits von einem Bewußtseinswandel, der zwanzig Jahre später in der Übernahme der Verteidigung des verfemten Regimekritikers Robert Havemann kulminierte. Mit dem Ausschluß aus dem Anwaltskollegium und dem Verbot jeglicher Tätigkeit als Rechtsanwalt war der einstige Befürworter des kommunistischen Regimes in der DDR endgültig zu dessen Opfer geworden.

Als nach der Wende die Abrechnung mit den Stützen des SED-Staates begann und Götz Berger als 90jähriger seine Entschädigungsrente verlor, waren viele fassungslos. Katja Havemann, die Witwe des in der DDR drangsalierten Dissidenten Robert Havemann, sagte der Frankfurter Rundschau vom 18. August 1995 über Berger: »Er ist jemand, der sich geändert hat, was bestimmt nicht leicht ist nach so einem Leben. Ich achte das, zumal ich viele gesehen habe, denen das nicht gelungen ist.«

Für die bundesdeutschen Behörden spielte all das keine Rolle. Weder Bergers Kritik am Vorgehen der Staatssicherheit noch seine Eintreten für Havemann waren für sie von Belang. »Diese Handlungen können die unter Ihrem Vorsitz gefällten gegen die Grundsätze der Rechtsstaatlichkeit und Menschlichkeit verstoßenden Urteile nicht relativieren«, hielt das Bundesversorgungsamt in seinem Aberkennungsbescheid dem Betroffenen entgegen.

Nicht ganz ein Jahr nachdem die Bundesrepublik Deutschland Berger die Entschädigungsrente aberkannt hatte, verstarb der von den Nazis und der SED Verfolgte im März 1996 im Alter von 91 Jahren.

Aus datenschutzrechtlichen Gründen lehnte die für den Vorgang verantwortliche Kommission die Herausgabe einer Kopie der Entscheidung ab und legte statt dessen allgemein ihre Rechtsansicht zur Aberkennung von Entschädigungsrenten dar. Sie bezog sich dabei auf das bereits erwähnte »Gesetz über Entschädigungen für Opfer des Nationalsozialismus im Beitrittsgebiet« (ERG) vom 22. April 1992: »Gesetzgeberisches Ziel von § 5 Abs. 1 ERG ist es, diejenigen Personen von einer Weiterzahlung der Entschädigungsrente auszuschließen, die selbst erfahrenes Unrecht später anderen auferlegt haben (– Verwirkungsgedanke –, vgl. hierzu bereits BVerfGE 22, 387, 419).«

## NS-Opfer gleich NS-Täter?

Wer sich mit dem Wortlaut der Entscheidung des Bundesverfassungsgerichts vertraut macht, auf die in dem Klammersatz eher beiläufig hingewiesen wird, erlebt eine faustdicke Überraschung. Dazu gleich mehr. Mit dem »selbst erfahrenen Unrecht« ist Verfolgung während der NS-Zeit gemeint. Als eine Art Ausgleich für erlittene Verfolgung in der Zeit zwischen 1933 und 1945 und als Anerkennung für geleisteten Widerstand gewährte die DDR Ehrenpensionen für Verfolgte des Faschismus und für Kämpfer gegen den Faschismus sowie für deren Hinterbliebene. Der Anspruch auf diese Pensionen, die nach der Wende in Entschädigungsrenten umbenannt wurden, entstand geraume Zeit vor der Gründung der DDR.

Gleiches gilt für die von der Bundesrepublik nach Kriegsende gewährten Renten nach dem Bundesentschädigungsgesetz. Auch hier entstand der Anspruch zu einer Zeit, als die Bundesrepublik Deutschland noch nicht existierte. Keiner der beiden Staaten konnte aus erlittener KZ-Haft eines Hitlergegners irgendwelche Rechte für sich herleiten. Umgekehrt hatten die Opfer des Naziterrors sehr wohl sittlich begründete Rechte gegenüber den beiden deutschen Staaten. Dennoch maßten sich sowohl die Bundesrepublik als auch die DDR das Recht an, die Zahlung von Entschädigungsrenten an politisch Verfolgte beziehungsweise die Zuerkennung des Verfolgtenstatus' vom politischen Wohlverhalten der Betreffenden abhängig zu machen.

In der DDR wurden nach den »Richtlinien für die Anerkennung als Verfolgter des Naziregimes« vom 10. Februar 1950 nur Personen als Verfolgte anerkannt, »die auch nach 1945 eine einwandfreie antifaschistisch-demokratische Haltung bewahrt haben«. In der Bundesrepublik wurden nach § 6 des Bundesentschädigungsgesetzes alle Personen von der Entschädigung ausgeschlossen, die nach dem 23. Mai 1949, dem Tag der Verkündung des Grundgesetzes, die freiheitlich-demokratische Grundordnung verletzt haben. Betroffen waren davon hauptsächlich Kommunisten.

Was den Fall Berger betrifft, so geht es hier um die Aberkennung eines Anspruchs, der ohne Zutun der beiden Nachfolgestaaten des Deutschen Reiches entstanden ist. Es handelt sich um die Aberkennung einer Rente, die einem Opfer nationalsozialistischer Verfolgungsmaßnahmen auf Grund dieser Verfolgung zugesprochen worden ist., und nicht etwa um die Aberkennung oder Kürzung von Ruhestandsbezügen eines ehemaligen Beamten. Diese Klarstellung ist notwendig, denn in dem Beschluß des Bundesverfassungsgerichts, den die erwähnte Kommission zur Untermauerung ihres Standpunkts im Fall Berger heranzieht, geht es nicht – wie zu vermuten wäre – um die Verwirkung von Ansprüchen, die Opfern des Naziterros zustehen, sondern um die Verwirkung von Ansprüchen ehemaliger Nazigrößen oder deren Hinterbliebener auf Ruhestandsbezüge nach dem Beamtenrecht.

Wer sich auf die Entscheidung des Bundesverfassungsgerichts vom 12. Dezember 1967 beruft, um einem Opfer des Naziterrors Entschädigungsansprüche abzusprechen, stellt dieses Opfer auf eine Stufe mit Leuten, die maßgeblich an der Ermordung von Millionen Juden beteiligt waren, wie etwa der ehemalige Staatssekretär im Reichsinnenministerium Dr. Wilhelm Stuckart. Er ist einer von denen, um die es in dem Urteil des Bundesverfassungsgerichts geht.

Im »Besprechungsprotokoll« über die verhängnisvolle Wannseekonferenz vom 20. Januar 1942 zur »Endlösung der Judenfrage« wird Stuckart als Vertreter des Reichsministeriums des Innern unter den vierzehn namentlich aufgeführten Teilnehmern an dritter Stelle genannt. Einen Namen hatte er sich bereits – assistiert vom damaligen Ministerialrat im Innenministerium und späteren Staatssekretär im Bonner Bundeskanzleramt Dr. Hans Globke – als Verfasser des Kommentars zu den »Nürnberger Rassegesetzen« gemacht. Auf der Wannseekonferenz trat er mit eigenen Vorschlägen zur »Endlösung der Judenfrage« hervor. Das »Besprechungsprotokoll« zitiert ihn wie folgt:

»Staatssekretär Dr. Stuckart stellt fest, daß die praktische Durchführung der eben mitgeteilten Lösungsmöglichkeiten zur Bereinigung der Mischehen-Mischlingsfragen in dieser Form eine unendliche Verwaltungsarbeit mit sich bringen würde. Um zum anderen auf alle Fälle auch den biologischen Tatsachen Rechnung zu tragen, schlug Staatssekretär Dr. Stuckart vor, zur Zwangssterilisierung zu schreiten.«

Diese Einzelheiten aus der Beamtenvita Dr. Stuckarts läßt das Bundesverfassungsgericht unerwähnt. Es beschränkt sich auf die Feststellung: »Durch den Nürnberger Militärgerichtshof wurde er wegen Kriegsverbrechen und Verbrechen gegen die Menschlichkeit zu drei Jahren, zehn Monaten, zwanzig Tagen Gefängnis verurteilt.« In der Entscheidung des Karlsruhe Gerichts, die gegen den Hitlergegner Berger ins Feld geführt wird, geht es neben Stuckart unter anderen um den ehemaligen Landgerichtsdirektor Stier, der als Richter am Volksgerichtshof an mehr als 80 Urteilen mitgewirkt hat, sowie um den Landgerichtsdirektor Dr. Münstermann. Er war Vorsitzender eines Nazisondergerichts in Posen, Vorsitzender einer Kammer des Sondergerichts Berlin, Richter am Deutschen Obergericht im besetzten Den Haag und schließlich Beisitzer am Volksgerichtshof in Berlin.

In dem Verfahren vor dem Bundesverfassungsgericht ging es im Kern um die Frage, ob derart belasteten Personen beziehungsweise deren Hinterbliebenen Versorgungsbezüge aus der Staatskasse der Bundesrepublik zustanden. Konkret hatte Karlsruhe zu prüfen, ob der Paragraph 3 Absatz 3a des Gesetzes zu Artikel 131 des Grundgesetzes verfassungsgemäß ist.

Das sogenannte 131er-Gesetz regelte die Ansprüche ehemaliger Nazibeamter. Nach Paragraph 3 Absatz 3a konnten solche Personen keine Rechte geltend machen, »die durch ihr Verhalten während der Herrschaft des Nationalsozialismus gegen die Grundsätze der Menschlichkeit oder Rechtsstaatlichkeit verstoßen haben.« Das Bundesverfassungsgericht erklärte diese Vorschrift für verfassungsgemäß.

Der Bundestag übernahm eine modifizierte Fassung der gegen Nazibeamte gerichteten Norm in das Gesetz zur Regelung von Ansprüchen ehemaliger DDR-Bürger auf Grund erlittener Verfolgung während der NS-Zeit. Auf den ersten Blick erscheint es plausibel, Verstöße gegen Grundsätze der Menschlichkeit oder Rechtsstaatlichkeit unabhängig davon zu bewerten, unter welchem politischen Regime sie begangen wurden und um welche Art von Ansprüchen es sich handelt. Aber was ergibt sich daraus?

Muß einem Opfer des Naziterrors, das in der DDR an Urteilen mitgewirkt hat, die einer rechtsstaatlichen Prüfung nicht standhalten, die Entschädigungsrente entzogen werden, weil einem wegen Verbrechen gegen die Menschlichkeit verurteilten Hauptschuldigen an der Ermordung von Millionen Juden die beamtenrechtlichen Versorgungsansprüche aberkannt wurden? Konkret gefragt: Durfte Dr. Götz Berger für erlittene Verfolgung durch die Nationalsozialisten keine Zahlungen erhalten, weil dem führenden Nationalsozialisten Dr. Wilhelm Stuckart gleichfalls keine zustanden?

Eine perverse Logik. Dennoch hatte eine deutsche Behörde den bestürzenden Einfall, die Sanktion gegen einen Antifaschisten mit der Sanktion gegen einen Judenverfolger zu begründen. Erich Honecker war nicht bereit, seinem politischen Widersacher Robert Havemann die Pension wegen erlittener Verfolgung unter Hitler zu verweigern und ihm damit die Ehre als Kämpfer gegen den Faschismus abzuschneiden – die Bundesrepublik Deutschland, vertreten durch das Bundesversicherungsamt, hat das im Fall Berger glatt zuwege gebracht.

## Alles zu spät

Zwei Monate bevor Götz Berger im Alter von 91 Jahren verstarb, hob das Sozialgericht Berlin am 17. Januar 1996 den Bescheid des Bundesversicherungsamtes über die Aberkennung der Entschädigungsrente auf. »Nach Auffassung der Kammer rechtfertigt die Richtertätigkeit des Klägers von Dezember 1951 bis März 1954 nicht die Aberkennung der Entschädigungsrente. Dabei geht die Kammer wie die Beklagte und die Beigeladene davon aus, daß die von der Beklagten angeführten Urteile, an denen die Kläger mitgewirkt hat, gegen die Grundsätze der Menschlichkeit verstoßen haben ... Wenn der Kläger die Angeklagten einfach freigesprochen hätte, wäre er sicher selbst als Klassenfeind betrachtet und verfolgt worden. So wie der Kläger sich eingelassen hat, ist aber anzunehmen, daß er damals von der Richtigkeit seiner Urteile überzeugt war. Entlasten kann ihn das nicht ... Der Kläger hätte auf jeden Fall erkennen müssen, daß die von ihm verhängten Freiheitsstrafen unangemessen hoch waren und gegen die Grundsätze der Menschlichkeit verstießen. Dennoch hält es die Kammer nicht für gerechtfertigt, ihm die Entschädigungsrente abzuerkennen.«

»Für die Ahndung von Verstößen gegen die Menschlichkeit oder Rechtsstaatlichkeit muß es gleichermaßen zeitliche Grenzen geben wie für die Verfolgung von Straftaten. Im konkreten Fall liegen die Verstöße des Klägers 40 Jahre zurück und der Kläger hat inzwischen das 90. Lebensjahr überschritten. Nach Auffassung der Kammer kann der Kläger für die Urteile, die er zwischen 1951 und 1954 gefällt hat, und bei denen es sich nicht um Todesurteile handelte, nicht mehr zur Verantwortung gezogen werden ... Die Aberkennung der Entschädigungsrente zum jetzigen Zeitpunkt ist im Hinblick auf die spätere Entwicklung des Klägers und den langen Zeitablauf seit seiner richterlichen Tätigkeit von 1951 bis 1954 unangemessen.«

»Die Aberkennung der Entschädigungsrente ist auch nicht geboten, um den Opfern der zwischen 1951 und 1954 gefällten Urteile Gerechtigkeit widerfahren zu lassen. Das ist nicht Sinn und Zweck des § 5 ERG (Entschädigungsrentengesetz). Die Aberkennung der Entschädigungsrente ist auch nicht geeignet, die Auswirkungen, die die Unrechtsurteile für die Verurteilten hatten, in irgendeiner Weise auszugleichen. Bei Berücksichtigung der Gesamtleistung, die der Kläger als Rentner erhält, kann auch nicht davon ausgegangen werden, daß er unangemessen gut versorgt ist. Wenn die Entschädigungsrente wegfiele, verbliebe dem Kläger eine monatliche Rentenleistung in Höhe von 1.057,68 DM (vorher betrug die Gesamtrente 2.457,68 DM, C.T.). Somit stellt die Entschädigungsrente einen erheblichen Teil seiner Altersversorgung dar. Bei ihrem Wegfall müßte sich der Kläger nicht nur erheblich einschränken, sondern seine Lebensverhältnisse neu gestalten. Im Hinblick auf das hohe Alter des Klägers hält die Kammer das für ungerechtfertigt. Der Grundsatz der Verhältnismäßigkeit ist nicht gewahrt, wenn dem Kläger wegen seiner 40 Jahre zurückliegenden vierjährigen Richtertätigkeit im hohen Alter die Lebensgrundlage durch Aberkennung seiner Entschädigungsrente entzogen wird.« (Aktenzeichen S 13 An 2820/95)

## Ursachen einer Aversion

Eine der tieferen Ursachen des Verhaltens gegenüber dem hochbetagten Götz Berger dürfte darin liegen, daß höchste Justizkreise wie überhaupt große Teile der konservativen Führungselite lange Zeit ein gebrochenes Verhältnis zum deutschen Widerstand gegen Hitler hatten, zumal wenn es sich um den kommunistischen Widerstand handelte. Vollmundige Bekenntnisse, wie etwa in der Präambel des Bundesentschädigungsgesetzes, wonach der »aus Überzeugung oder um des Glaubens oder des Gewissens willen gegen die nationalsozialistische Gewaltherrschaft geleistete Widerstand ein Verdienst um das Wohl des deutschen Volkes und Staates« gewesen sei, ändern daran wenig. Als die Morde an den Widerstandskämpfern um Admiral Canaris und Pastor Bonhoeffer gesühnt werden sollten, steckte der Bundesgerichtshof voller Zweifel, ob deren Verhalten überhaupt vor dem Recht bestehen könne. Es sei kennzeichnend, heißt es im Thorbeck-Freispruch, »daß die Verlautbarungen zum Recht des Widerstands, soweit sie aus ernst zu nehmenden Kreisen stammen und demgemäß Beachtung verdienen, mindestens in der Frage auseinandergehen, ob den Widerstandskämpfern das Recht zuzubilligen ist, um der Beseitigung der Gewaltherrschaft willen Menschenleben von Unschuldigen zu opfern, zum Beispiel durch Mitteilung bevorstehender militärischer Unternehmungen an den Gegner.«

Fünf Jahre nach diesem denkwürdigen Spruch hatte der Bundesgerichtshof sämtliche Zweifel abgestreift. Er verkündete am 14. Juli 1961 seine endgültige Auslegung dessen, was als rechtmäßiger Widerstand gegen die NS-Herrschaft und als Verfolgung aus Gründen der politischen Gegnerschaft anzuerkennen sei. In einem Streit um die Entschädigungsansprüche eines Kriegsdienstverweigerers kam der vierte Zivilsenat des BGH zu folgendem Ergebnis:

»Der Senat hat zu der Frage, unter welchen Voraussetzungen eine Handlung als ein Bekämpfen der NS-Gewaltherrschaft angesehen werden kann, wiederholt Stellung genommen. Erforderlich ist danach eine Handlung, die auf einer einigermaßen sinnvollen Planung beruhte und vom damaligen Standpunkt aus geeignet war, der NS-Gewaltherrschaft Abbruch zu tun oder wenigstens ihre schlimmen Folgen in beachtenswerter Weise zu mildern. Diese Voraussetzung kann nach dem ... festgestellten Sachverhalt nicht als gegeben angesehen werden.

Was zunächst die allgemeine Wehrdienstverweigerung des Klägers anlangt, so war an sich eine Auswirkung dieser seiner Tat auf den Bestand der NS-Gewaltherrschaft in doppelter Hinsicht möglich: einmal wurde die Wehrkraft des nationalsozialistischen Staates ... in gewisser Weise geschwächt, wenn der Kläger sich dem Wehrdienst versagte. Dieser Kräfteausfall für die deutsche Wehrmacht war jedoch verschwindend gering ... Insoweit war also seine Handlungsweise nicht geeignet, der NS-Gewaltherrschaft in nennenswertem Ausmaß Abbruch zu tun ...«

»Ein gegen die bestehende Unrechtsherrschaft geleisteter Widerstand kann nur dann – im Sinne der wahren, derzeit an ihrer Verwirklichung gewaltsam verhinderten übergesetzlichen Rechtsordnung – als sinnvoll und demgemäß eine diesen Widerstand ahndende staatliche Maßnahme nur dann als Unrecht im Rechtssinne angesehen werden, wenn die Widerstandshandlung nach ihrer Art und ihrem Gewicht wenigstens eine gewisse Aussicht bietet, in Bezug auf die Übel der bestehenden Unrechtsherrschaft eine wirkliche Wende zum Besseren herbeizuführen ... Sie muß in jedem Falle nach ihren Beweggründen, Zielsetzungen und Erfolgsaussichten als ein ernsthafter und sinnvoller Versuch zur Beseitigung des bestehenden Unrechtszustandes gewertet werden können, der einen lebens- und entwicklungsfähigen Keim des Erfolges in sich trägt ... Von dieser Art war der Widerstand der Männer des 20. Juli 1944, den der Gesetzgeber in der Präambel zum Bundesentschädigungsgesetz (BEG) ersichtlich als den beispielhaften Fall eines *rechtmäßigen* Widerstandes angesehen hat.«

»Daß die Tat des Klägers in diesem Sinne nicht als rechtmäßige, mit der geltenden, wenn auch übergesetzlichen Rechtsordnung im Einklang stehende Widerstandshandlung angesehen werden kann, ergibt sich bereits aus den obigen Darlegungen zu der Frage, ob sie den Begriff des Bekämpfens erfüllt. Sie blieb eine Einzelaktion, die an den bestehenden Verhältnissen nichts zu ändern vermochte ... Damit ist freilich über die *moralische* Bewertung der persönlichen Gewissensentscheidung des Klägers, die ihn zu einem solchen Verhalten bestimmte, nichts ausgesagt. Diese Bewertung kann aber für die *rechtliche* Beurteilung seiner Handlung nicht ausschlaggebend sein. Andernfalls würde er unberechtigterweise vor jenen bevorzugt, die es – möglicherweise bei ebenfalls eindeutiger grundsätzlicher Ablehnung der NS-Gewaltherrschaft – auf Grund ebenso gewissenhafter Abwägung aller Umstände als ihre Pflicht angesehen haben, sich dem Wehrdienst, wie er von der staatlichen Gewalt gefordert wurde, nicht zu entziehen, und für die dieser Entschluß ebenfalls schwere Opfer und Gefahren mit sich brachte ... Nach allem kann der Kläger nicht als Verfolgter angesehen werden, so daß es an der entscheidenden Voraussetzung für den von ihm geltend gemachten Entschädigungsanspruch fehlt.«

Mit diesem Urteil, das dem gesamten Widerstand der »kleinen Leute« die Rechtmäßigkeit absprach und in seiner zynischen Ignoranz kaum zu überbieten ist, hatte der Bundesgerichtshof seinerzeit heftige Reaktionen hervorgerufen. Sehr rasch drehte sich die Diskussion auch um aktuelle Fragen, denn wegen der Proteste gegen die Wiederbewaffnung und gegen die geplante Notstandsverfassung war das Recht auf Widerstand gegen staatliche Maßnahmen nicht mehr nur von historischem Interesse. Insofern konnte das Urteil auch als Warnschuß an die Adresse der Aufrüstungsgegner aufgefaßt werden.

Der Präsident des Bundesgerichtshofes, Willi Geiger, beschäftigte sich in einer Publikation zu Grundfragen des Rechts eingehend mit diesem Thema (»Gewissen – Ideologie – Widerstand – Nonkonformismus«, Pustet Verlag, München 1963). Er schrieb unter anderem:

»Jeder Widerständler muß, um vor dem Recht gerechtfertigt zu sein, nachweisen können, daß sein Widerstand einer Politik gilt, die nicht nur gefährlich oder schädlich, sondern verfassungswidrig oder gar unvereinbar mit den elementaren Geboten oder Verboten des Naturrechts ist (S. 104). Die Widerstandshandlung steht in nächster Nachbarschaft zur strafbaren Handlung. Ein Schritt weiter, als vom Widerstandsrecht gerechtfertigt, und schon kann das Tun einen Straftatbestand erfüllen: Widerstand gegen die Staatsgewalt, Aufruhr, Landfriedensbruch, Geheimbündelei, Verfassungsverrat, hochverräterisches Unternehmen usw. (S. 111).«

So wenig hochrangige Juristen ein Widerstandsrecht für die Bundesrepublik Deutschland gelten lassen wollten, so selbstverständlich hielten sie es in der DDR für gerechtfertigt. Als der erste Präsident des Bundesgerichtshofes, Hermann Weinkauff – inzwischen außer Dienst –, 1962 auf einer Tagung gefragt wurde, wie der Widerstand in der sowjetischen Besatzungszone zu bewerten sei, antwortete er: »Die Zone zeigt die gleichen Züge eines Unrechtsstaates wie das Dritte Reich. Daher ist dort grundsätzlich ein Widerstandsrecht gegeben.« (Süddeutsche Zeitung, 19. Mai 1962)

## Politik als Richtwert

Wie bereitwillig die vorherrschende Politik als Richtwert verinnerlicht wurde, offenbarte auch der Berliner Kammergerichtsrat Ernst-Jürgen Oske 1968 bei der mündlichen Begründung des Freispruchs für den Beisitzer am Volksgerichtshof Hans-Joachim Rehse mit seinen 231 Todesurteilen. Ausgangspunkt für das Urteil war nach Oskes Worten »das Recht jedes Staates auf Selbstbehauptung«. Er übernahm damit wörtlich eine Passage aus dem Freispruch des Bundesgerichtshofes vom 25. Mai 1956 für den SS-Richter Thorbeck. Die weitere Argumentation Oskes beschrieb Hans Schueler in der Zeitung »Die Welt« am 9. Dezember 1968 wie folgt:

»Beinahe zwangsläufig mußte die vom Selbstbehauptungsrecht des NS-Staates ausgehende Argumentation des Vorsitzenden auf der Position enden, die Rehse zu seiner Verteidigung aufgebaut hatte. Und sie tat es mit haarsträubender Folgerichtigkeit, untermauert durch eine Serie von Halbwahrheiten, von billigen und billigsten historischen Vergleichen. So sprach Oske, dem zu begründen aufgegeben war, weshalb das Gericht dem Angeklagten den Mord nicht nachweisen konnte, am Ende selbst die Sprache des Volksrichters Rehse: ›Eine außergewöhnliche Lage verlangt außergewöhnliche Maßnahmen.‹«

»Dies zu veranschaulichen, mußten die Maßnahmen Noskes zur Niederwerfung des Spartakusaufstandes ebenso herhalten wie die Notstandsgesetze der Bundesrepublik. Die Konklusion: auch der justizförmige Terror kann zubestimmten Zeiten, unter gewissen Umständen, bei einer andersgearteten Auffassung von den Zwecken des Strafrechts gerechtfertigt sein; jedenfalls aber begründet er in der Person der ausübenden Richter kein strafwürdiges Unrecht. Jede Zeit habe eben ihre eigene Ansicht vom Sinn und Zweck der Strafe, meinte Herr Oske beiläufig, und auch heute verlange man schließlich von der Justiz wieder harte Strafen aus Gründen der Abschreckung. Gemeint waren die Demonstrantenprozesse, von denen einer gegen Fritz Teufel und Genossen zwei Etagen tiefer im Moabiter Kriminalgericht lief, während oben Richter Oske sein Auditorium vorwurfsvoll fragte, ob man denn ›einem Richter der NS-Zeit Vorwürfe machen kann, weil er sich damals zur Abschreckungstheorie bekannte‹? Vielleicht kann man es wirklich nicht, solange es in unserer Zeit noch Richter gibt, denen die Robe weit genug erscheint, auch in Hitlers Justizschergen noch einen der ihren zu erkennen.«

Für den Vorsitzenden der Jüdischen Gemeinde in Berlin, Heinz Galinski, war die Begründung des Freispruchs das »Ungeheuerlichste, was wir seit 1945 erlebt haben«. Aber es gab auch andere Stimmen. Ein »Dr. jur. Börker« lobte in einem Leserbrief an den Berliner »Tagesspiegel« die Entscheidung des Schwurgerichts als »mutiges Urteil«. Bei näherem Hinsehen entpuppte er sich als Bundesrichter und Mitglied eben jenes 5. Senats des Bundesgerichtshofes, der die ursprüngliche Verurteilung des NS-Richters Rehse zu fünf Jahren Zuchthaus aufgehoben und mit der Zurückverweisung der Sache die Weichen für den Freispruch gestellt hatte. Ebenfalls in einem Leserbrief an den »Tagesspiegel« fertigte der Beisitzer Oskes im Rehse-Verfahren, Landgerichtsrat Weiß, die Kritiker mit den Worten ab: »Politiker wie Publizisten werden sich damit abfinden müssen, daß die junge Richtergeneration frei von Schuldkomplexen älterer Jahrgänge, aber auch frei von blindem Haß auf ›Nazis‹ die Vergangenheit nüchtern und sachlich betrachtet.«

Der Kammergerichtsrat Dr. Oske war damals 42 Jahre alt – ein Produkt demokratischer Nachkriegsverhältnisse also, aber auch des kalten Krieges mit seinen bizarren Feindbildern, eingebunden in die Tradition obrigkeitsstaatlichen Denkens, das zwar dem NS-Staat das Recht auf Selbstbehauptung zugestand, nicht aber der DDR.

Es hat 36 Jahre gedauert, bis jemand das skandalöse Urteil des Bundesgerichtshofes über den Widerstand gegen Hitler öffentlich mit ungewohnter Schärfe kritisierte. Aufheben oder sonstwie aus der Welt schaffen läßt es sich nicht. Die Präsidentin des Bundesverfassungsgerichtes, Jutta Limbach, war es, die unter ausdrücklicher Nennung jenes BGH-Spruchs aus dem Jahr 1961 der höchstrichterlichen Behauptung entgegentrat, rechtmäßig sei nur der Widerstand der Männer des 20. Juli gewesen. Während eines Vortrages in Rastatt erklärte sie 1997, zu denken sei auch »an die kleinen Leute aus dem Volke«, die zuweilen mit besonderer Feinnervigkeit das heraufkommende Unheil vorhergesehen hätten. Sie alle verdienten Respekt unabhängig davon, ob ihre Tat geeignet gewesen sei, der nationalsozialistischen Gewaltherrschaft Abbruch zu tun. Weiter führte Jutta Limbach aus:

»Widerstand haben all die Frauen geleistet, die verfolgten Juden, Kriegsgefangenen und Fahnenflüchtigen Hilfe und Unterschlupf gewährten ... Widerstand leistete auch Pater Franz Reinisch, der wegen der antichristlichen Einstellung des Nationalsozialismus den Deutschen Gruß, den Gestellungsbefehl und Fahneneid verweigerte und deshalb vom Reichskriegsgericht zum Tode verurteilt und mit dem Fallbeil im Jahr 1942 ermordet worden ist. Gewiß ist der mit seiner Kriegsdienstverweigerung verbundene ›Kräfteausfall für die deutsche Wehrmacht verschwindend gering‹ (so die Sprache des BGH). Aber es wäre geradezu zynisch, wollte man dem Pater deshalb die Ehre des Widerstandskämpfers streitig machen ... Solch mutiges Verhalten nicht als rechtmäßigen Widerstand zu werten, hätte fatale Folgen. Nicht nur daß eine solche rigide Auffassung vom Widerstand jedes individuelle Aufbegehren gegen den systematischen Machtmißbrauch künftig im Keime erstickte. Sie käme mittelbar der Billigung jener Unrechtsjustiz gleich, die Akte reiner Menschlichkeit drakonisch bestrafte und Akte schlichter Nächstenliebe kriminalisierte.« (Wortlaut abgedruckt in: Frankfurter Rundschau, 19. Juli 1997)

Zynisch nennt es die Präsidentin des Bundesverfassungsgerichts, wollte man einem Mann wie Pater Reinisch die Ehre des Widerstandskämpfers streitig machen. Gilt das nicht auch für Götz Berger, dem die Entschädigungsrente aberkannt worden ist, weil er sich als Richter in der DDR systemkonform verhielt und seine Urteile nicht nach rechtsstaatlichen Grundsätzen ausrichtete? Das Wort ›Siegerjustiz‹ wird im Zusammenhang mit der justizmäßigen Aufarbeitung der DDR-Vergangenheit nicht gern gehört. Aber was empfindet wohl eine ehemalige DDR-Bürgerin, wenn ihr das Bundessozialgericht entgegenhält:

»Soweit die Klägerin vorträgt, das Verhalten ihres verstorbenen Ehemannes werde nach der verfassungsrechtlichen Wertordnung und dem Recht der Bundesrepublik Deutschland, nicht aber der früheren DDR beurteilt, ist das zutreffend und entspricht auch den gesetzlichen Erfordernissen.«

## Eine Person »minderen Rechts«?

Bei der Frau, die vor dem Bundessozialgericht um den Witwenanteil der Entschädigungsrente ihres verstorbenen Mannes stritt, handelt es sich um Sonja Axen, Ehefrau des einstigen Politbüro-Mitgliedes Hermann Axen. Müßig zu sagen, daß die Klage gegen die Aberkennung der Rente zurückgewiesen wurde. Axens Tätigkeit in einer Spitzenposition der SED disqualifizierte ihn nach den Bestimmungen des »Gesetzes über Entschädigungen für Opfer des Nationalsozialismus im Beitrittsgebiet« vom 22. April 1992 von vornherein als Anspruchsberechtigten. Er war mitverantwortlich für Mauer und Stacheldraht sowie für die Toten an der verminten Grenze der DDR, wie das Bundessozialgericht in seinem Urteil vom 24. März 1998 hervorhebt. Eine »Person minderen Rechts« also? »Als es darum ging, ob der nach 1933 geschlossene Vertrag zwischen einem jüdischen Schriftsteller und Regisseur und der größten deutschen Filmgesellschaft rechtsgültig sei«, so Martin Hirsch gegenüber dem »Spiegel« vom 25. Mai 1981, »führte das oberste deutsche Gericht in Leipzig die ›Person minderen Rechts‹ ein. Und um den Vertragsbruch abzusegnen, erfanden die Reichsgerichtsräte die Figur des ›bürgerlichen Todes‹ zu Lebzeiten.« (siehe auch Diemut Majer: »Fremdvölkische im Dritten Reich«, Harald Boldt Verlag, Boppard am Rhein, C.T.) Nein, darum geht es hier nicht. Hochmut gegenüber dem von der Geschichte in die Knie Gezwungenen spricht aus den Äußerungen über das Tun und Lassen eines der mächtigsten Männer der DDR, und Geringschätzung gegenüber dem Lebensweg eines Überlebenden des Holocaust.

Der Reihe nach. Das Entschädigungsgesetz von 1992 schreibt vor, daß Renten zu kürzen oder abzuerkennen sind, wenn der Berechtigte gegen »Grundsätze der Menschlichkeit oder der Rechtsstaatlichkeit« verstoßen hat. Das Bundesversicherungsamt stützt die Aberkennung auf Axens Mitwirkung an den Beschlüssen des Politbüros vom 6. Juli 1971 und vom 23. Januar 1973 »zur Sicherung der Staatsgrenze (West)« beziehungsweise zum »Grenzregime«. Damit trage er, stellt hierzu das Bundessozialgericht fest, die persönliche Mitverantwortung für diese »Grenzsicherungsmaßnahmen« und die »hiervon ausgehenden Tötungs- und Verletzungserfolge«. Die Witwe müsse sich die Mitverantwortung ihres Ehemannes zurechnen lassen, da sich von ihm ihr Recht auf Entschädigungsrente ableite. Wörtlich heißt es in dem Urteil unter anderem:

»Die aufgezeigten Verstöße gegen Grundsätze der Menschlichkeit und Rechtsstaatlichkeit sind dem verstorbenen Ehemann der Klägerin nicht nur objektiv, sondern auch subjektiv zuzurechnen. Daß A. während der beiden Sitzungen nicht zurechnungsfähig gewesen wäre, wurde weder von der Klägerin vorgetragen noch sind hierfür Anhaltspunkte ersichtlich. Es ergeben sich auch keine Hinweise darauf, daß er durch einen äußeren ... Zwang zur Zustimmung zu den genannten Beschlüssen genötigt worden sein könnte. A. hätte den Beschlüssen widersprechen können; er war auch nicht gezwungen, im Politbüro mitzuwirken, für die Tätigkeit in diesem Gremium hatte er sich freiwillig zur Verfügung gestellt; dasselbe gilt auch für sein Verbleiben darin ... A. waren die Tatsachen bekannt, aus denen sich die Unvereinbarkeit der von ihm mitgetragenen Grenzverminung mit den Grundsätzen der Menschlichkeit und der Rechtssaatlichkeit ergab ... Bei einer ihm zumutbaren Gewissensanspannung hätte er die Unmenschlichkeit und Rechtsstaatswidrigkeit/ Unverhältnismäßigkeit der beiden Beschlüsse unschwer erkennen können. Die dem verstorbenen Ehemann der Klägerin objektiv und subjektiv zuzurechnenden Verletzungen der genannten Grundsätze rechtfertigen die vollständige Aberkennung ihres Rechts auf Entschädigungsrente.«

Im zweiten Teil des Urteils befaßt sich das Bundessozialgericht mit der Frage, unter welchen Umständen Verfolgten des Naziregimes Entschädigungsansprüche aberkannt werden können. Es kommt zu dem

Schluß, daß sie eine Wiedergutmachung nur fordern können, »soweit sie nicht selbst in Ausübung obrigkeitlicher Funktion die Grundsätze der Menschlichkeit und Rechtsstaatlichkeit gegenüber Dritten mißachtet haben und somit nicht nur Opfer, sondern auch Täter waren.« Die daraus abzuleitende Rechtsfolge bestimme sich aber »nicht durch einen Vergleich des vom Berechtigten erlittenen NS-Unrechts mit den von ihm begangenen Unrechtshandlungen. ›NS-Unrecht‹ ist ... nicht schlechthin mit ›SED-Unrecht‹ vergleichbar ... Schon deshalb verbietet es sich, von A. erlittenes NS-Unrecht gegen dessen Unrechtshandlungen in der DDR aufzurechnen. Entscheidend kommt es vielmehr auf die Schwere und Intensität der Unrechtshandlungen des Betroffenen selbst in der DDR an ... Die Folgen der Beschlüsse, an denen A. verantwortlich mitgewirkt hat, haben vielen Menschen Tod und Verstümmelung gebracht ... Die Schwere dieser Unrechtshandlungen an den Opfern seiner Amtsausübung im Politbüro der SED rechtfertigt die Entscheidung, ... das Recht auf Entschädigung für die dem A. von den Nationalsozialisten zugefügten Menschenrechtsverletzungen in vollem Umfang abzuerkennen.«

Über die Schwere und Intensität der Menschenrechtsverletzungen, die »dem A.« von den Nationalsozialisten zugefügt worden sind, steht nichts in dem Urteil. Nur seine Nachkriegsverfehlungen als SED-Funktionär werden aufgezählt. So neigt sich die Waage rasch zuungunsten des Betroffenen, und die Behauptung, »von A. erlittenes NS-Unrecht« werde keineswegs gegen »Unrechtshandlungen in der DDR« aufgerechnet, bezeugt eher das Gegenteil. Ganze fünf der 900 Zeilen des Urteils verwendet das Gericht auf die Schilderung des Schicksals von Hermann Axen während der NS-Zeit. Man erfährt, daß der 1916 Geborene im Jahr 1932 dem kommunistischen Jugendverband beigetreten ist, daß er – wie es heißt – »wegen sog. illegaler Tätigkeit« für diese Organisation 1935 zu drei Jahren Zuchthaus verurteilt wurde und 1938 nach Frankreich emigrierte. Die Schilderung endet mit dem Satz:

»Nach seiner Verhaftung war er bis 1945 in den Konzentrationslagern V, A und B inhaftiert.«

Was hat es mit diesen Verstümmelungen auf sich? Sollen sie vielleicht signalisieren, daß da jemand den Anspruch auf Respekt vor seiner Würde als Mensch verloren hat? Dürfen nicht einmal mehr – wenn von ihm die Rede ist – die Namen der Lager genannt werden, in denen er fünf lange Jahre verbracht hat? Unterliegen die Namen von Konzentrationslagern dem Datenschutz? Sollen vielleicht die Interessen von Angehörigen durch das Weglassen der Namen geschützt werden? Von welchen Angehörigen? Hermann Axen war der einzige Überlebende seiner von den Nationalsozialisten ausgerotteten jüdischen Familie. Und die Witwe? Welcher Schaden entstünde ihr denn, wenn die Öffentlichkeit erführe, daß ihr Mann in dem berüchtigten Lager Vernet am Fuße der französischen Pyrenäen interniert war, daß er die Hölle von Auschwitz durchlebt hat und zum Schluß noch das Konzentrationslager Buchenwald? Das sind die Namen, die sich hinter den Buchstaben V, A und B verbergen – oder muß man sagen, die dahinter verborgen werden sollten?

Einem Auschwitz-Häftling und einzigen Überlebenden seiner jüdischen Familie noch nach dem Tode die Entschädigungsrente zu entziehen und ihm damit die Ehre als Widerstandskämpfer und Opfer des Naziherrschaft abzuschneiden, ist auch unter Berücksichtigung seiner Verantwortung als Spitzenfunktionär der DDR schwerlich als Akt der Gerechtigkeit zu vermitteln. In dem Zusammenhang auch noch die Namen von Konzentrationslagern zu anonymisieren, die sich dem Gedächtnis der Menschheit für immer eingebrannt haben, zeugt überdies von Gefühllosigkeit gegenüber den Opfern des NS-Terrors in ganz Europa.

Peter Gingold, ein Jugendfreund Hermann Axens aus der gemeinsamen Emigrationszeit, weiß zu berichten, was nach der Ausweisung aus Deutschland geschah. Unter dem Eindruck seiner Erfahrungen als politischer Gefangener in einem deutschen Zuchthaus sowie im Gedenken an seinen von den Nazis gefolterten und ermordeten Bruder sah Axen seine wichtigste Aufgabe darin, Häftlinge in Deutschland von Frankreich aus zu betreuen und Widerstandsgruppen zu unterstützen. Er informierte die französische Öffentlichkeit über die Lage daheim und stärkte dadurch die Solidarität mit den Verfolgten des Naziregimes in der Heimat.

Mit Kriegsbeginn verschärfte sich die Lage für die politischen Flüchtlinge in Frankreich; Axen mußte seine Aktivitäten vor den französischen Behörden geheim halten. 1940 wurde er verhaftet und in das Lager

Vernet verbracht. Im besetzten Frankreich war Axen doppelt gefährdet: als Kommunist und als Jude. Über das Lager Drancy bei Paris wurde er 1942 nach Auschwitz transportiert. Sein Überleben verdankt er unter anderem der Tatsache, daß er sich eine nationale französische Identität verschafft hatte und als »Franzose« zwischen französischen Häftlingen untertauchen konnte, die in einem Nebenlager von Auschwitz unter Tage in einem Bergwerk arbeiten mußten. Gezeichnet von Unterernährung und täglich mit dem Tode bedroht, organisierte er gemeinsam mit anderen die Solidarität unter den Häftlingen und rettete mehreren französischen Leidensgenossen das Leben.

Zwei dieser Überlebenden legten ein halbes Jahrhundert später in Briefen an das Bundessozialgericht in Kassel Zeugnis ab von der Hilfsbereitschaft ihres einstigen Gefährten, um dessen Witwe die Wegnahme der Entschädigungsrente zu ersparen. Sie bewirkten damit ebenso wenig wie jene 45 französischen Mithäftlinge Axens und jene acht polnischen Bergarbeiter, die schon 1985 in einem Buch unter dem Titel »Jawischowitz – Auschwitz« geschildert hatten, was sie ihrem deutschen Kameraden verdanken.

Im Winter 1944/45, als die Rote Armee der Todesfabrik im Süden Polen näher rückte und die SS der deutschen Rüstungsindustrie die Arbeitssklaven an einem anderen Ort zur Verfügung stellen wollte, wurden neben vielen anderen auch die französischen Häftlinge auf Transport geschickt, unter ihnen Hermann Axen. In offenen Viehwaggons waren die Häftlinge drei Tage und drei Nächte ohne Verpflegung unterwegs, ehe sie den Zielort, das Konzentrationslager Buchenwald, erreichten. Viele von ihnen waren inzwischen tot, gestorben an Hunger und Kälte. Axen überlebte mit viel Glück auch das Konzentrationslager Buchenwald und wurde dort im April 1945 befreit.

## Zweierlei Maß – auch bei Renten

Als das Bundessozialgericht unwiderruflich entschied, Hermann Axen sei nicht würdig, eine Rente nach dem Gesetz über Entschädigungen für Opfer des Nationalsozialismus im Beitrittsgebiet zu beziehen, war der Betroffene bereits sechs Jahre tot; er starb im Februar 1992. Alles, was gegen ihn ins Feld geführt worden war, konnte ihn nicht mehr treffen; getroffen wurde seine Witwe, die gegen die Aberkennung des Witwenanteils der Rente in Höhe von monatlich 800 Mark geklagt hatte.

Sonja Axen, durch eine Kinderlähmung seit 40 Jahren körperlich stark behindert und auf eine Gehhilfe angewiesen, war zum Zeitpunkt der Urteilsverkündung 73 Jahre alt und fortan auf eine Sozialrente von etwa tausend Mark im Monat angewiesen. Auf Ersparnisse aus der Zeit ihrer Ehe mit Hermann Axen kann sie nicht zurückgreifen. Das Sparguthaben des langjährigen Politbüro-Mitgliedes war im September 1990 mit der Begründung eingezogen worden, Axen habe sich mißbräuchlich erhebliche materielle Vorteile verschafft. Es handelte sich um 240.000 Ostmark, von denen nach der Währungsumstellung 123.000 D-Mark verblieben – eine Summe, die ungefähr dem Monatsverdienst eines Profifußballers entspricht.

Der verwaltungsgerichtliche Streit um das Sparguthaben endete, wie der Rentenstreit, mit einer Niederlage für Sonja Axen. Nach fachkundigem Urteil war er gespickt mit überraschenden Wendungen und einem »Verblüffungseffekt«, der die Klägerin in dem Verfahren vor dem Bundessozialgericht »verständnislos auf der Walstatt zurücklassen« mußte, wie der pensionierte Präsident des Gerichts, Horst Sendler, für den im übrigen alles seine Richtigkeit hat, sich in der Zeitschrift »Neue Justiz« (Heft 9/1998) ausdrückte.

Mit einer Beschwerde beim Bundesverfassungsgericht rügten Sonja Axens Anwälte unter anderem eine Verletzung der Eigentumsgarantie und des Erbrechts sowie des Verfassungsprinzips der Gleichheit vor dem Gesetz. (Art. 14 Abs. 1 und Art. 3 Abs. 1 Grundgesetz). Die 2. Kammer des 1. Senats des Bundesverfassunsgerichts stellte sich auf den Standpunkt, daß mit der Beschwerde grundsätzliche verfassungsrechtliche Fragen nicht aufgeworfen würden und die Voraussetzungen für ihre Annahme somit nicht vorlägen. Verstöße gegen die Verfassung ließen sich nicht feststellen (1 BvR 1398/98 vom 28.7.1999).

Unverständnis über den Umgang der Justiz mit der Witwe eines ehemaligen Auschwitz-Häftlings äußerte seinerzeit sogar der Präsident des Zentralrates der Juden in Deutschland, Ignatz Bubis. Für ihn spielte es augenscheinlich keine Rolle, daß es sich um die Lebensgefährtin eines kommunistischen Spitzenfunktionärs handelte, die im Streit um die Aberkennung der Entschädigungsrente geltend machte, NS-Opfer würden gegenüber NS-Tätern benachteiligt. Auf diesen Einwand erwiderte das Bundessozialgericht, es sei »keine konkrete (Vergleichs-)Gruppe von NS-Tätern benannt worden oder ersichtlich, der trotz Verstoßes gegen die Grundsätze der Menschlichkeit oder der Rechtsstaatlichkeit Wiedergutmachungsleistungen für selbst erlittene Verfolgung zu gewähren« sei.

Was bedeutet dieser Satz im Klartext? Offensichtlich dies: Belasteten Nazis, die von den Nazis verfolgt worden sind, steht keine Wiedergutmachung zu, weil sie selbst Unrecht begangen haben, und ebenso steht belasteten DDR-Kommunisten, die von den Nazis verfolgt worden sind, keine Wiedergutmachung zu, weil sie selbst Unrecht begangen haben. Daraus ergibt sich, daß die einen – also die Kommunisten – nicht gegenüber den anderen – den Nazis – benachteiligt werden. Das wiederum hat zur Folge, daß nach dieser Logik der Gleichheitsgrundsatz nach Artikel 3 Absatz 1 des Grundgesetzes nicht verletzt ist und die Aberkennung der Entschädigungsrente im Fall Axen auch insofern zu Recht erfolgt ist.

Mit dieser absurden Argumentation umgeht das Gericht eine Auseinandersetzung mit dem Vorwurf, gegen Funktionsträger der DDR würden andere Maßstäbe angelegt, als dies gegenüber belasteten Nazigrößen geschehen sei. ›Das haben wir schon immer so gemacht‹, lautet sinngemäß die Antwort auf den Einwand, das Entschädigungsrentengesetz von 1992 richte sich einseitig gegen einen bestimmten Personenkreis und stelle somit ein verfassungswidriges Einzelfallgesetz dar. Der Begriff des Verstoßes gegen die Grundsätze der Menschlichkeit und Rechtsstaatlichkeit werde seit 1953 in der Gesetzgebung verwendet und sei »durch eine langjährige Rechtsprechung« konkretisiert worden, verteidigte sich das Bundessozialgericht.

Der Witwe Roland Freislers hat das nicht geschadet. Am 13. Februar 1985 erfuhr die Öffentlichkeit, daß die Justiz über Verstöße gegen jene Grundsätze durchaus hinwegsehen kann. »Die in München lebende Witwe des ehemaligen Präsidenten des Volksgerichtshofes, Roland Freisler, erhält seit zehn Jahren eine zusätzliche Schadensausgleichsrente«, berichtete an jenem Tag die Frankfurter Rundschau. »Dies wurde nach Mitteilung des SPD-Landtagsabgeordneten Günter Wirth von den zuständigen bayerischen Behörden damit begründet, daß der 1945 bei einem Luftangriff ums Leben gekommene Freisler im Falle seines Überlebens nach dem Krieg ›als Rechtsanwalt oder Beamter des höheren Dienstes tätig gewesen wäre‹. Dies ist für Wirth eine ›schier unglaubliche Begründung‹.«

»1982 war nach Mitteilung der SPD von untergeordneten Beamten der Versuch unternommen worden«, heißt es in dem Zeitungsbericht weiter, »der Witwe Freislers die Ausgleichsrente zu streichen, weil der verstorbene Ehemann wegen seiner Verbrechen als NS-Richter zum Tode oder zumindest zu lebenslangem Freiheitsentzug verurteilt worden wäre, der Witwe also offensichtlich kein Schadensausgleich zustehen könne. Das Landesversorgungsamt habe aber mit ausdrücklicher Billigung des bayerischen Sozialministeriums argumentiert, Freisler habe zwar ›zweifellos während der Herrschaft des Nationalsozialismus gegen die Grundsätze der Menschlichkeit und der Rechtsstaatlichkeit in vorwerfbarer Weise verstoßen‹, aber es habe ›ob seines frühen Todes‹ nie ein Verfahren gegen ihn stattgefunden.«

»Das Landesversorgungsamt hielt es für möglich, daß Freisler in seinem erlernten oder einem anderen Beruf weitergearbeitet hätte, ›zumal eine Amnestie oder ein zeitlich begrenztes Berufsverbot ebenso in Betracht zu ziehen‹ seien. Mit dieser Begründung, die – so Wirth – einem ›schon den Atem verschlagen‹ könne, wurde die Streichung der Ausgleichsrente abgelehnt. Der SPD-Abgeordnete verlangt nun von der bayerischen Staatsregierung, alle rechtlichen Möglichkeiten auszuschöpfen, die Rente zu streichen. Bayerns Sozialminister Franz Neubauer (CSU) hat eine Untersuchung der Angelegenheit angeordnet.«

Zwei Tage nach dieser Veröffentlichung ergänzte die Zeitung am 15. Februar 1985 die Berichterstattung durch weitere Einzelheiten. Sie schrieb unter anderem: »Seit die SPD diesen Vorgang und besonders die Begründung für die Ausgleichszahlung veröffentlicht hat, herrschen Empörung, Kopfschütteln und Unverständnis ... ›Die Sache hat Methode‹, entrüstet sich Franz Josef Müller, der Landesvorsitzende der Arbeitsgemeinschaft verfolgter Sozialdemokraten. Müller, der als Mitglied der ›Weißen Rose‹ selber vor Freislers Tribunal gestanden hat und zu fünf Jahren Haft verurteilt worden ist, meint: ›Es ist jenes empörende Kapitel der Aufarbeitung der Vergangenheit, in dem die unmittelbaren und mittelbaren Täter der Verbrechen belohnt, ihre toten Opfer verhöhnt und die noch lebenden beleidigt werden.‹«

»Solche Interpretation der Rentenentscheidung weist Erich Geßl, der Vizepräsident des bayerischen Landesversorgungsamtes, weit zurück. ›Das möchte ich verneinen‹, sagt er auf die Frage, ob die Entscheidung aus dem Geist der Vergangenheit getroffen worden ist. Geßl weist darauf hin, daß es bis heute nie Verfahren gegen Angehörige des ›Volksgerichtshofes‹ gegeben habe. Und deshalb habe man die Frage, ob Freisler zum Tode oder zu Lebenslänglich verurteilt worden wäre, mit Nein beantworten müssen. Aber nur bei einer solchen Verurteilung wäre Freisler als Ernährer seiner Frau ausgefallen. So habe man davon ausgehen müssen, daß er als Volljurist nach dem Krieg wieder hätte tätig werden können, wenn auch wohl nicht als Beamter. Die Beamtenbesoldung werde in solchen Fällen nur zum Einkommensvergleich herangezogen.«

Die »Süddeutsche Zeitung« schrieb am 13. Februar 1985 in einem Kommentar: »Daß Juristen, besessen von ihrer Materie, mitunter zu absurden Schlußfolgerungen kommen, ist keine Neuigkeit. Solange solche Hervorbringungen keinen Schaden anrichten und der allgemeinen Belustigung dienen, stoßen sie auf eine durchaus nachsichtige Öffentlichkeit. Manchmal aber gerinnen die Gedanken in Beamtenhirnen zu einem ›Vorgang‹, der Schaudern hervorruft. In diese Kategorie fällt die jetzt bekanntgewordene Entscheidung bayerischer Sozialbehörden, der Witwe des Nazi-Blutrichters Roland Freisler zu ihrer Alterversorgung eine ›Schadensausgleichsrente‹ zuzuerkennen.«

»Der Schaden, der Freislers Witwe entstanden sein soll, beruht nach Auffassung dieser Juristen darauf, daß der 1945 umgekommene Präsident des ›Volksgerichtshofs‹ als Kriegsopfer später nicht mehr seiner erlernten Profession nachgehen könnte. Er hätte sonst nach 1945 ›Rechtsanwalt oder Beamter des höheren Dienstes‹ werden können; dieser Schaden müsse der Witwe ausgeglichen werden. Daß Freisler, der Tausende von Unschuldigen in den Tod schickte, ›gegen die Grundsätze der Menschlichkeit und der Rechtsstaatlichkeit in vorwerfbarar Weise‹ verstoßen haben könnte, dämmerte den Sozialexperten immerhin. Aber möglicherweise wäre er ja nach dem Krieg amnestiert worden.«

»Wer solche Bescheide erfinden, ausformulieren und absegnen kann (das bayerische Sozialministerium war befaßt), muß das Gemüt eines Metzgerhundes haben. Von der Noblesse, die Freisler posthum entgegengebracht wurde, haben die Opfer des Naziterrors nur träumen können. Sie mußten oft unter den entwürdigendsten Umständen um lächerliche Entschädigungen streiten – manche haben nie einen Pfennig gesehen ...«

Das bayerische Sozialministerium benötigte nur fünf Tage für die Prüfung des Sachverhalts und die abschließende Feststellung, daß die Zusatzrente für die Witwe Roland Freislers in der bisherigen Höhe von 400 Mark weitergezahlt wird und nur von den üblichen Steigerungen künftig ausgeschlossen bleibt. Der zuständige Minister Neubauer berief sich darauf, daß die im Sozialgesetzbuch festgelegte »Bestandsgarantie bei begünstigenden Verwaltungsakten« eine Streichung der Schadensausgleichsrente nur innerhalb von zwei Jahren nach ihrer Bewilligung möglich gemacht hätte.

Genau besehen war die Rentenzahlung an die Freisler-Witwe ein Ergebnis der Rechtsprechung des Bundesgerichtshofes; sie hat verhindert, daß Angehörige des Volksgerichtshofes der Rechtsbeugung überführt und wegen Mordes verurteilt werden konnten.

Wollte das Bundessozialgericht im Fall Axen wirklich nicht sehen, wohin der Einwand zielte, NS-Opfer würden gegenüber NS-Tätern benachteiligt? Waren die Richter überfordert damit, sich in die Lage der Witwe eines ehemaligen Auschwitz-Häftlings zu versetzen, die erleben mußte, daß zwar die Witwe des Blutrichters Roland Freisler zu den üblichen Versorgungsbezügen noch eine Schadensausgleichsrente bekommt, sie selbst aber auf ihren Anteil an der Verfolgtenrente ihres Mannes verzichten muß? Haben sie deshalb auf so hanebüchene Weise am Kern des Problems vorbeigeredet, weil das schändliche Verhalten der Justiz gegenüber einer Vielzahl von Opfern der NS-Gewaltherrschaft erst gar nicht erörtert werden sollte? Welche abstruse Logik verbirgt sich hinter der Aussage des Bundessozialgerichts, für NS-Opfer gelte »nichts anderes als für NS-Täter«? Maßstäbe der Prüfung und Rechtfertigung seien »allein universelle Grundsätze der Menschlichkeit und Rechtsstaatlichkeit, die im Grundgesetz verankert sind«.

Diese Maßstäbe sind der Justiz schon mehr als einmal abhanden gekommen, so etwa im Fall des Oberreichsanwalts am Freislerschen Volksgerichtshof Dr. Ernst Lautz, der 382mal die Todesstrafe gefordert hat, unter anderem auch für die Männer des 20. Juli. Als die Spuren der furchtbaren Juristen noch frisch waren – am 1. April 1951 –, gewährte die Landesregierung von Schleswig-Holstein Lautz eine monatliche Pension von 1.692 DM, ungefähr das Doppelte dessen, was damals ein höherer Angestellter durchschnittlich an Gehalt im Monat bezog. Die Pension wurde zwei Jahre später auf 1.342 DM gekürzt. Erst nachdem der Fall Lautz im Bundestag zur Sprache gekommen war, wurden die Versorgungsbezüge des einstigen Chefanklägers am Volksgerichtshof im August 1959 durch Verfügung des Kieler Finanzministers »wegen Verstoßes gegen die Grundsätze der Menschlichkeit und Rechtsstaatlichkeit« gesperrt. Aber Lautz ging nicht leer aus. Das Verwaltungsgericht Schleswig sprach ihm ungeachtet aller Verstöße gegen die Menschlichkeit eine »Gnadenpension« von monatlich 600 DM zu.

Ähnlich verlief der Fall Schlegelberger. Der ehemalige Staatssekretär im Reichsjustizministerium während der NS-Zeit wurde mit vollen Ruhestandsbezügen ausgestattet, obwohl er wegen Beteiligung an NS-Verbrechen vom Alliierten Militärgerichtshof in Nürnberg 1947 zu lebenslanger Haft verurteilt worden war. 2.984,08 DM bezog Dr. Franz Schlegelberger monatlich, nachdem er 1951 vorzeitig aus alliierter Haft entlassen worden war. Als der schleswig-holsteinische Finanzminister Dr. Schaefer am 3. September 1959 die Beamtenpension mit der Begründung sperrte, Schlegelberger habe sich während des Dritten Reiches zu Maßnahmen bereit gefunden, »die gegen Grundsätze der Menschlichkeit verstießen und in ihren Auswirkungen schwerwiegend für die Betroffenen waren«, hatte der Ex-Staatssekretär inzwischen rund 280.000 DM an Ruhestandsbezügen kassiert. Schlegelberger klagte vor dem Verwaltungsgericht in Schleswig, das ihm ein Jahr später wieder die volle Beamtenpension zusprach. Zur Begründung hieß es, der Spruch des Nürnberger Tribunals gegen Schlegelberger habe nach deutschen Recht keine beamtenrechtlichen Folgen.

Aber da war noch die Beteiligung des ehemals führenden NS-Juristen am Tod des wegen Eierhamsterns in Kattowitz verurteilten Juden Markus Luftgas, den Schlegelberger der Gestapo zur Tötung übergeben hatte. Auch da wußte das Gericht Rat und kam zu dem Schluß: »Ein schuldhaftes Verhalten hat bei dem Kläger nicht vorgelegen, da ihm das Bewußtsein, pflichtwidrig zu handeln, gefehlt hat.« Der Rechtsstreit um Schlegelbergers Beamtenpension endete am 21. Oktober 1966 vor dem Bundesverwaltungsgericht mit einem Vergleich.

Auch der ehemalige Kammergerichtsrat und frühere beisitzende Richter im Senat Roland Freislers, Hans-Joachim Rehse, der an 231 Todesurteilen beteiligt war, brauchte nicht zu darben. Während noch die Wogen der Erregung über den Freispruch für Rehse hochgingen, erfuhr die Öffentlichkeit aus dem Mund des Vorsitzenden des Zentralrates der Juden in Deutschland, Dr. Hendrik George van Dam, daß der ehemalige Blutrichter bis dahin bereits 270.000 DM an Versorgungsbezügen erhalten hatte. Insgesamt zahlte die Bundesrepublik Deutschland nach Berechnungen aus dem Jahr 1958 nicht weniger als 1,371 Milliarden DM jährlich für Renten und Pensionen an ehemals hohe Nazifunktionäre und Offiziere (»Jüdischer Pressedienst« Nr. 9/1969).

Als jedoch die Mutter des sieben Wochen vor Kriegsende aufgrund eines Militärgerichtsurteils in Oslo erschossenen Marinesoldaten Walter Groeger eine Elternrente nach dem Kriegsopferrecht beantragte, gaben sich die zuständigen Stellen zugeknöpft. Anna Groegers Einkommen sei dafür zu hoch, ließ der Präsident des Landesversorgungsamtes Niedersachsen, Norbert Jung, im September 1979 wissen. Allenfalls könne sie eine einmalige Entschädigung aus der Kriegsopferversorgung bekommen. Das im März 1945 vollstreckte Todesurteil gegen den damals 22jährigen Walter Groeger war vom damaligen Marinestabsrichter und späteren baden-württembergischen Ministerpräsidenten Hans Filbinger ausgesprochen worden.

Der von den Nazis zu lebenslangem Zuchthaus verurteilte Kommunist Karl Schabrod verlor 1962 alle Ansprüche aus seiner fast zwölfjährigen Inhaftierung, weil er nach dem Verbot der KPD zusammen mit anderen eine kommunistische Wahlgemeinschaft gegründet hatte und deswegen unter dem Vorwurf der Rädelsführerschaft in einer verfassungsfeindlichen Vereinigung zu zwei Jahren Gefängnis verurteilt worden war. Diether Posser berichtet in seinem Buch »Anwalt im kalten Krieg« über diesen Fall unter der Überschrift »Als Mensch und Abgeordneter geschätzt, als Kommunist verfolgt« (C. Bertelsmann Verlag, München 1991).

## Kommunisten – Menschen zweiter Klasse

Grundlage solcher und ähnlicher Verfahren war das 1. Strafrechtsänderungsgesetz, das der Bundestag im Juli 1951 mit den Stimmen der unionsgeführten Regierungskoalition und der SPD beschlossen hat. Alexander von Brünneck zitiert in seinem Buch »Politische Justiz gegen Kommunisten in der Bundesrepublik Deutschland 1949 bis 1968« den CDU-Abgeordneten Horst Haasler, der das Gesetz 1957 mit den Worten charakterisierte: »Es ist eine Waffe, die geschmiedet wurde, um im kalten Krieg zu bestehen.« Nach Brünnecks Angaben waren von 1951 bis 1968 in der Bundesrepublik im Zusammenhang mit der Kommunistenverfolgung etwa 125.000 Personen von staatsanwaltschaftlichen Ermittlungsverfahren betroffen (Edition Suhrkamp, Frankfurt am Main 1978).

Wegen Tätigkeit in der Gesellschaft für deutsch-sowjetische Freundschaft verurteilte das Landgericht Lüneburg 1956 den 27 Jahre alten Kommunisten Alfons Clemens zu zwei Jahren Gefängnis; außerdem verlor er für drei Jahre die Fähigkeit zur Bekleidung öffentlicher Ämter und das Wahlrecht. Für drei Jahre wurde Polizeiaufsicht für zulässig erklärt. Außerdem verfügte das Gericht die Einziehung des PKWs von Clemens und die Zahlung von 15.345 DM »Tatgeld«. Das war die Summe seines Gehaltes für mehr als vier Jahre. Monatlich hatte er zum Schluß 400 DM brutto bezogen. Wie Posser berichtet, stand das Urteil im Prinzip schon fest, »ehe der Angeklagte den Gerichtssaal betreten hatte«.

Heinrich Hannover, wie Diether Posser viele Jahre als Verteidiger in politischen Strafverfahren vor Gerichten der Bundesrepublik tätig, schildert in seinem Buch »Die Republik vor Gericht« (Aufbau Verlag Berlin

1998) unter anderem den Fall des Journalisten Paul Beu. Er wurde 1965 wegen Verstoßes gegen das KPD-Verbot in Tateinheit mit Geheimbündelei in verfassungsfeindlicher Absicht zu zwei Jahren Gefängnis verurteilt. Auch er verlor für drei Jahre die Fähigkeit zur Bekleidung öffentlicher Ämter, das Wahl- und Stimmrecht sowie die Wählbarkeit. Sein Personenkraftwagen wurde als Verbrechenswerkzeug eingezogen. In dem Verfahren ging es hauptsächlich um die von Beu verfaßten Artikel. Im Urteil heißt es dazu:

»Diese Artikel erfüllen als solche weder einen strafrechtlichen Tatbestand des Staatsgefährdungsrechts ... noch des allgemeinen Strafrechts..., wenn der Angeklagte in ihnen auch eine scharfe Sprache führt ... Der Angeklagte hat sie aber als bezahlter Funktionär der verbotenen KPD geschrieben und sich dadurch strafbar gemacht. Seine Artikel lagen im Interesse der verbotenen Partei ...«

Rechtsanwalt Hannover erhob für Paul Beu Verfassungsbeschwerde und rügte die Verletzung des Grundrechts auf freie Meinungsäußerung. Das Bundesverfassungsgericht wies die Beschwerde zurück und kam in der Begründung zu der – wie Hannover schreibt – tiefschürfenden Erkenntnis, »daß die legale Arbeit von organisierten Kommunisten bestraft werden dürfe, weil die freiheitlich-demokratische Grundordnung nicht durch die einzelne Handlung als solche, sondern dadurch gefährdet werde, daß mit ihr die Ziele der verbotenen Partei weiter in organisierter Form verfolgt werden«.

Hannover bemerkt dazu: »Die Scheu von Nichtjuristen, Urteilsbegründungen kritisch zu lesen, führt dazu, daß sich Richter solchen juristischen Nonsens leisten können, ohne daß sich ein Proteststurm erhebt. Allerdings ging es ja nur um Kommunisten, und das erklärt manches.«

Freiheitsstrafen von zwei Jahren für sogenannte Staatsfeinde waren nichts außergewöhnliches. Mitunter wurde jemand mehr als zwei Jahre in Untersuchungshaft gehalten, ehe der Prozeß gegen ihn überhaupt begann. Der nordrhein-westfälische Landtagsabgeordnete der KPD, Josef (»Jupp«) Angenfort wurde 1953 unter Verletzung seiner Immunität von einem Kommando der Kriminalpolizei festgenommen und 1955 vom Bundesgerichtshof zu fünf Jahren Zuchthaus verurteilt. Der Vorwurf lautete auf Geheimbündelei, verfassungsverräterische Zersetzung und Vorbereitung eines hochverräterischen Unternehmens. Wer sich kritisch mit der politischen Justiz auseinandersetzte, konnte nach Paragraph 131 StGB wegen »Staatsverleumdung« belangt werden.

30 Jahre später erklärte der Bundesgerichtshof den ähnlich konstruierten Begriff »Boykotthetze« , der in der DDR-Verfassung als Verbrechen ausgewiesen war, als Strafnorm für unwirksam. Das hohe Gericht räumte in dem Urteil gegen den DDR-Richter Reinwarth ein, daß in der Periode des kalten Krieges »auf beiden Seiten eine ›politische Justiz‹ mit einer aus heutiger Sicht nicht immer nachvollziehbaren Intensität betrieben« worden sei (BGH 41, 317). Für die Richter im Westen hatte das keine strafrechtlichen Konsequenzen. Wegen Rechtsbeugung zog die Justiz der Bundesrepublik Deutschland nur ehemalige Richter und Staatsanwälte der DDR zur Rechenschaft; das Bundesverfassungsgericht bezeichnete – wie schon erwähnt – Freiheitsstrafen als Ergebnis einer Rechtsbeugungshandlung als »schwerstes kriminelles Unrecht« (Beschluß der 2. Kammer des Zweiten Senats vom 7. April 1998 – 2 BvR 2560/95).

Für die Opfer der politischen Justiz war Freiheitsentzug in jedem Fall eine schmerzliche Erfahrung, unabhängig davon, ob der Betroffene im Osten oder Westen hinter Gitter mußte. Auch wer in einem rechtsstaatlichen Verfahren seine Freiheit für Monate oder Jahre verlor, konnte dies als Verletzung seiner Menschenrechte empfinden. Die Opfer der politischen Strafjustiz in der Bundesrepublik erfuhren niemals die Genugtuung einer nachträglichen Neubewertung richterlichen Verhaltens, sie blieben für immer die Verlierer.

Besonders hart getroffen wurde jene Opfer des Naziregimes, die ihren Status als politisch Verfolgte nur deswegen verloren, weil sie der Überzeugung treu blieben, deretwegen sie unter Hitler verfolgt worden sind und denen der Makel des Verfassungsfeindes über das Grab hinaus anhing. Ein grelles Schlaglicht auf die gelegentlich erbarmungslose Härte, mit der die Justiz gegen politisch Mißliebige im Westen vorging, wirft der Fall des emeritierten Soziologieprofessors Ernst Niekisch. Wegen eines Manuskriptes, das später als Buch unter dem Titel »Das Reich der niederen Dämonen« erschien, verurteilten ihn die Nationalsozialisten zu lebenslangem Zuchthaus; acht Jahre verbrachte er in demselben Gefängnis in Brandenburg, das auch Erich Honecker und Robert Havemann ›beherbergte‹. Als Niekisch befreit wurde, war er blind und halb gelähmt.

»Dieser Mann, der in seinem Hochverratsprozeß den Freund Ernst Jünger nicht preisgab, der ein schreckliches Schicksal auf sich nahm, erhält bis auf den heutigen Tag trotz des 1953 in Kraft getretenen Gesetzes zur Entschädigung von Opfern der nationalsozialistischen Verfolgung keinen Pfennig Entschädigung«, entrüstete sich Karl Korn am 16. Juni 1964 in der Frankfurter Allgemeinen Zeitung. Anlaß war das Erscheinen einer 208 Seiten umfassenden Dokumentation des Nürnberger Verlegers Josef E. Drexel über den vergeblichen Kampf Niekischs um sein Recht. (»Der Fall Niekisch«, Verlag Kiepenheuer und Witsch).

Karl Korn beschreibt den Wissenschaftler, der sich 1945 zunächst der KPD und dann der SED in Westberlin angeschlossen hatte, als einen »unbedingt rechtlich denkenden politischen Kopf«, den selbst seine »ärgsten Feinde allemal als vollkommen integer, tapfer, unerschrocken und bedeutend« ansähen. Seine Entschädigungsansprüche wurden mit der Begründung abgewiesen, Niekisch habe nach 1945 einem neuen Unrechtsregime gedient; gemeint war damit seine Mitgliedschaft in der Volkskammer. Daß er sich nach dem 17. Juni 1953 von der SED-Führung lossagte, konnte die beteiligten Richter nicht umstimmen.

Erst als das beschämende Verhalten der deutschen Justiz die Europäische Kommission für Menschenrechte auf den Plan rief, bequemte sich die Bundesrepublik Deutschland, Niekisch 1966 eine kleine Pension und eine Entschädigung zu gewähren. Zermürbt vom jahrzehntelangen Kampf gegen Behörden und Justiz, verstarb Niekisch im Jahr darauf an seinem 78. Geburtstag am 23. Mai 1967 in Berlin.

## Böcke als Gärtner

Das politische Klima während des kalten Krieges zwischen Ost und West hat solche Auswüchse der politischen Justiz wesentlich mitbestimmt, aber es gab auch andere Gründe. Mit der Aufnahme tausender ehemaliger NS-Richter in den Justizdienst wurden auch alte Leitbilder am Leben gehalten. Als der Boden für die deutsche Wiederbewaffnung bereitet werden sollte, bedurfte es einer schlagkräftigen Justiz mit erfahrenem Personal. Stellvertretend sei hier die steile Nachkriegskarriere des ehemaligen Chefrichters und Rechtsberaters im Stab des »Befehlshabers der Deutschen Truppen in Dänemark«, Ernst Kanter, genannt.

Bereits zwei Jahre nach Kriegsende wurde er wieder in den Justizdienst aufgenommen, zunächst als Richter in Köln, dann als Oberlandesgerichtsrat in Neustadt an der Weinstraße. Später arbeitete er als Ministerialrat im Bundesjustizministerium und war anschließend als Ministerialdirigent zuständiger Referent für die Entwicklung des Strafrechts. Dann wurde er vom Richterwahlausschuß des Deutschen Bundestages als Bundesrichter berufen und amtierte als Senatspräsident und Vorsitzender des 3. (politischen) Strafsenats beim Bundesgerichtshof. An der Spitze der politischen Strafjustiz der Bundesrepublik, zu deren wichtigsten Aufgaben die Bekämpfung kommunistischer Aktivitäten gehörte, stand somit ein Mann, dem die NS-Führung während des Krieges die Bekämpfung des Widerstandes im besetzten Dänemark anvertraut hatte.

Ende der fünfziger Jahre wurde in einer Reihe von Publikationen der Vorwurf erhoben, Kanter sei für eine Vielzahl von Todesurteilen verantwortlich. Der Bundesgerichtshof reagierte mit einer Stellungnahme, die mit keinem Wort auf die Vorwürfe einging und die in klassischer Form den Geist der Zeit widerspiegelt. Der Text vom 27. Oktober 1958 lautet:

»Von verschiedenen Zeitungen der Bundesrepublik wurden kürzlich Meldungen über den schriftlichen Protest eines in Dänemark bestehenden ›Komitees ehemaliger politischer Gefangener und der Volksbefreiungsbewegung‹ gegen die Person des Senatspräsidenten beim Bundesgerichtshof, Ernst Kanter, verbreitet.

Bei dem genannten Komitee handelt es sich um eine unter kommunistischem Einfluß stehende Organisation. Der Vorsitzende des Komitees, der das an die deutsche Botschaft in Kopenhagen gerichtete Protestschreiben unterzeichnete, ist kommunistisches Stadtratsmitglied einer Kopenhagener Vorstadtgemeinde und nahm kürzlich als Gast der sog. DDR an der Einweihung des KZ-Mahnmals in Buchenwald teil. Im SED-Zentralorgan ›Neues Deutschland‹ vom 22. Oktober 1958 wurde außerdem von den Äußerungen eines ›Vertreters der dänischen Widerstandskämpfer‹ zum gleichen Thema bei einer Pressekonferenz berichtet, die der von der SED gelenkte ›Ausschuß für Deutsche Einheit‹ im Rahmen der gegenwärtigen Hetze gegen die Justiz der Bundesrepublik veranstaltet hat.

Allein diese Tatsachen machen es klar, daß es sich bei dem Protest des genannten Komitees um eine Aktion handelt, die von kommunistischer Seite inspiriert ist und nicht als repräsentativ für die öffentliche Meinung in Dänemark angesehen werden kann.«

In ihrem Schreiben an die Bonner Botschaft in Kopenhagen hatten die dänischen Widerstandskämpfer geäußert, Kanter gehöre »nicht auf den Richterstuhl, sondern auf die Anklagebank«. Aber der ehemalige Chefrichter im Stab der deutschen Besatzungstruppen in Dänemark behielt sein hohes Amt beim Bundesgerichtshof bis zum Erreichen des Pensionsalters im Jahr 1959.

Der erste Präsident des Bundesgerichtshofes, Hermann Weinkauff, hatte sich mit seiner – wie »Der Spiegel« (Nr. 48/1965) formulierte – »unbestrittenen Autorität« seinerzeit schützend vor Kanter gestellt. Daß auch er ein treuer Diener des Nazistaates war, enthüllte Friedrich Karl Kaul in der »Geschichte des Reichsgerichts« (Band 4/1971) mit einem Auszug aus Weinkauffs Personalakte. Danach war der erste BGH-Präsident seit dem Jahr der Machtübernahme Hitlers Mitglied der NSDAP und Träger des silbernen Treuedienst-Ehrenzeichens (Ingo Müller, Furchtbare Juristen, Kindler Verlag, S. 201).

Der Nachfolger Kanters als Präsident des 3. (politischen) Strafsenats beim Bundesgerichtshof, Dr. Heinrich Jagusch, mußte sein Amt vorzeitig räumen; er hatte bei der Einstellung falsche Angaben über seine braune Vergangenheit gemacht und die Mitgliedschaft in der NSDAP verschwiegen. Bevor Jagusch den faux pas eingestand, hatte das Bundesjustizministerium den höchsten politischen Strafrichter der Bundesrepublik vehement verteidigt und die Enthüllungen über dessen NSDAP-Mitgliedschaft als Diffamierungsversuch gegenüber einem Mann bezeichnet, der dem Regime im Osten wegen der Rechtsprechung in Staatsschutzsachen ein Dorn im Auge sei.

So selbstverständlich es für die politisch Verantwortlichen der Bundesrepublik Deutschland war, daß zehn Jahre nach dem Ende des Naziregimes ehemalige Mitglieder der für den Ausbruch des zweiten Weltkrieges und für den Massenmord an den Juden verantwortlichen Partei wieder die Amtsstuben bevölkerten und in höchste Positionen des demokratischen Staates aufsteigen konnten, so unvorstellbar erscheint der Gedanke, ein ehemaliges Mitglied der DDR-Staatspartei könnte zehn Jahre nach dem Untergang der DDR zum Richter am Bundesgerichtshofs gewählt werden. Auch nirgendwo sonst stünde einem ehemaligen Mitglied der SED ein Karriereweg offen, wie er ehemaligen Mitgliedern der Nazipartei tausendfach offenstand.

Der ehemalige NS-Richter Dr. Heinz Hugo Hoffmann erhielt unbeschadet seiner Mitwirkung an der Ermordnung des Vorstehers der Jüdischen Kultusgemeinde Nürnberg, Leo Katzenberger, der 1942 wegen intimer Beziehungen zu einer ›arischen‹ Frau der ›Rassenschande‹ bezichtigt und zum Tode verurteilt worden ist, nach Kriegsende die Zulassung als Rechtsanwalt. Er konnte seine Anwaltskanzlei auch dann noch weiterbetreiben, als er wegen des Katzenberger-Urteils 1968 vor Gericht gestellt und zu zwei Jahren Gefängnis verurteilt wurde. Das Urteil erlangte nie Rechtskraft. Wegen Verhandlungsunfähigkeit Hoffmanns stellte das Landgericht Nürnberg das Verfahren 1976 endgültig ein. Seine Anwaltskanzlei führte Hoffmann trotz der ihm attestieren Verhandlungsunfähigkeit – in eingeschränkter Form – weiter (Jörg Friedrich, Freispruch für die Nazijustiz, Rowohlt Taschenbuch Verlag, Hamburg 1983, S. 301).

Auch der ehemalige Chefrichter bei dem SS- und Polizeigericht in München, Dr. Otto Thorbeck, wurde ein Jahr nach Gründung der Bundesrepublik Deutschland in der Nähe von Nürnberg als Rechtsanwalt zugelassen. Er kam zwar wegen der Morde von Flossenbürg vor Gericht, aber der Bundesgerichtshof sprach ihn – wie erwähnt – 1956 wegen Mangels an Beweisen frei. Seine Anwaltstätigkeit konnte er fortsetzen (Jörg Friedrich, a.a.O., S. 203).

Wie Hoffmann und Thorbeck ließen sich in den Nachkriegsjahren viele andere ehemalige NS-Richter unangefochten als Anwälte nieder. Einen besonderen Andrang gab es nach der Verabschiedung des Deutschen Richtergesetzes durch den Bundestag am 14. Juni 1961. Unter dem Eindruck einer nicht abreißenden Flut von Gerichtsakten aus der NS-

Zeit, die eine Vielzahl wieder amtierender Richter und Staatsanwälte belasteten, hatte sich der Gesetzgeber entschlossen, einen Schlußstrich unter dieses leidige Kapitel zu ziehen. Er stellte den Betroffenen anheim, vorzeitig in den Ruhestand zu gehen. Der entsprechende Passus im Richtergesetz lautet:

»Ein Richter oder Staatsanwalt, der in der Zeit vom 1. September 1939 bis zum 9. Mai 1945 als Richter oder Staatsanwalt in der Strafrechtspflege mitgewirkt hat, kann auf seinen Antrag in den Ruhestand versetzt werden. Der Antrag kann nur bis zum 30. Juni 1962 gestellt werden.«

In einer Entschließung drohte der Bundestag den Uneinsichtigen an, er werde, »wenn es notwendig ist, eine grundgesetzliche Entscheidung treffen, daß jeder Richter und Staatsanwalt, der ein unverantwortliches und unmenschliches Todesurteil mitverschuldete, sein Amt verliert«. Der Bundesjustizminister sollte binnen Jahresfrist berichten, ob sich noch jemand im Amt befindet, gegen den diese Maßnahme geboten sein könne. Die Vorberatungen im Rechtsausschuß des Bundestages hatte der CDU-Abgeordnete Matthias Hoogen geleitet.

Vor der Abstimmung über das Richtergesetz und die beigefügte Entschließung sprach Hoogen im Plenum davon, daß die rechtsstaatliche Justiz sich um ihrer eigenen Glaubwürdigkeit willen unter keinen Umständen mit den Verfehlungen der nationalsozialistischen Zeit in Verbindung bringen lassen könne. Kurz darauf sah Hoogen sich selbst dem Vorwurf ausgesetzt, einer jener Nazijuristen gewesen zu sein, von denen wenig Rühmliches zu berichten war. Er hatte nämlich als Ankläger in einem Kriegsgerichtsverfahren ein Todesurteil gegen einen deutschen Soldaten erwirkt. Nach Bekanntwerden des Vorgangs redete er sich darauf hinaus, auch nach dem Militärstrafgesetzbuch der Weimarer Republik hätte er damals die Todesstrafe beantragen müssen. Am 11. Dezember 1964 wurde Matthias Hoogen zum Wehrbeauftragten des Bundestages gewählt.

Mit Datum vom 10. September 1962 berichtete der Bundesjustizminister, daß 149 Richter und Staatsanwälte wegen der Vorwürfe, die gegen sie im Zusammenhang mit ihrer Tätigkeit während der NS-Zeit erhoben wurden, aus dem Justizdienst ausgeschieden seien oder ihre Versetzung in den Ruhestand beantragt hätten. Acht Richter und vier Staatsanwälte, deren Ausscheiden nach Meinung des Bundesjustizministers notwendig gewesen wäre, blieben im Amt. Über irgendwelche Maßnahmen gegen sie wurde nichts bekannt.

Wer die goldene Brücke benutzte, die der Bundestag belasteten Juristen für das vorzeitige Ausscheiden aus dem Staatsdienst errichtet hatte, brauchte um sein berufliches Fortkommen nicht zu fürchten. Einer Zulassung als Rechtsanwalt stand grundsätzlich nichts im Wege. Der Bundesgerichtshof, der schon die Blutrichters Hitlers durch seine Rechtsprechung zur subjektiven Tatseite vor einer Verurteilung wegen Mordes bewahrt hatte, stellte sich schützend vor jene Richterkollegen, denen wegen ihres vorzeitigen Ausscheidens aus dem Justizdienst am Zeuge geflickt werden könnte.

Am 17. Dezember 1963, drei Tage vor der Eröffnung des Frankfurter Prozesses gegen 21 ehemalige Angehörige des SS-Bewachungspersonals im Vernichtungslager Auschwitz, veröffentlichte der Bundesgerichtshof eine Entscheidung, in der es hieß, einem Richter oder Staatsanwalt könne die Ausübung des Berufes eines Rechtsanwalts nicht schon deshalb versagt werden, weil er sich wegen seiner Tätigkeit in der nationalsozialistischen Zeit vorzeitig in den Ruhestand versetzen ließ. Der Bundesgerichtshof verwies auf eine Formulierung in der Bundestagsentschließung zum Richtergesetz, nach der das vorzeitige Ausscheiden jenen Richtern und Staatsanwälten ermöglicht werden solle, »die schicksalhaft in Gefahren verwickelt wurden, die ihre Kräfte überstiegen«. Aus dieser Formulierung könne nicht entnommen werden, erklärte der BGH, daß in dem Antrag auf vorzeitige Versetzung in den Ruhestand das Eingeständnis liege, der Betreffende halte sich für schuldig. Ein Justizangehöriger habe somit durch sein vorzeitiges Ausscheiden aus dem Amt sich nicht schuldhaft den bösen Schein eines standeswidrigen Verhaltens gegeben. Zu dieser Ansicht kam der BGH im Fall eines Juristen, der als Richter an einem NS-Sondergericht in Graudenz zwischen 1941 und 1943 an »mehreren Todesurteilen« mitgewirkt hatte (BGH, Beschluß vom 21. Oktober 1963 – AnwZ – B – 11/63 – EGH Hamburg).

Über die Zahl der Todesurteile, die von den vorzeitig aus dem Dienst geschiedenen Richtern insgesamt während der NS-Zeit gefällt wurden, darf gerätselt werden. 32.000 Todesurteile, von denen etwa 25.000 vollstreckt wurden, vermitteln ungefähr eine Vorstellung vom Ausmaß des Justizterrors im Dritten Reiche. Hinzu kommen noch rund 12.000 Todesurteile der Militärjustiz. Wurde auch nur einer der beteiligten Richter und Staatsanwälte als unwürdig für den Beruf des Rechtsanwalts angesehen?

Konnten ehemalige DDR-Richter, die nach der Wende um ihre Zulassung als Rechtsanwalt nachsuchten, wie die NS-Richter eine schicksalhafte Verstrickung geltend machen? Gemessen an den 32.000 Todesurteilen der zivilen NS-Justiz fällt die Zahl der in der DDR verhängten Todesurteile nicht ins Gewicht. Nach Angaben des Gesamtdeutschen Instituts in Berlin vom 15. April 1991 ergingen in der DDR von 1949 bis zur Abschaffung der Todesstrafe im Jahr 1987 insgesamt ca. 214 Todesurteile. Der Richter am Nazi-Volksgerichtshof, Hans-Joachim Rehse, brachte es – wie erwähnt – allein (!) auf 231 Todesurteile. Den in der DDR verhängten Todesurteilen lagen in 74 Fällen sogenannte Staatsverbrechen aus dem Bereich der politischen Justiz zugrunde, in 94 Fällen ging es um Verbrechen aus der Zeit des Nationalsozialismus, um Verbrechen gegen die Menschlichkeit und Kriegsverbrechen, 27 Todesurteile wurden wegen krimineller Verbrechen, hauptsächlich wegen Mordes verhängt. 19 Fälle konnte das Gesamtdeutsche Institut nicht näher kennzeichnen. Über etwaige Todesurteile, die in Geheimprozessen gefällt wurden, lagen noch keine Zahlen vor. Vollstreckt wurden nach westlichen Schätzungen nach Kriegsende zunächst unter sowjetischen Besatzungsregime und ab 1949 unter Verantwortung der DDR etwa 130 Todesurteile.

Als eine ehemaligen DDR-Richterin nach der Wende ihre Zulassung als Rechtsanwältin beantragt hatte, hielt ihr der Bundesgerichtshof polemisch vor, sie habe sich dem »Unrechtsstaat der DDR über viele Jahre hinweg freiwillig als Richterin zur Verfügung gestellt. Niemand hat sie gezwungen, Richterin zu werden, und niemand hat sie gezwungen, an der Verfolgung politischer Straftaten mitzuwirken«. Im einzelnen begründete der BGH die Unwürdigkeit der früheren DDR-Richterin für den Anwaltsberuf so:

»Unwürdig für den Rechtsanwaltsberuf ist insbesondere, wer bei der Bearbeitung politischer Strafsachen ... gegen die Grundsätze der Rechtsstaatlichkeit oder der Menschlichkeit verstoßen hat ... Die unnachsichtige Härte, mit der die Antragstellerin vorgegangen ist, zeigt sich ... in einem Urteil vom 27.1.1987. Darin ist eine Freiheitsstrafe von drei Jahren und zehn Monaten verhängt worden für den Versuch, die Grenzanlagen an einer Übergangsstelle mit einem Pkw zu durchbrechen ... Der gegen die Antragstellerin erhobene Unwürdigkeitsvorwurf ist auch heute noch gerechtfertigt ... Wenn derart vorbelastete Juristen jetzt schon als Rechtsanwälte tätig werden könnten, würde dies in der Bevölkerung mit Recht auf Unverständnis stoßen. Damit würde das Vertrauen der Rechtsuchenden in die Integrität des Anwaltsstandes nachhaltig erschüttert ... Die Antragstellerin hat sich durch ihre Rechtsprechung in politischen Strafsachen als für den Beruf eines Rechtsanwalts in einer freiheitlichen rechtsstaatlichen Demokratie nicht tragbar erwiesen.« (BGH-Beschluß vom 21. November 1994 – AnwZ (B) 54/94 – EGH Berlin).

Ironisch bemerkt hierzu die Berliner Rechtsanwältin Adelhaid Brandt in der Zeitschrift »Neue Justiz« (Heft 6/1995): »Man sollte vermuten, daß aufgrund des für den Senat eindeutigen Sachverhalts die Antragstellerin bereits wegen Rechtsbeugung durch ein Strafgericht verurteilt wurde beziehungsweise das entsprechende Verfahren unmittelbar bevorsteht. Beides ist nicht der Fall.« Die Anwältin charakterisiert die Ablehnung eines Antrages auf Zulassung als Rechtsanwalt als schwerwiegenden Eingriff in das Grundrecht der Berufsfreiheit nach Artikel 12 des Grundgesetzes.

Unbeeindruckt von solchen kritischen Stimmen behielt der Bundesgerichtshof seine harte Haltung in dieser Frage bei. In einem Beschluß vom 31. Januar 1997 werden Freiheitsstrafen von 14 und 15 Monaten gegen Ausreisewillige als ausreichend bezeichnet, ehemaligen DDR-Richtern die Zulassung als Rechtsanwalt zu entziehen. Als der ehemalige SS-Richter Thorbeck eine Tätigkeit als Rechtsanwalt aufnahm, sah kein hohes Gericht die »Integrität des Anwaltsstandes nachhaltig erschüttert«, und niemand fragte danach, ob die Anwaltstätigkeit eines Richters, der einen Juden wegen ›Rassenschande‹ zum Tode verurteilte, »in der Bevölkerung mit Recht auf Unverständnis stoßen« könnte. Verstöße »gegen die Grundsätze der Rechtsstaatlichkeit oder der Menschlichkeit«, die sie unwürdig machten für den Anwaltsberuf, sah in diesen Fällen niemand. Ohnehin nahmen es Justiz und Behörden mit den Menschenrechten nicht immer so genau, wenn eigene Interessen im Spiel waren. Sonst hätte es nicht dazu kommen können, daß der Europäische Gerichtshof für Menschenrechte die Bundesrepublik am 26. September 1995 wegen Verletzung der Menschenrechte verurteilte.

## Menschenrechte und Berufsverbot

Der Rechtsstreit war dem Gerichtshof im März 1994 sowohl von der Europäischen Menschenrechtskommission als auch von der Bundesregierung vorgelegt worden. Er resultierte aus einer Beschwerde der Studienrätin Dorothea Vogt gegen das über sie verhängte Berufsverbot. Das Gericht hatte zu prüfen, ob die Bundesrepublik Deutschland mit der Entlassung von Dorothea Vogt aus dem Schuldienst gegen die Konvention zum Schutz der Menschenrechte verstoßen hat. Im einzelnen ging es um den Artikel 10, der jedem das Recht auf freie Meinungsäußerung garantiert, um Artikel 11, der allen Menschen das Recht zubilligt, sich frei mit anderen zusammenzuschließen, sowie um Artikel 14; er bestimmt, daß die in der Konvention festgelegten Rechte und Freiheiten unabhängig von politischen oder sonstigen Anschauungen zu gewähren sind.

Dorothea Vogt hatte sich während ihres Studiums der Literatur- und Sprachwissenschaft an der Marburger Universität im Alter von 23 Jahren der Deutschen Kommunistischen Partei (DKP) angeschlossen. Sie erhielt nach Abschluß des Studiums eine Stelle als Studienrätin an einem staatlichen Gymnasium in Jever und wurde 1979 noch vor Ablauf ihrer Probezeit zur Beamtin auf Lebenszeit ernannt. Ihre Unterrichtsfächer waren Deutsch und Französisch. In einem Beurteilungsbericht vom März 1981 hieß es, die neue Lehrerin werde von Schülern, Eltern und Kollegen sehr geschätzt.

Im Juni 1982 leitete die Bezirksregierung Weser-Ems ein Diziplinarverfahren gegen die Studienrätin ein, weil sie bei der niedersächsischen Landtagswahl 1982 für die DKP kandidiert hatte. Damit habe sie gegen ihre Treuepflicht als Beamtin verstoßen. 1986 wurde Dorothea Vogt vorübergehend vom Dienst suspendiert. Anlaß war unter anderem ihre Kandidatur für die DKP bei der Bundestagswahl 1983 und bei der Landtagswahl 1986, das Verteilen von Flugblättern und die Teilnahme an zwei Kongressen der DKP als Delegierte. Damit habe sie die Vertrauensgrundlage zerstört, die für die Weiterführung des Dienstverhältnisses unerläßlich sei. Die Studienrätin hielt dem entgegen, sie habe ihre Tätigkeit für die DKP in den von der Verfassung gesteckten Grenzen ausgeübt.

Vor der Disziplinarkammer des Verwaltungsgerichts Oldenburg wies Dorothea Vogt auf einen Bericht hin, der am 20. Februar 1987 von der Untersuchungskommission des Internationalen Arbeitsamtes veröffentlicht worden war. Darin heißt es, daß das Betreiben von Disziplinarverfahren gegen Beamte aufgrund ihrer politischen Aktivitäten für eine nicht verbotene Partei gegen das Übereinkommen 111 der Internationalen Arbeitsorganisation über die Diskriminierung in Beschäftigung und Beruf verstoße. Es verstoße auch gegen Artikel 10 der Europäischen Menschenrechtskonvention.

Mit Urteil vom 15. Oktober 1987 verfügte die Disziplinarkammer die endgültige Entlassung der Beamtin aus dem Staatsdienst. Die aktive Mitgliedschaft in einer Partei, die verfassungsfeindliche Ziele verfolge, sei mit der politischen Treuepflicht eines Beamten nicht vereinbar, erklärte die Kammer. Eine Partei könne auch dann für verfassungsfeindlich gehalten werden, wenn sie nicht vom Bundesverfassungsgericht verboten worden sei. Als nächste Instanz beschäftigte sich der Niedersächsische Disziplinarhof mit der Angelegenheit, nachdem die Studienrätin Berufung gegen ihre Entlassung eingelegt hatte. Er wies die Berufung zurück und erklärte in seinem Urteil vom 31. Oktober 1989, das Recht auf freie Meinungsäußerung nach Artikel 5 Absatz 1 des Grundgesetzes sei in diesem Fall nicht relevant. Da Frau Vogt sich den verfassungsfeindlichen Zielen der DKP verschrieben habe, müsse man sie selbst als verfassungsfeindlich einstufen.

Ende 1989 landete der Fall vor dem Bundesverfassungsgericht, das die Verfassungsbeschwerde von Dorothea Vogt mit Beschluß vom 6. August 1990 wegen fehlender Erfolgsaussichten nicht zur Entscheidung annahm. »Angesichts der Eigensinnigkeit« der Beschwerdeführerin sei sie zu Recht entlassen worden. Weder hätten die Disziplinargerichte den

Grundsatz der Verhältnismäßigkeit verletzt noch gegen die Verfassungsbestimmung verstoßen, nach der jeder Deutsche bei entsprechender Befähigung Zugang zu jedem öffentlichen Amt hat.

Der Europäische Gerichtshof für Menschenrechte wog alle Argumente gegeneinander ab und kam zu folgendem Ergebnis: »Der Gerichtshof geht davon aus, daß ein demokratischer Staat das Recht hat, von seinen Beamten die Treue zu den den Staat begründenden Verfassungsgrundsätzen zu verlangen. In diesem Zusammenhang berücksichtigt der Gerichtshof Deutschlands Erfahrungen während der Weimarer Republik ... Dennoch ist die Absolutheit, mit der die deutschen Gerichte die Treuepflicht auslegen, auffallend. Sie wird von jedem Beamten, unabhängig von seiner Funktion und Stellung gleichermaßen verlangt. Sie impliziert, daß jeder Beamte unabhängig von seiner eigenen Meinung zu diesem Thema eindeutig alle Gruppen und Bewegungen ablehnen muß, die nach Ansicht der zuständigen Behörden verfassungsfeindlich sind. Sie läßt keinen Unterschied zwischen dem Dienst und dem Privatleben zu; die Beamten sind diese Pflicht in jedem Zusammenhang schuldig. Außerdem scheint kein anderer Mitgliedsstaat des Europarates zur maßgeblichen Zeit eine ähnlich strenge Treuepflicht verlangt zu haben, wobei sogar innerhalb Deutschlands die Pflicht nicht im ganzen Land einheitlich ausgelegt und angewendet wurde ... Es gibt keinen Nachweis dafür, daß Frau Vogt selbst im außerschulischen Rahmen tatsächlich verfassungsfeindliche Äußerungen machte oder persönlich eine verfassungsfeindliche Haltung einnahm. Die einzigen Kritikpunkte richteten sich gegen ihre aktive Mitgliedschaft in der DKP, gegen die Ämter, die sie in der Partei innehatte, und gegen ihre Kandidatur bei den niedersächsischen Landtagswahlen ... Abschließend muß berücksichtigt werden, daß die DKP vom Bundesverfassungsgericht nicht verboten worden ist und daß dementsprechend die Aktivitäten der Beschwerdeführerin für die DKP gänzlich rechtmäßig waren.«

»Im Lichte des Vorstehenden kommt der Gerichtshof zu dem Schluß, daß die von der Regierung zur Rechtfertigung des Eingriffs in Frau Vogts Recht auf freie Meinungsäußerung vorgebrachten Gründe sicherlich relevant sind, jedoch nicht ausreichen, um überzeugend nachzuweisen, daß ihre Entlassung in einer demokratischen Gesellschaft unentbehrlich war. Auch wenn man einen gewissen Ermessensspielraum einräumt, muß geschlußfolgert werden, daß Frau Vogts Entlassung aus ihrer Stellung als Gymnasiallehrerin als Disziplinarmaßnahme in keinem Verhältnis zu dem verfolgten berechtigten Ziel stand. Dementsprechend liegt eine Verletzung des Artikels 10 vor.«

Der Europäische Gerichtshof für Menschenrechte in Straßburg konstatiert in seinem Urteil auch eine Verletzung des Artikels 11 der Konvention zum Schutz der Menschenrechte. Er stellt fest, daß Beamte vom Anwendungsbereich der Konvention nicht ausgeschlossen seien. Dorothea Vogt sei aus ihrem Amt als Beamtin entlassen worden, »da sie sich hartnäckig geweigert hat, sich von der DKP zu distanzieren, weil nach ihrer persönlichen Meinung die Mitgliedschaft in dieser Partei mit ihrer Treuepflicht durchaus vereinbar war. Dementsprechend liegt ein Eingriff in die Ausübung des durch Artikel 11 Absatz 1 geschützten Rechts vor. Frau Vogts Entlassung stand aus den Gründen, die zuvor in Bezug auf Artikel 10 angeführt wurden, in keinem Verhältnis zu dem verfolgten berechtigten Ziel. Es liegt dementsprechend eine Verletzung des Artikels 11 vor.«

Dreizehn Jahre vergingen von der Einleitung des Disziplinarverfahrens gegen die Studienrätin Dorothea Vogt bis zur Feststellung des Europäischen Gerichtshofes, daß die Bundesrepublik Deutschland mit ihren Repressalien völkerrechtlich garantierte Menschenrechte verletzt hat. Fünf Jahre mußte die Betroffene finanzielle Einbußen hinnehmen und den Makel der Verfassungsfeindschaft ertragen, ehe sie nach der Suspendierung vom Dienst ihre Tätigkeit als Lehrerin am 1. Februar 1991 wieder aufnehmen konnte. Inzwischen war nämlich der sogenannte Radikalenerlaß, mit dem politisch unliebsame Personen aus dem öffentlichen Dienst ferngehalten werden sollten, aufgehoben worden. Weder Dorothea Vogt noch andere Opfer von Berufsverboten hatten jedoch Anspruch auf Entschädigung oder Nachzahlung entgangener Bezüge.

Als Anfang der Achtziger Jahre der Stein gegen die junge Lehrerin aus Jever ins Rollen gebracht wurde, amtierte beim Bundesverwaltungsgericht in Berlin, der letzten Instanz für innerstaatliche Prozesse im Zusammenhang mit dem Radikalenerlaß, ein Mann namens Dr. Edmund de Chapeaurouge. Er war im zweiten Senat als Bundesrichter und

Berichterstatter zuständig für solche Fälle. Wie »Der Spiegel« in der Ausgabe Nr. 22/1981 enthüllte, soll Chapeaurouge während der NS-Zeit mindestens an einem ›Rassenschande‹-Urteil mitgewirkt haben. Das Blatt knüpfte daran die Frage, wie glaubwürdig eine Justiz sei, die einen solchen Mann zum Sachwalter der freiheitlich-demokratischen Grundordnung mache.

## Freibrief für rechte Hetze

Im Fall der linken Studienrätin Vogt hielt das Bundesverfassungsgericht ein Berufsverbot für gerechtfertigt; nicht so gegenüber dem Herausgeber der ultrarechten Deutschen National-Zeitung, Dr. Gerhard Frey. Am 20. März 1969 hatte Bundesinnenminister Ernst Benda (CDU) namens der Bundesregierung unter Kurt Georg Kiesinger (CDU) beim Bundesverfassungsgericht beantragt, Frey gemäß Artikel 18 des Grundgesetzes das Grundrecht der freien Meinungsäußerung, insbesondere die Pressefreiheit, für eine noch festzusetzende Zeit abzuerkennen, also gegen den Chefredakteur und Herausgeber des erwähnten Blattes ein Berufsverbot zu verhängen.

Mit mehr als 250 Beispielen von Veröffentlichungen der Deutschen National-Zeitung (DNZ) aus den Jahren 1964 bis 1969 belegte der Innenminister den Vorwurf, die Zeitung errege seit langem durch nationalistische, antisemitische und rassistische Veröffentlichungen erhebliches Aufsehen im In- und Ausland. Frey habe durch Mißachtung des Gedankens der Völkerverständigung, durch den Versuch der Wiederbelebung des Antisemitismus sowie durch Diffamierung und Bekämpfung der Staatsform der Bundesrepublik Deutschland die Meinungs- und Pressefreiheit zum Kampf gegen die freiheitlich-demokratische Grundordnung mißbraucht.

Als Beispiele für die Mißachtung wesentlicher Menschenrechte durch Wiederbelebung des Antisemitismus werden Zeitungsüberschriften zitiert wie »Die Nazis von Israel – Finanziert Bonn Israels Verbrechen weiter?« oder »Verbrecherstaat Israel will uns Moral lehren – So werden die Deutschen belogen und betrogen«. Für Freys Haltung gegenüber dem demokratischen Rechtsstaat sei bezeichnend, daß er Deutschland als Land der unbegrenzten Würde-, Geschmack- und Ehrlosigkeit bezeichne. Der politische Gesamtstil der Zeitung lasse nur die Deutung zu, daß die Äußerungen Dr. Freys Ausdruck einer planmäßigen Hetze seien, die auf eine Herabsetzung und Verächtlichmachung der Verfassung der Bundesrepublik Deutschland abziele. Zusammenfassend kommt der Bundesinnenminister zu dem Ergebnis, wegen der Gefahr einer Beeinträchtigung der freiheitlich-demokratischen Grundordnung müßten Frey die erwähnten Grundrechte vorbeugend gemäß Artikel 18 des Grundgesetzes aberkannt werden.

Fünf Jahre dauerte es, ehe das Bundesverfassungsgericht das Verwirkungsverfahren ohne mündliche Verhandlung per Beschluß vom 2. Juli 1974 beendete: Die Anträge der Bundesregierung gegen Dr. Frey und dessen Verlag wurden als »nicht hinreichend begründet« zurückgewiesen. Was war geschehen? Ein halbes Jahr nachdem Innenminister Benda namens der Bundesregierung das Bundesverfassungsgericht angerufen hatte, wurde die Regierung der Großen Koalition durch die erste sozialliberale Bundesregierung abgelöst. Unter der Kanzlerschaft des Sozialdemokraten Willy Brandt übernahm Hans-Dietrich Genscher (FDP) das Innenministerium. Als das Karlsruher Verfahren endete, amtierte inzwischen Helmut Schmidt (SPD) als Bundeskanzler, und das Innenressort leitete der Freie Demokrat Werner Maihofer.

Lag es an dem Wechsel der Personen, oder gab es anderweitige Gründe für das Schweigen und die Untätigkeit, mit der die Regierung das Verfahren von Anfang bis Ende begleitete? Der zweite Senats des Bundesverfassungsgerichts führt in seinem Beschluß aus:

»Für Artikel 18 des Grundgesetzes ist die Gefährlichkeit des Antragsgegners im Blick auf die Zukunft entscheidend. Besteht sie während des Verwirkungsverfahrens, so ist in aller Regel anzunehmen, daß von dem Antragsgegner auch in Zukunft eine Gefahr für die freiheitlich-demokratische Grundordnung ausgehen wird. Eine Gefährlichkeit in diesem Sinne darzutun, ist zunächst Sache des Antragstellers. Er hat sie nicht dargetan; offensichtlich ist sie hier nicht. Seit der Antragstellung hat sich immer deutlicher abgezeichnet, daß die in der Zeitung der Antragsgegner vertretenen und propagierten Auffassungen – soweit sie für ein Verfahren nach Art. 18 GG relevant sein können – keine als ernsthafte Gefahr für den Bestand der freiheitlich-demokratischen Grundordnung in Betracht kommende, politisch bedeutsame Resonanz mehr finden. Die Bundesregierung hat seit 1970 auf die in tatsächlicher und rechtlicher Hinsicht eingehenden Ausführungen der Antragsgegner nicht erwidert. Sie hat ferner darauf verzichtet, neue Tatsachen vorzutragen, aus denen geschlossen werden könnte, daß die nach Ansicht der Bundesregierung im Zeitpunkt der Antragstellung von den Antragsgegnern ausgehende Gefahr für die freiheitlich-demokratische Grundordnung gegenwärtig noch fortbesteht. Deshalb waren die Anträge gemäß § 37 des Bundesverfassungsgerichtsgesetzes zurückzuweisen. Sollte sich an dieser Sachlage etwas ändern und den Antragsgegnern wiederum ein Mißbrauch der Grundrechte zum Kampf gegen die freiheitlich-demokratische Grundordnung vorgeworfen werden, so kann in einem neuen Verfahren nach Art. 18 GG auch auf die Vorgänge zurückgegriffen werden, die dem gegenwärtigen Verfahren zugrunde liegen.«

Daß der Herausgeber und Chefredakteur der Deutschen National-Zeitung um ein Berufsverbot herumkam, lag möglicherweise nicht allein an der Untätigkeit der Regierung während des Karlsruher Verfahrens. Frey hatte nach eigenen Angaben einen hochqualifizierten Berater, den Rechtsprofessor und Staatsrechtler Professor Theodor Maunz, der als Mitautor von Deutschlands einflußreichstem Grundgesetzkommentar über Jahrzehnte hinweg die juristische Diskussion im Inland bestimmte. Ein Jahr bevor Ernst Benda das Verfahren vor dem Bundesverfassungsgericht in Gang setzte, hatte sich Maunz heimlich mit Frey zusammengetan und war – wie die Deutsche National-Zeitung zwei Wochen nach dem Tode von Maunz im September 1993 enthüllte – ein Vierteljahrhundert lang dessen »wunderbarer Wegbegleiter«. Fünfzehn Jahre lang schrieb er für Freys Zeitung ohne Autorenangabe politische Artikel und half dem Herausgeber des Blattes mit einem Gutachten beim Bundesverfassungsgericht aus der Klemme. (Die Zeit, 11.2.1994).

Der Rechtsgelehrte war aber auch auf der anderen Seite anzutreffen. Freys Prozeßgegner Benda stützte sich in seinem Antrag auf den von Maunz mitverfaßten Grundgesetzkommentar, um die Gefährlichkeit des Mißbrauchs der Presse- und Meinungsfreiheit durch den nationalistischen Eiferer zu belegen. Ob Maunz am Ende sowohl Frey als auch die Bundesregierung beraten hat, steht dahin. Ernst Benda, ab 1971 Präsident des Bundesverfassungsgerichts, hat keine Kenntnis davon, aus welchen Gründen die damalige Bundesregierung sich gegenüber dem Bundesverfassungsgericht nicht geäußert hat. »Auch ob die Bundesregierung damals von Herrn Prof. Maunz oder anderen beraten worden ist, weiß ich nicht«, erwiderte der Verfassungsgerichtspräsident a.D. auf Anfrage. Hans-Dietrich Genscher, Bendas Nachfolger im Amt des Bundesinnenministers, nannte wegen der »angeschnittenen Frage« das Bundesministerium des Innern als zuständige Adresse, aber das Ministerium bedauerte, nicht weiterhelfen zu können.

24 Jahre nachdem das Bundesverfassungsgericht eine Aberkennung des Grundrechts auf Presse- und Meinungsfreiheit für Frey mit dem Argument abgelehnt hatte, daß von ihm auch in Zukunft offensichtlich keine Gefahr für die freiheitlich-demokratische Grundordnung ausgehe, erreichte Freys rechtsextremistische Deutsche Volksunion bei der Landtagswahl in Sachsen-Anhalt am 26. April 1998 einen Stimmenanteil von 12,9 Prozent. Das Bundesinnenministerium präsentierte einen Monat nach der Wahl eine Strukturanalyse der Deutschen Volksunion. Darin kommt das Bundesamt für Verfassungsschutz zu dem Ergebnis, die Veröffentlichungen in den DVU-Sprachrohren Deutsche National-Zeitung und Deutsche Wochen-Zeitung/Deutscher Anzeiger belegten eindeutig die »extremistische Zielsetzung und die Taktik« Gerhard Freys, unter anderem durch die Häufung von antijüdischen und ausländerfeindlichen Meldungen Ressentiments in der Bevölkerung zu schüren. Die Fülle dieser Beiträge belege, »daß dahinter eindeutige Angriffe gegen wesentliche Prinzipien der freiheitlichen demokratischen Grundordnung stehen, insbesondere gegen die im Grundgesetz konkretisierten Menschenrechte (Gleichheitsgrundsatz, Rassendiskriminierungs-Verbot) und das Mehrparteienprinzip (Diffamierung demokratischer Institutionen und politischer Gegner, um diese aus dem politischen Leben auszuschalten).«

Mitte der siebziger Jahre hatte das Bundesverfassungsgericht eine Gefährdung der freiheitlich-demokratischen Grundordnung durch die »demokratiefeindliche Hetze« (Benda) des Münchner Verlegers verneint und sich damit ins Unrecht gesetzt. Ähnlich erging es ihm mit seiner Entscheidung zum Radikalenerlaß; seine Urheber erklärten ihn später für überflüssig und politisch schädlich, und der Europäische Gerichtshof bezeichneten ihn für unvereinbar mit der Europäischen Konvention zum Schutz der Menschenrechte. Dieses Verdikt fällte der Straßburger Gerichtshof zur selben Zeit, da die Justiz der Bundesrepublik Deutschland die Menschenrechtskonvention zum Gradmesser für die Beurteilung der DDR und ihrer Funktionäre erhob. In dem Verfahren vor dem Europäischen Gerichtshof wegen des Berufsverbots betonte die Bundesrepublik übrigens den Vorrang innerstaatlichen Rechts »vor den Bestimmungen völkerrechtlicher Instrumente«. In den Prozessen gegen Hoheitsträger der DDR argumentiert sie genau entgegengesetzt: Als rechtmäßig sei deren Handeln nur dann zu bewerten, wenn es den völkerrechtlich garantierten Menschenrechten den Vorrang vor dem innerstaatlichen Recht der DDR eingeräumt habe.

Im Ausschuß für Grundfreiheiten und innere Angelegenheiten des Europäischen Parlaments in Straßburg tauchten Anfang der neunziger Jahre Zweifel an der Rechtmäßigkeit des Vorgehens der bundesdeutschen Justiz gegenüber der DDR auf. Das Gremium sah einen Verstoß gegen das Völkerrecht und faßte am 21. Dezember 1994 eine Entschließung für den Jahresbericht des Europäischen Parlaments über die Achtung der Menschenrechte in der Europäischen Union im Jahr 1993 mit folgender Aussage: »Das Europäische Parlament betrachtet die effektive Anwendung von Rechtsnormen auf Tatbestände und Handlungen, die in der ehemaligen Deutschen Demokratischen Republik vor dem Datum der Wiedervereinigung der beiden deutschen Staaten am 3. Oktober 1990 stattgefunden haben, als eine Form der Diskriminierung der Bürger und der Organisationen in der ehemaligen DDR, die gegen die Normen und die Praxis des Völkerrechts verstößt.«

Ein Vierteljahr darauf schlug die Bundesjustizministerin Sabine Leutheusser-Schnarrenberger Alarm. »Dem Europäischen Parlament soll eine vom dortigen Innenausschuß bereits verabschiedete Resolution zur Entscheidung vorgelegt werden«, schrieb sie in einem ganzseitigen Aufsatz der Frankfurter Rundschau vom 24. März 1995, »in der die Bundesrepublik Deutschland des völkerrechtswidrigen und menschenrechtsverletzenden Verhaltens mit dem Argument bezichtigt wird, bei der justitiellen Behandlung des in der DDR begangenen Unrechts gegen das Rückwirkungsverbot zu verstoßen. Wiewohl es ausdrücklich zu begrüßen ist, daß das Europäische Parlament sensibel und mit Argusaugen die Einhaltung völkerrechtlicher und menschenrechtlicher Normen in den Mitgliedstaaten der Europäischen Union überwacht, muß diese gegen die Bundesrepublik vorgebrachte Anschuldigung zurückgewiesen und das Europäische Parlament dringend ersucht werden, die den Tatsachen nicht entsprechende Resolution in der vorliegenden Form nicht zu billigen.«

Nach dem Protokoll über die Verhandlungen des Europäischen Parlaments vom 28. Februar 1995 beantragte der deutsche Abgeordnete Hartmut Nassauer namens der konservativen Fraktion die Rücküberweisung der Vorlage des Ausschusses für Grundfreiheiten. »Der Bericht über Menschenrechte sollte nach unserer Überzeugung frei sein von politischen Tendenzen«, meinte er zu Begründung. Das Plenum folgte seinem Antrag mit 149 zu 143 Stimmen. Somit blieb Bonn in dem Bericht des Europäischen Parlaments zur Menschenrechtspolitik in der Union vom 26. April 1995 schließlich ungerügt. Am 22. März 2001 deckte der Europäische Gerichtshof für Menschenrechte alles ab, insbesondere die Aufhebung des Vertrauensschutzes nach Artikel 103 des Grundgesetzes in Verfahren gegen Hoheitsträger der DDR.

## Das »Geschwätz von gestern«

Als das Bundesverfassungsgericht 1973 dem Gesetz zum Vertrag über die Grundlagen der Beziehungen zwischen der Bundesrepublik und der DDR vom 21. Dezember 1972 seinen Segen gab, hob es unter anderem hervor, der Vertrag müsse dahingehend ausgelegt werden, daß die Bundesrepublik Deutschland »jeden Bürger der Deutschen Demokratischen Republik, der in den Schutzbereich der Bundesrepublik und ihrer Verfassung gerät, gemäß Artikel 116 Absatz 1 und 16 des Grundgesetzes als Deutschen wie jeden Bürger der Bundesrepublik behandelt ... Jede Verkürzung des verfassungsrechtlichen Schutzes, den das Grundgesetz gewährt, durch den Vertrag oder eine Vereinbarung zur Ausfüllung des

Vertrages, wäre grundgesetzwidrig.« In seinem Urteil vom 6. Juli 1973 (2 BvF 1/73) stellte es ferner fest: »Hier gibt es für die Bundesrepublik Deutschland auch künftig keinen rechtlichen Unterschied zwischen den Bürgern der Bundesrepublik Deutschland und ›den anderen Deutschen‹.«

Wie verhielt es sich damit zwanzig Jahre später? Seit die politische Prämisse des Urteils mit dem Beitritt der DDR zur Bundesrepublik entfallen war – die rechtliche Anbindung der DDR-Bürger an die Bundesrepublik Deutschland bei gleichzeitiger Anerkennung der DDR als Völkerrechtssubjekt – hatte die Zusage der unbedingten rechtlichen Gleichbehandlung der »anderen Deutschen« ihre ursprüngliche Bedeutung und ihre Verbindlichkeit augenscheinlich verloren.

Ein Unterschied zwischen Bürgern der Bundesrepublik und »anderen Deutschen« wurde z.B. bei der Zulassung zum Anwaltsberuf gemacht. Einem ehemaligen NS-Richter, der 1941 an »mehreren Todesurteilen« des Sondergerichts Graudenz mitgewirkt hat, bescheinigte der Bundesgerichtshof in dem bereits erwähnten Urteil vom 21. Oktober 1963: »Sein kaum schuldhaftes, keinesfalls strafbares Versagen in besonders schwieriger Lage kann ihn unter diesen Umständen nach mehr als zwanzig Jahren nicht als unwürdig erscheinen lassen, den Beruf eines Rechtsanwalts auszuüben.«

Einer ehemaligen DDR-Richterin, die in Verfahren wegen ungesetzlichen Grenzübertritts Freiheitsstrafen zwischen sieben Monaten und vier Jahren verhängt hatte, wurde die Zulassung zur Rechtsanwältin verweigert. In diesem Fall entschied der Bundesgerichtshof am 21. November 1994, die Richterin habe sich »als für den Beruf eines Rechtsanwalts in einer freiheitlichen rechtsstaatlichen Demokratie nicht tragbar erwiesen«; der gegen sie erhobene »Unwürdigkeitsvorwurf« sei gerechtfertigt.

Auch bei der Berechnung strafrechtlicher Verjährungsfristen wurde gegen die Vorschrift verstoßen, es dürfe »keinen rechtlichen Unterschied zwischen den Bürgern der Bundesrepublik Deutschland und ›den anderen Deutschen‹« geben. Hier war es der Gesetzgeber selbst, der sich über die Weisung des Bundesverfassungsgerichts hinwegsetzte. Das Gesetz über die Berechnung strafrechtlicher Verjährungsfristen vom 13. April 1965 sagt über das Ruhen der Verfolgungsverjährung:

»(1) Bei der Berechnung der Verjährungsfrist für die Verfolgung von Verbrechen, die mit *lebenslangem Zuchthaus* bedroht sind, bleibt die Zeit vom 8. Mai 1945 bis zum 31. Dezember 1949 außer Ansatz. In dieser Zeit hat die Verjährung der Verfolgung dieser Verbrechen geruht. (2) Absatz 1 gilt nicht für Taten, deren Verfolgung beim Inkrafttreten dieses Gesetzes bereits verjährt ist.«

Das zweite Gesetz zur Berechnung strafrechtlicher Verjährungsfristen vom 26. März 1993 (Gesetz über das Ruhen der Verjährung bei SED-Unrechtstaten) lautet:

»Bei der Berechnung der Verjährungsfrist für die Verfolgung von Taten, die während der Herrschaft des SED-Unrechtsregimes begangen wurden, aber entsprechend dem ausdrücklichen oder mutmaßlichen Willen der Staats- und Parteiführung der ehemaligen Deutschen Demokratischen Republik aus politischen oder sonst mit wesentlichen Grundsätzen einer freiheitlichen rechtsstaatlichen Ordnung unvereinbaren Gründen nicht geahndet worden sind, bleibt die Zeit vom 11. Oktober 1949 bis 2. Oktober 1990 außer Ansatz. In dieser Zeit hat die Verjährung geruht.«

Ein Vergleich ergibt, daß sich das Ruhen der Verjährung im ersten Fall nur auf Verbrechen erstreckte, die mit lebenslangem Zuchthaus bedroht waren, während im zweiten Fall ausnahmslos alle strafrechtlich relevanten Taten mit politischem Bezug erfaßt werden. Mit der teilweisen Aufhebung des Vertrauensschutzes für ehemalige Bürger der DDR hat das Bundesverfassungsgericht sogar den – wie es sich am 26. Februar 1969 ausdrückte – »Fundamentalgrundsatz jeder geordneten Rechtspflege«, *nulla poena sine lege* – keine Strafe ohne vorausgehende gesetzliche Androhung –, für die »anderen Deutschen« außer Kraft gesetzt.

## Am Grundgesetz vorbei

Rechtfertigungsgründe können ehemalige DDR-Bürger nicht ins Feld führen, wenn diese, wie das Bundesverfassungsgericht am 24.10.1996 entschied, »unter Voraussetzungen in Anspruch genommen (wurden), die Einschränkungen des Rückwirkungsverbotes des Artikels 103 Abs.

2 des Grundgesetzes von Verfassungs wegen zulassen«. Davon war gegenüber NS-Tätern niemals die Rede. Der Regisseur des antijüdischen Hetzfilms »Jud Süß«, Veit Harlan, hatte zwar »in objektiver und subjektiver Hinsicht den Tatbestand des Verbrechens gegen die Menschlichkeit erfüllt«, aber er wurde freigesprochen, weil ihm die bundesdeutsche Justiz den Schuldausschließungsgrund des sogenannten Nötigungsnotstandes zubilligte (Schwurgericht Hamburg, 29. April 1950). Daß Veit Harlan »zumindest indirekt mit dazu beigetragen hat, die massenpsychologischen Voraussetzungen für die Vergasungen von Auschwitz zu schaffen«, so der Abgeordnete Dr. Schmid-Tübingen am 29. Februar 1952 im Bundestag, änderte daran nichts.

Was die Rigorosität gegenüber DDR-Bürgern betrifft, so kam Prof. Dr. Arthur Kaufmann in der »Neuen Juristischen Wochenschrift« (Heft 2/1995) zu dem Schluß, daß die rückwirkende Beseitigung eines Rechtfertigungsgrundes sich »zu Ungunsten des Täters ja kaum anders auswirkt als die rückwirkende Einführung eines Straftatbestandes«. Aber genau da sah man eine Möglichkeit, das Rückwirkungsverbot partiell zu lockern und Skrupel in den Reihen der Richter zu dämpfen. Zwar heißt es im Maunz-Düring-Kommentar zum Grundgesetz eindeutig, Artikel 103 Absatz 2 des Grundgesetzes sei bis in die einzelne Auslegungsfrage hinein zu beachten, und ein Rechtfertigungsgrund dürfe nicht nachträglich eine andere Interpretation erfahren, aber dieses Hindernis war zu umgehen. Vorsorglich vergewisserte sich Karlsruhe der politischen Rückendeckung. In einer Stellungnahme zu den Verfassungsbeschwerden von drei ehemaligen Mitgliedern des Nationalen Verteidigungsrates der DDR erklärte das Bundesjustizministerium, eine Verletzung des in Artikel 103 Absatz 2 enthaltenen Rückwirkungsverbotes liege nicht vor.

Wie konkret verfahren werden konnte, erfuhren die Karlsruher Richter aus der Stellungnahme der Berliner Senatsverwaltung für Justiz, deren Chefin zum Zeitpunkt des ersten Urteils gegen die drei ehemaligen DDR-Spitzenfunktionäre die sozialdemokratische Rechtswissenschaftlerin Prof. Dr. Jutta Limbach war. Ob Veränderungen in den Rechtsfertigungsgründen gegen das Rückwirkungsverbot verstießen, sei nicht mit derselben Sicherheit zu bejahen, wie dies bei dem einer Tat erst folgenden Erlaß einer Strafnorm oder einer nachträglichen Verschärfung der Fall sei. Rechtfertigungsgründe ergäben sich im Regelfall aus dem allgemeinen Teil des Strafgesetzbuches und machten schon dadurch ihren übergreifenden, nicht an einer Verbotsnorm orientierten Charakter deutlich. Die Garantiefunktion des Artikels 103 Absatz 2 des Grundgesetzes verbiete zwar die nachträgliche Aufhebung von Rechtfertigungsgründen, aber für das Macht- und Normengefüge der DDR, auf das sich die Beschwerdeführer zu ihrer Rechtfertigung beriefen, könne dies jedoch nicht gelten.

Damit war der Weg vorgezeichnet, auf dem die Justiz am Grundgesetz vorbei den politisch bereits geschlagenen alten Gegner kriminalisieren und moralisch zur Strecke bringen konnte. Allerdings gab es da noch ein Problem. Zum Kern des Artikels 103 Absatz 2 der Verfassung gehört laut Standardkommentar zum Grundgesetz das Gebot der Gesetzesbestimmtheit. Es sei »Handlungsschranke« insbesondere für den Richter, nicht selbständig Straftatbestände strafrichterlich zu entwickeln. Mit der Ausrichtung der Strafgewalt auf die Gesetzesbestimmtheit verfolge das Grundgesetz einen doppelten Zweck: »Jeder soll vorhersehen können, welches Verhalten verboten und mit Strafe bedroht ist. Andererseits soll sichergestellt werden, daß der Gesetzgeber selbst über die Strafbarkeit entscheidet.«

Das Bundesverfassungsgericht selbst hat sich so klar und eindeutig zu diesem Thema geäußert. (BVerfGE 78, 374/382). Was die DDR angeht, so war die Volkskammer unstrittig der zuständige Gesetzgeber, aber sie hat die in Rede stehenden Handlungen bekanntermaßen zu keinem Zeitpunkt mit Strafe bedroht. Wie weiland Alexander der Große im Jupitertempel von Gordium durchschlugen die Verfassungsrichter den Knoten mit der lapidaren Feststellung, für Rechtfertigungsgründe gelte der strikte Gesetzesvorbehalt nicht. Der Zweite Senat des Bundesverfassungsgerichts ist damit nach Ansicht des Rechtswissenschaftlers Prof. Dr. Peter-Alexis Albrecht juristisch aus der Gesetzlichkeitsdebatte des Artikels 103 Absatz 2 ausgestiegen. (Neue Justiz, Heft 1/97, S. 2). Nun steht allerdings dieser Artikel in seiner Wertigkeit gleichauf mit den Grundrechten, wie aus Artikel 93 des Grundgesetzes hervorgeht, und ein Grundrecht darf in keinem Falle in seinem Wesensgehalt angetastet werden (Artikel 19, Absatz 2 GG).

»Die grundlegende Bedeutung des Gesetzlichkeitsprinzips für den Rechtsstaat kann deutlich anhand seiner Verkehrung gezeigt werden«, schreibt Marijon Kaysser in »Bürger, Recht, Staat« (Fischer Taschenbuch, S. 73). Der Grundsatz »nullum crimen/nulla poena sine lege« sei 1935 im nationalsozialistischen Deutschland durch das Prinzip ergänzt worden, »daß nicht nur das bestraft wird, was das Gesetz für strafbar erklärt, sondern auch, was nach dem Grundgedanken eines Strafgesetzes und nach dem ›gesunden Volksempfinden‹ Bestrafung verdient. Die ideologische Auslegungsmaxime des ›gesunden Volksempfindens‹ war das Ende des Gesetzlichkeitsprinzips und entscheidendes Instrument bei der Umsetzung nationalsozialistischer Vernichtungsideologie.«

*»Das Ende der Freiheit ist gekommen, wenn eine der Gewalten im Staat allmächtig wird und keine kontrollierende Gewalt mehr neben sich und über sich hat.«*
(Montesquieu, 1689–1755)

## »Richter betreiben Politik«

In einem Aufsatz über die Stellung des Bundesverfassunsgerichts im Verfassungsleben hält Prof. Dr. Bernhard Großfeld dem Bundesverfassungsgericht »Verfassungsakrobatik« vor. Zwar würden die Verfassungsrichter sich beharrlich »Richter« nennen, »aber gelegentlich hört man schon ›Oberregierung‹, weil die Richter Politik betreiben. Sie bestimmen den Umfang ihrer Macht selbst und unterliegen dabei keiner Kontrolle ...« Grundlage einer der Freiheit und Gleichheit verpflichteten demokratischen Ordnung sei aber, daß keine Macht unkontrolliert sein dürfe. »Das Parlament und damit die jetzt Lebenden werden entthront von einer kleinen Gruppe, die nicht kontrolliert wird. Das Parlament verfällt, je länger je mehr, zum bloßen Verordnungsgeber ... Diese Entparlamentarisierung verstößt gegen den Geist des Artikels 80 des Grundgesetzes, der verhindern will, daß demokratisch nur mittelbar legitimierte Staatsdiener das letzte Wort haben.« Großfeld spricht von einer »Selbsterhöhung des Bundesverfassungsgerichts zum Verfassungsorgan«, obwohl das Grundgesetz nur den Bundestag, den Bundesrat, den Bundespräsidenten und die Bundesregierung als Verfassungsorgane nenne. »Die Aussage des Grundgesetzes ist also klar, sie ist auch so gewollt. Die Verfassungsväter waren nach der Nazizeit machtmißtrauisch; sie wußten, daß selbst auf Richter nicht immer Verlaß ist.« (Neue Juristische Wochenschrift 1995, Heft 27).

Ähnlich besorgt äußerte sich auch der ehemalige Richter am Bundesverfassungsgericht, Prof. Dr. Dr. Ernst-Wolfgang Böckenförde. Nach seinen Worten »vollzieht sich ein gleitender Übergang vom parlamentarischen Gesetzgebungsstaat zum verfassungsrechtlichen Jurisdiktionsstaat ... Auf den demokratischen Prozeß, die in ihm zu findenden oder auszuhandelnden Lösungen (komme es) nicht mehr entscheidend an.« (Bei Großfeld a.a.O.)

Was hat den Bundestag bewogen, in einer so wichtigen Frage als Gesetzgeber auf Tauchstation zu gehen? Gab es vielleicht politische Implikationen im Zusammenhang mit dem Vertrag vom 12. September 1990 über die abschließende Regelung in Bezug auf Deutschland? (Zwei-plus-Vier-Vertrag). Hat die sowjetische Seite ihre Zustimmung zur Herausgabe der DDR an die Zusage geknüpft, nach der Angliederung der DDR an die Bundesrepublik werde es keine strafrechtliche Verfolgung jener Deutschen geben, die als de-facto-Handlungsbevollmächtigte Moskaus beim Bau der Mauer und der Errichtung eines »besonderen Grenzregimes« an der Nahtstelle der verfeindeten Machtblöcke tätig geworden sind? Stimmt die Äußerung Michail Gorbatschows vom 28. November 1996, in den Verhandlungen mit der sowjetischen Führung 1989/90 sei »mit der Führung der BRD Einvernehmen erzielt worden, daß strittige Fragen über die in der DDR geltende Gesetzgebung nicht durch Verfolgung früherer politischer Gegner gelöst werden dürfen«? (Zitiert in der Streitschrift »Die Urteile gegen Krenz & Co.« von Rechtsanwalt Helmut Walther). Hat man einen etwaigen Wortbruch der Justiz überlassen, um jederzeit sagen zu können, die politischen und völkerrechtlich haftbar zu machenden Instanzen hätten mit der Sache nichts zu tun?

In seiner Stellungnahme zu den Verfassungsbeschwerden der drei ehemaligen Mitglieder des Nationalen Verteidigungsrates der DDR verschanzte sich das Bundesjustizministerium hinter der Auffassung bundesdeutscher Fachgerichte, der Schußwaffengebrauch an der Grenze sei von den Bestimmungen des DDR-Rechts nicht gedeckt; das sei nachvollziehbar begründet und nicht willkürlich. Das Ministerium bezog sich dabei auf einen Beschluß der 3. Kammer des Zweiten Senats des Bundesverfassungsgerichts vom 21. Februar 1992. Acht Monate später urteilte der Bundesgerichtshof genau entgegengesetzt. In einem Verfahren gegen zwei ehemalige Grenzsoldaten der DDR kam er zu dem Schluß: »Das Verhalten der Angeklagten entsprach der rechtfertigenden Vorschrift des Artikels 27 Absatz 2 des Grenzgesetzes (der DDR), so wie es in der Staatspraxis angewandt wurde.« (BGHSt 39, S. 1 ff. – Urteil vom 3. November 1992).

Das hinderte den 5. Strafsenat allerdings nicht, die Verurteilung der beiden Grenzsoldaten der DDR zu bestätigen, und zwar »wegen Verletzung vorgeordneter, auch von der DDR zu beachtender allgemeiner Rechtsprinzipien und wegen eines extremen Verstoßes gegen das Verhältnismäßigkeitsprinzip«. Weil die »damalige Staatspraxis, vermittelt durch die Befehlslage«, das vorsätzliche Töten von Personen gedeckt habe, »die nichts weiter wollten, als unbewaffnet und ohne Gefährdung allgemein anerkannter Rechtsgüter die Grenze zu überschreiten«, sei der in § 27 Absatz des Grenzgesetzes genannte Rechtfertigungsgrund bei der Rechtsanwendung nicht zu beachten.

## Wenn Grenzer im Westen schießen

Im selben Jahr 1984, in dem die beiden nach der Wende verurteilten DDR-Soldaten nachts an der Grenze ihren Dienst verrichteten, war ein westdeutscher Zollanwärter zusammen mit einem Zollassistenten nachts an der deutsch-niederländischen Grenze im Einsatz. Sie beobachteten auf einer Landstraße zwei aus Richtung Grenze kommende Motorräder, auf denen –wie sich später herausstellte – je zwei junge Männer im Alter zwischen 18 und 22 Jahren saßen. An einer hell erleuchteten Kreuzung hielten die Motorräder vor einer roten Ampel. Die Zollbeamten wollten die jungen Männer kontrollieren. Als die Ampel auf Grün sprang, fuhren beide Motorräder mit hoher Geschwindigkeit davon. Der jüngere Beamte feuerte zwei als »Anhalteschüsse« gedachte Warnschüsse ab. Den weiteren Hergang beschreibt ein Urteil des Bundesgerichtshofes so:

»Nachdem der Angeklagte seine Überraschung überwunden hatte, trat er wieder einen Schritt nach vorn und gab, als das zweite Motorrad schon mindestens 100 Meter von ihm entfernt war, einen gezielten Schuß ab.« Das Geschoß traf einen jungen Mann auf dem Soziussitz in den Rücken. Der Verletzte überlebte. Der Zollanwärter wurde vom Landgericht Krefeld wegen gefährlicher Körperverletzung zu einer Jugendstrafe von sechs Monaten auf Bewährung verurteilt.

Der Bundesgerichtshof hob das Urteil auf und erkannte auf Freispruch (BGH 35, S. 379 ff., Urteil vom 26. Oktober 1988.) Die Begründung lautete unter anderem: »Die Frage, ob unmittelbarer Zwang gerade in der Form des Schußwaffengebrauchs angewandt werden darf ..., ist in dem Gesetz über den unmittelbaren Zwang bei der Ausübung öffentlicher Gewalt durch Vollzugsbeamte des Bundes geregelt ... Nach § 11 Absatz 1 können ... Vollzugsbeamte im Grenzdienst Schußwaffen auch gegen Personen gebrauchen, die sich der wiederholten Weisung, zu halten ..., durch die Flucht zu entziehen versuchen ... Das Gesetz stellt (in § 12) darauf ab, wie sich die Sachlage dem Beamten in der konkreten Situation vor Abgabe des Schusses darstellt, und nicht darauf, welcher Sachverhalt sich nachträglich als richtig erweist. Unabhängig von den Sicht- und Entfernungsverhältnissen ist *jede* Schußabgabe auf ein sich mit hoher Geschwindigkeit entfernendes Fahrzeug mit dem Risiko der Verletzung oder gar der Tötung des Flüchtenden verbunden ...«.

»Der Beamte muß vor dem Einsatz der Schußwaffe die in der jeweiligen Situation auf dem Spiel stehenden Rechtsgüter der öffentlichen Sicherheit und der körperlichen Unversehrtheit des Fliehenden unter sorgfältiger Beachtung des Verhältnismäßigkeitsgrundsatzes gegeneinander abwägen. Dabei darf er den Zweck des § 11 berücksichtigen, im Interesse einer wirksamen Grenzsicherung ... den Schußwaffengebrauch zu erleichtern ... Nach dem Grundsatz ›im Zweifel für den Angeklagten‹ muß von dem für den Angeklagten günstigsten Vorstellungsbild ausgegangen werden ...«

»Die (flüchtenden) Fahrer nahmen es in Kauf, daß auf sie geschossen würde ... Ein längeres Abwägen war nicht möglich, weil nur der sofortige Einsatz der Waffe noch Erfolg versprach. Der Angeklagte konnte nicht wissen, daß die Motorradfahrer, wie sie später behaupteten, lediglich ›Angst um ihren Führerschein‹ gehabt hatten, weil sie angeblich nicht wußten, wieviel Alkohol sie vor Fahrtantritt getrunken hatten.«.

Von einer Verletzung »vorgeordneter allgemeiner Rechtsprinzipien« war in diesem Fall nicht die Rede, obwohl die Europäische Menschenrechtskonvention damals ebenso Gültigkeit hatte wie der Internationale Pakt über politische und bürgerliche Rechte, und obwohl sich das Ganze in einem Grenzgebiet ohne jene Brisanz abspielte, die für den Eisernen Vorhang kennzeichnend war.

1964 war es wegen des Schußwaffengebrauchs durch bundesdeutsche Grenzbeamte zu einer öffentlichen Diskussion gekommen. Deutsche und belgische Zeitungen kolportierten Äußerungen belgischer Zollbeamter, die gesagt haben sollten: »Bei uns passiert sowas nicht, daß auf Menschen geschossen wird.« Auch im Bundestag kam das Thema zur Sprache. Der zuständige Bundesfinanzminister Dr. Rolf Dahlgrün (FDP) wurde gefragt, ob nicht die deutschen Anordnungen den belgischen und holländischen angeglichen werden könnten. Laut Bundestagsdrucksache vom 4. März 1964 antwortete der Minister: »Das ist eine sehr schwer zu beantwortende Frage. Die Grenzen Deutschlands sehen anders aus als die Grenzen Belgiens. Wir haben sehr schwierige Grenzen! Denken Sie einmal an die Alpen, an den Bayerischen Wald, denken Sie an die Zonengrenze!«

Für Professor Peter-Alexis Albrecht ist der Mauerschützenbeschluß des Zweiten Senats des Bundesverfassungsgerichts »ein Lehrbeispiel für die verfehlte Rigorosität des strafjuristischen Zugriffs auf historisch, ökonomisch, kulturell, sozial und politisch hochkomplexe Zusammenhänge, die sich der Natur der Sache nach strafjuristischer Verarbeitung prinzipiell entziehen. Der Beschluß ist der Schlußpunkt im Prozeß der Vergewaltigung des rechtsstaatlichen Strafrechts.« Albrecht spricht von einer »Mentalität der historisch unbegründeten Überheblichkeit«, die nicht nur die ehemaligen Machteliten unterwerfe, sondern auch weite Teile der ehemals einheitsbegeisterten Bevölkerung Ostdeutschlands verschrecke (Neue Justiz, Heft 1/97).

Die Präsidentin des Bundesverfassungsgerichts, Jutta Limbach, gab auf dem Strafverteidigertag 1996 eine Erfahrung zum besten, die sie in ihrem politischen Amt als Leiterin der Senatsverwaltung für Justiz in Berlin gemacht habe. Sie sagte: »Politiker müssen aus vielschichtigen Wahrheiten einfache machen, wollen sie ihre Handlungsfähigkeit nicht einbüßen.« (Redetext in Frankfurter Rundschau vom 23. März 1996). Wohl wahr, aber ein Freibrief für die gefürchteten »schrecklichen Vereinfacher« kann daraus nicht abgeleitet werden, nicht in der Politik und erst recht nicht in der Justiz, sonst feiert das »gesunde Volksempfinden« irgendwann fröhliche Urständ'.

In einer ausgreifenden Beurteilung der strafrechtlichen Aufarbeitung der DDR-Vergangenheit schreibt der Präsident des Bundesverwaltungsgerichtes außer Dienst, Professor Dr. Horst Sendler, unter anderem:

»Vielleicht hätte man über die Grenzen unseres Landes hinausblikken und anderswo Umschau halten sollen, wie man dort die Schatten der Vergangenheit zu tilgen sucht. In Südafrika, wo flächendeckend weit mehr und weit schlimmere Menschenrechtsverletzungen an der Tagesordnung waren, hat man den Weg über das Strafrecht weitgehend vermieden und mit sogenannten Wahrheitskommissionen wohl erfolgreicher gearbeitet als wir mit dem auch bei uns immer wieder als wenig geeignet erkannten Strafrecht angesichts einer ›mit Verfahren dieser Art schlichtweg überforderten Justiz‹ (so der Vorsitzende im Havemann-Verfahren nach den Angaben von Rogge, Stuttgarter Zeitung vom 1.10.1997), für die ›eine nachträgliche Gerechtigkeit offenbar nicht möglich sei‹ (so nach Angaben des Tagesspiegels vom 1.10.1997 die Witwe von Havemann). Bezeichnend ist es wohl auch, daß in den Ländern des ehemaligen Ostblocks sehr viel gelassener und pragmatischer mit den Sünden und Sündern der Vergangenheit umgegangen wird und von Anklagen gegen Mitglieder der Führungsspitze und gar von Verurteilungen kaum etwas zu hören ist. So hat man sich schon gewünscht, daß mit Krenz so umgegangen worden wäre wie mit Jaruzelski, Gorbatschow und Schewardnadse. Es ist sicher ehrenwert, wenn jetzt nachzuholen versucht wird, was in den Jahren nach 1945 möglicherweise versäumt worden ist, aber dies wohl doch unter ganz anders gearteten Umständen und heute möglicherweise am falschen Objekt, so daß schon gefragt worden ist, ob wir uns mit deutscher Gründlichkeit wieder als Lehrmeister der Welt aufspielen müssen, diesmal in der Kunst der Vergangenheitsbewältigung (Bertram, NJW 1997, 176).«

Sendler kommt im weiteren Verlauf auf die nach dem Rechtsgelehrten Gustav Radbruch benannte »Radbruchsche Formel« zu sprechen, die da lautet: »Der Konflikt zwischen der Gerechtigkeit und der Rechtssicherheit dürfte dahin zu lösen sein, daß das positive, durch Satzung und Macht gesicherte Recht auch dann den Vorrang hat, wenn es inhaltlich ungerecht und unzweckmäßig ist, es sei denn, daß der Widerspruch des positiven Gesetzes zur Gerechtigkeit ein so unerträgliches Maß erreicht, daß das Gesetz als ›unrichtiges Recht‹ der Gerechtigkeit zu weichen hat.«

## Auf brüchigem Eis

In Sendlers Aufsatz, abgedruckt in der »Neuen Juristischen Wochenschrift« (NJW, Heft 47/1997), heißt es weiter: »Wahrscheinlich sucht jeder Staat, nach seiner Facon mit seiner Vergangenheit und ihren Folgen fertig zu werden. Das Gesetz, nach dem wir angetreten sind, ist das des Rechtsstaats. Auch das ist aller Ehren wert. Nur ist das Eis des Rechtsstaates gerade in den hier in Frage stehenden Fällen nicht sonderlich tragfähig. Der Beschluß des Bundesverfassungsgerichts, der das Rückwirkungsverbot bei schwerwiegenden Menschenrechtsverletzungen zurücktreten ließ, beruht letztlich auf der berühmten Radbruchschen Formel vom gesetzlichen Unrecht und vom übergesetzlichen Recht. Der wohl beste Kenner des Radbruchschen Werkes, Arthur Kaufmann, hat aber gerade im Zusammenhang mit dem im Namen der DDR begangenen Unrecht betont, eine Regelungslücke, die durch einen Rekurs auf übergesetzliches Recht, vornehmlich auf Menschenrechte, nicht mit Geltung zur Tatzeit geschlossen werden könne, werde der Gesetzgeber schließen müssen; ›dabei sind das Gebot der gesetzlichen Bestimmtheit der Strafe und das Rückwirkungsverbot zu beachten. Ein anderer Weg ist nicht in Sicht. Die Radbruchsche Formel jedenfalls eröffnet einen solchen nicht‹ (NJW 1995, 86). Mehr als fragwürdig dürfte es sein – eben im Zusammenhang mit dem DDR-Unrecht, auf das

Kaufmann sich bezog –, wenn man das damals in der DDR geltende Recht heute in einer Weise anwendet, an die damals dort niemand dachte. Rechtsstaatlich und auch demokratischer wäre es gewesen, wenn sich der Gesetzgeber nicht gedrückt und es nicht den Gerichten überlassen hätte, die Irrungen und Wirrungen des Rückwirkungsverbots zu meistern; mit Recht meint Schröder (S. 78), der Gesetzgeber und nicht der Richter müsse festlegen, welche Straftaten ›im Windschatten der Diktatur‹ zu bestrafen seien und welche nicht.«

Wenn ein hochrangiger Jurist wie Horst Sendler, der in der Wahl seiner Worte eher zur Vorsicht neigen dürfte, der Justiz vorhält, sie bewege sich bei der Aufarbeitung der DDR-Vergangenheit auf nicht sonderlich tragfähigem Eis, dann hätte das Nachdenken über eine solidere Grundlage eigentlich ohne Verzug einsetzen müssen. Das gilt auch für die von Arthur Kaufmann monierte Regelungslücke wegen des nachträglichen Rückgriffs auf die Menschenrechte.

Zehn Jahre nach der Wende hielt es das Bundesverfassungsgericht für geboten, einige Auswüchse bei der rechtlichen Bewertung des Tuns ehemaliger DDR-Juristen zu beseitigen. Anlaß war die Verfassungsbeschwerde eines Richters gegen die Nichtzulassung zum Anwaltsberuf. Der Mann hatte in mehreren Verfahren gegen ausreisewillige DDR-Bürger Freiheitsstrafen von mehr als zwei Jahren verhängt. Das Bundesverfassungsgericht gab seiner Verfassungsbeschwerde mit Beschluß vom 21. September 2000 (1 BvR 514/97) statt, obwohl der ehemalige DDR-Richter bereits seit einem Jahr, seit September 1999, als Rechtsanwalt zugelassen war. Allem Anschein nach kam es der 2. Kammer des 1. Senats darauf an, über den Einzelfall hinausreichende neue Akzente zu setzen. Wenn Verstöße gegen die Menschlichkeit oder der Rechtsstaatlichkeit festgestellt werden sollen, belehren die Verfassungsrichter ihre Kollegen, müsse das Verhalten eines Richters im Einzelfall sorgfältig gewürdigt werden:

»Ein schwerwiegender individueller Schuldvorwurf ist nur gerechtfertigt, wenn die Handlungen als systembezogene Verfolgungshandlungen zu qualifizieren sind und die fundamentalen Rechte des Menschen sowie den Kernbestand eines rechtsförmig handelnden Staates verletzen. Stets ist zu berücksichtigen, ob nicht die Handlung innerhalb des Systems geboten, zur eigenen Sicherheit erforderlich oder der Loyalität gegenüber der sozialistischen Gesetzlichkeit geschuldet war. (vgl. BVerfGE 93, 213 <244>). Mit diesen verfassungsrechtlichen Grundsätzen verträgt es sich nicht, daß der Bundesgerichtshof die Strafurteile, sowohl bei der tatbestandlichen Subsumtion als auch hinsichtlich des ausgeworfenen Strafmaßes, nach den bundesrepublikanischen Verhältnismäßigkeitsgrundsätzen überprüft. Diese galten in der Deutschen Demokratischen Republik nicht.«

Die Höhe der vom Beschwerdeführer gebilligten Strafen bewege sich im »üblichen Mittelfeld«, auch wenn sie mitunter zwei Jahre überschritten habe. »Aus der Sicht der Deutschen Demokratischen Republik waren die Anlässe auch gravierend.« Er selbst habe die Strafen nicht ausgeworfen; sie seien das Ergebnis der vom Ministerium für Staatssicherheit gesteuerten Anklage und der permanenten Kontrolle der Justiz durch Partei und Oberstes Gericht. Sein Verhalten beruhe damit im Wesentlichen auf der Einbindung in ein Kollegialorgan und einer »der Hierarchie geschuldeten Loyalität«. Daß er keinen Widerstand gegen bestehende Strukturen geleistet habe, begründe keinen schweren Schuldvorwurf.

Diese Feststellungen des Bundesverfassungsgerichts unterscheiden sich wesentlich von der Argumentation des Bundesgerichtshofes. Er muß sich den Vorwurf gefallen lassen, die von ihm angelegten Maßstäbe stellten an DDR-Richter Erwartungen, »denen sie unter den Bedingungen des DDR-Justizsystems nicht gerecht werden konnten und für die sie auch keine der Absicherungen in Anspruch nehmen konnten, die in der Bundesrepublik Deutschland die unabhängige Rechtsprechung sichern«. Im geschriebenen Recht der DDR habe es keine Anknüpfung für eine begrenzende Auslegung und Anwendung gegeben. »Für einen menschenrechtsfreundlichen Einsatz zu Gunsten der angeklagten Bürger fehlte es zudem an der Unabhängigkeit der Justiz, die unerläßlich ist, wenn von einem Menschen das Ausscheren aus eingeübten, aber rechtswidrigen Konventionen erwartet werden soll.«

In seinem Beschluß vom 21. September 2000 knüpft das Bundesverfassungsgericht an seine Feststellung an, DDR-Richter hätten »Strafen verhängt, die nach bundesrepublikanischen Maßstäben unverhältnismäßig« gewesen seien, kommt jedoch zu dem Ergebnis: »Unverhältnismäßige Strafen, selbst das Verkennen von Grundrechten in richterlichen Urteilen, sind aber Fehler, die üblicherweise nicht einmal zur Entfernung aus dem Richterberuf führen und der späteren Zulassung ehemaliger Richter als Rechtsanwälte regelmäßig nicht entgegenstehen.«

## Ausreiseverbote auch im Westen

Am selben Tag behandelte die 2. Kammer des Ersten Senats in einem Beschluß die Problematik der Ausreisefreiheit. Sie kam dabei zu Ergebnissen, die vieles von dem, was nach der Wende in zahlreichen Prozessen eine Rolle spielte, in neuem Licht erscheinen läßt. Anlaß war der Fall einer ehemaligen DDR-Richterin, die gegen Ausreisewillige Freiheitsstrafen bis zu eineinhalb Jahren verhängt hatte. Sie hatte sich nach der Wende zur Notarin ausbilden lassen, wurde aber vom Sächsischen Staatsministerium der Justiz mit der Begründung ihres Amtes enthoben, sie habe mit ihren Urteilen gegen die Grundsätze der Menschlichkeit und Rechtsstaatlichkeit verstoßen.

Das Bundesverfassungsgericht entschied, daß die ehemalige DDR-Richterin ihres Amtes als Notarin nicht enthoben werden darf, weil dies ihr Grundrecht auf Berufsfreiheit verletzen würde. Weiter führen die Verfassungsrichter aus: »Die vom Bundesgerichtshof angelegten Maßstäbe stellen an Richter Erwartungen, denen sie unter den Bedingungen des DDR-Justizsystems nicht gerecht werden konnten ...«

»Entgegen den Annahmen im Bescheid des Sächsischen Staatsministeriums hat sich die Ausreisefreiheit nicht zu einem unverbrüchlichen individuellen Menschenrecht verfestigt. Im Völkerrecht wird die Ausreisefreiheit nicht als allgemeines Recht angesehen (vgl. Hofmann, Die Ausreisefreiheit nach Völkerrecht und staatlichem Recht, 1988, S.64 <80 f.>). Der Parlamentarische Rat hat nach Erörterung dieser Frage entschieden, kein Recht auf Auswanderung als Grundrecht in das Grundgesetz aufzunehmen. (vgl. Polakiewicz, EuGRZ 1992, S. 177 <186> m.w.N. in Fn 128; Pikart/Werner, Der Parlamentarische Rat 1948–1949, Akten und Protokolle, Bd. 5/I, Ausschuß für Grundsatzfragen, 1993, S.101 ff.).«

»Ausreiseverbote sind auch in der Bundesrepublik Deutschland verhängt worden, wenn eine Beeinträchtigung der Belange der Bundesrepublik durch abträgliche Äußerungen im Ausland befürchtet wurde. (vgl. BVerwGE 3, 71; BVerfGE 6, 32 <34 f., 41 ff.> – Elfes). Bis in die jüngste Zeit sind sie damit gerechtfertigt worden, daß von zu erwartenden Meinungsäußerungen der Antragsteller eine Belastung der Beziehungen zwischen der Bundesrepublik Deutschland und anderen Staaten zu erwarten war (vgl. VGH Baden-Württemberg, VBIBW 1995, S. 151, sowie VG Frankfurt, NVwZ 1990, S. 401 ff.).«

Fazit des Bundesverfassungsgerichts: Aus dem vom Bundesgerichtshof festgestellten Sachverhalt ergäben sich keine schuldhaften Verstöße der Beschwerdeführerin gegen Grundsätze der Menschlichkeit oder der Rechtsstaatlichkeit, die auch bei Anlegung eines strengen Maßstabs zur Amtsenthebung als Notarin führen könnten. (1 BvR 661/96).

Der Tadel gilt nicht nur dem Sächsischen Justizministerium, sondern auch dem Bundesgerichtshof, der die Ausreisefreiheit mehrfach zum Nachteil von angeklagten DDR-Bürgern als unantastbares Menschenrecht eingestuft hat, so zum Beispiel in seinem Urteil vom 6. Oktober 1994, in dem es heißt: »Die Ausreisefreiheit ist in völkerrechtlichen Konventionen und Abkommen ... als Menschenrecht anerkannt, das zwar gesetzlichen Einschränkungen unterliegen kann, im Kern aber nicht angetastet werden darf.« (4 StR 23/94, BGHSt 40, S. 278) In diesem Sinne äußerte sich der Bundesgerichtshof auch in seinem Urteil vom 15. September 1995: »Die Ausreisefreiheit, gegen die sich namentlich der Straftatbestand des ungesetzlichen Grenzübertritts (§ 213 StGB–DDR) richtet, ist ... in Artikel 13 der Allgemeinen Erklärung der Menschenrechte vom 10. Dezember 1948 und in Artikel 12 des Internationalen Paktes über bürgerliche und politische Rechte als Menschenrecht anerkannt.« (5 StR 713/94, BGH 41, S. 258).

Daß die DDR diesen Pakt zwar ratifiziert, aber nicht in innerstaatliches Recht umgesetzt hat, war für den Bundesgerichtshof seit jeher ohne Belang. »An der völkerrechtlichen Bindung der DDR ändert dieser Sachverhalt nichts.« (Urteil vom 3. November 1992 – 5 StR 370/92, BGH 39, S. 16) Ganz sicher war er sich seiner Sache allerdings nicht, denn er fügte hinzu, die Frage, ob aus dem Pakt abzuleiten sei, »daß schon die Ratifikation den Menschen in den Vertragsstaaten eine Rechtsposition gegenüber ihrem Staat verschafft hat«, könne offenbleiben. (S. 17). Mit ihrem Paßgesetz vom 28. Juni 1979 habe die DDR die Anforderung des Internationalen Paktes, die Ausreisefreiheit dürfe nur durch ein Gesetz eingeschränkt werden, erfüllt. Gleichwohl kam der BGH zu dem Schluß, das Grenzregime der DDR verletze das in Artikel 12 bezeichnete Menschenrecht auf Ausreise, weil es das Recht auf freie Ausreise »in aller Regel« vorenthalte. Dabei werde nicht übersehen, »daß auch andere Länder die Ausreise ihrer eigenen Bürger beschränken.«

Die Richter des 5. Senats ließen 1992 unerwähnt, daß zu diesen anderen Ländern auch die Bundesrepublik Deutschland gehörte. Acht Jahre danach erinnerte das Bundesverfassungsgericht an sein Urteil vom 16. Januar 1957, mit dem es die Verfassungsbeschwerde des Stadtdirektors im Ruhestand, Wilhelm Elfes, wegen Verletzung des Grundrechts der Freizügigkeit abgelehnt hatte. Im Kern ging es dabei um die Ausreisefreiheit. Elfes war vor 1933 führendes Mitglied der Zentrumspartei und ab 1927 Polizeipräsident von Krefeld. Aus diesem Amt entfernten ihn die Nationalsozialisten nach ihrer Machtübernahme aus politischen Gründen. Unmittelbar nach Kriegsende wurde er 1945 zum Oberbürgermeister der Stadt Mönchengladbach gewählt und war dort später Oberstadtdirektor. 1947 wurde er für die CDU in den Landtag von Nordrhein-Westfalen gewählt. Seine weitere politische Tätigkeit beschreibt das Bundesverfassungsgericht in dem erwähnten Urteil so:

»Seit einigen Jahren ist er führend im ›Bund der Deutschen‹ tätig, der die Politik der Bundesregierung bekämpft. Der Beschwerdeführer selbst hat mehrfach seine kritische Meinung zur Politik der Bundesregierung, insbesondere zur Wehrpolitik und zur Frage der Wiedervereinigung auf Veranstaltungen und Tagungen im In- und Ausland auch öffentlich geäußert.«

Der »Bund der Deutschen« war 1953 von dem ehemaligen Zentrumspolitiker und Reichskanzler Dr. Joseph Wirth (»Der Feind steht rechts!«) gegründet worden. Er befürwortete für die Bundesrepublik eine Politik der Neutralität und der Verständigung mit der Sowjetunion.

Als Elfes 1953 bei der Paßbehörde von Mönchengladbach die Verlängerung seines Reisepasses beantragte, wurde ihm diese ohne nähere

Begründung verweigert. Drei Jahre lang prozessierte er durch alle Instanzen. 1956 scheiterte er auch vor dem Bundesverwaltungsgericht, das die Ablehnung seines Antrages mit der Teilnahme von Elfes am Kongreß der Völker für den Frieden vom 12.–19. Dezember 1952 in Wien rechtfertigte. Auch seine Teilnahme an Veranstaltungen in Paris, Budapest und Ostberlin wurde ihm angekreidet. Die Justiz in der Bundesrepublik agierte damals – so wie die in der DDR – unter dem Eindruck eines zunehmend schärfer werdenden Konfliktes zwischen Ost und West. Am 17. Juni 1953 kam es in Ostberlin und in der DDR zu einem Volksaufstand. Erste Unruhen gab es auch in Polen und Ungarn. Der amerikanische Kommunistenjäger Joseph McCarthy vergiftete über die USA hinaus das politische Klima in vielen westlichen Ländern. Die Bundesrepublik trat der Nato bei, und die DDR begann gleichfalls mit dem Aufbau einer Armee. Die Angst vor einem Atomkrieg griff um sich.

Die Aussichten eines Gegners der westdeutschen Wiederbewaffnung, mit einer Verfassungsbeschwerde gegen die Paßverweigerung Recht zu bekommen, waren vor diesem Hintergrund eher gering. Das Bundesverfassungsgericht belehrte denn auch den Beschwerdeführer, das Grundrecht der Freizügigkeit nach Artikel 11 des Grundgesetzes sei keineswegs mit einem Grundrecht auf Ausreisefreiheit gleichzusetzen. Gemeint sei damit Freizügigkeit »im ganzen Bundesgebiet«. Schon der Wortlaut des genannten Artikels spreche nicht dafür, »daß auch ein Grundrecht auf freie Ausreise *aus* dem Bundesgebiet gewährleistet werden« sollte. »Die Ausreise aus dem Staatsgebiet kann in vielen Ländern – auch in freiheitlichen Demokratien – seit langem mittels Paßversagung aus Gründen der Staatssicherheit beschränkt werden.«

## Der rote Faden

So wie die Justiz in den Strafverfahren gegen Richter und Staatsanwälte der DDR auf die Menschenrechtskonvention und den internationalen Pakt über bürgerliche und politische Rechte zurückgreift und sich dabei – wie gesehen – auch vergreift, so hätte sie nach Kriegsende gegen die aus der NS-Zeit belasteten Richterkollegen unter anderem ins Feld führen können, daß es einen »Kernbereich des Rechts« gibt, der von niemandem verletzt werden darf. Nur den kleinen Rädchen der nationalsozialistischen Todesmaschinerie wurde dies gelegentlich vorgehalten, so etwa in einem Urteil des Bundesgerichtshofes vom 29. Januar 1952 gegen Beteiligte an der Verschleppung von Juden in den Osten. Die Angeklagten hatten sich damit verteidigt, ihnen sei nicht bewußt gewesen, gegen geltendes Recht zu verstoßen. Dazu führte der BGH unter anderem aus:

»Im Bewußtsein aller zivilisierten Völker besteht bei allen Unterschieden, die die nationalen Rechtsordnungen im einzelnen aufweisen, ein gewisser Kernbereich des Rechts, der nach allgemeiner Rechtsüberzeugung von keinem Gesetz und keiner anderen obrigkeitlichen Maßnahme verletzt werden darf. Er umfaßt bestimmte als unantastbar angesehene Grundsätze des menschlichen Verhaltens, die sich bei allen Kulturvölkern auf dem Boden übereinstimmender sittlicher Grundanschauungen im Laufe der Zeit herausgebildet haben und die als rechtlich verbindlich gelten, gleichgültig, ob einzelne Vorschriften nationaler Rechtsordnungen es zu gestatten scheinen, sie zu mißachten.« (BGHSt 2, 234).

Boten diese Grundsätze keine Handhabe gegen die Justizelite des NS-Staates, um sie z.B. wegen ihres Stillschweigens zu Hitlers Mordplan zur Vernichtung »lebensunwerten Lebens« zur Rechenschaft zu ziehen? Alle 34 Oberlandesgerichtspräsidenten und die 34 Generalstaatsanwälte oder ihre Amtsvertreter waren anwesend, als am 23. und 24. April 1941 auf einer Konferenz in Berlin vereinbart wurde, Strafanzeigen oder sonstige Eingaben wegen der Euthanasie-»Aktion T 4« nicht zu verfolgen. Widerspruchslos hörten sich die Konferenzteilnehmer alles an, keiner äußerte grundsätzliche Kritik, wie Helmut Kramer, damals Richter am Oberlandesgericht Braunschweig, in der Zeitschrift »Kritische Justiz« (1984, Heft 1) hervorhebt.

Gegen 20 Beteiligte beantragte der hessische Generalstaatsanwalt Dr. Fritz Bauer am 22. April 1965 die Eröffnung der Voruntersuchung. Zwei Jahre nach Bauers Tod wurden die Angeschuldigten am 27. Mai 1970 außer Verfolgung gesetzt, weil ihnen »eine Beihilfe zum Mord nicht im Sinne eines hinreichenden Tatverdachts nachgewiesen werden« könne.

Den »Kernbereich des Rechts« sahen deutsche Richter auch nicht verletzt, als es die Morde von Brettheim zu sühnen galt. Ein Bauer sowie der NSDAP-Ortsgruppenleiter und der Bürgermeister des kleinen Ortes in der Nähe von Rothenburg ob der Tauber wurden im April 1945 wegen Wehrkraftzersetzung zum Tode verurteilt und aufgehängt, weil sie direkt oder indirekt an der Entwaffnung eines Trupps von Hitlerjungen beteiligt gewesen waren. Die drei Männer hatten befürchtet, durch das Auftauchen der uniformierten 15–17Jährigen könnte es in ihrem Heimatort zu Kampfhandlungen kommen. In zwei Verfahren gegen Verantwortliche für die Morde von Brettheim kam der »Kernbereich des Rechts« zur Sprache. Das Schwurgericht beim Landgericht Ansbach, das die Angeklagten am 19. Mai 1955 wegen Mangels an Beweisen freisprach, meinte aber in seinem Urteil:

»Die angewandte Bestimmung des § 5 Absatz 1 KSSVO (Kriegssonderstrafrechtsverordnung) war in der damaligen Zeit zwar infolge ihrer weitgehenden Anwendung eine furchtbare Waffe der politischen Machthaber, aber dennoch an und für sich gültiges Recht. Sie hielt sich ›im Rahmen des Bereiches, in dem der Staat darüber befinden darf, was Recht und Unrecht sein soll. Damit ist weder der Grundgedanke der Gerechtigkeit und Menschlichkeit, wie er im Bewußtsein der Allgemeinheit lebt, noch jener Kernbereich des Rechts verletzt, der nach allgemeiner Rechtsüberzeugung von keinem Gesetz und keiner obrigkeitlichen Maßnahme verletzt werden darf‹ (so BGH in NJW 1955 S. 1275).« (Weitere Einzelheiten in »Freispruch für die Nazijustiz«, a.a.O., S. 344 ff.).

Welche Rechtfertigungsgründe NS-Tätern zugutegehalten wurden, zeigt beispielhaft auch der Fall eines Richters und eines Staatsanwalts, die während des zweiten Weltkrieges in Warschau Todesurteile gegen zahlreiche Juden erwirkt haben. Das Oberlandesgericht Schleswig lehnte es in einer Ende 1967 veröffentlichten Entscheidung ab, gegen die beiden Juristen, deren Namen auf Anordnung des Kieler Justizministeriums nicht genannt wurden, eine gerichtliche Voruntersuchung wegen Mordes zu eröffnen. Nach Ansicht der Staatsanwaltschaft hatten sie aufgrund einer nationalsozialistischen Verordnung geurteilt, die naturrechts- und menschenrechtswidrig war. Die Verordnung vom 15. Oktober 1941 drohte allen Juden die Todesstrafe an, falls sie das Warschauer Getto verließen. In den folgenden Monaten wurden unter Beteiligung der beiden

Juristen zahlreiche Juden zum Tode verurteilt und hingerichtet. Den Urteilen lagen nach Erkenntnissen der Staatsanwaltschaft »keine der Rechtsprechung dienenden Gerichtsverfahren« zugrunde.

Das Schleswiger Oberlandesgericht stellte sich auf den Standpunkt, die beiden Juristen hätten den Tatbestand der Rechtsbeugung nicht erfüllt. Der Richter habe seinerzeit keinen Ermessensspielraum gehabt, weil die Verordnung nur die Todesstrafe vorgesehen habe. Diese Verordnung habe zwar das Naturrecht und die Menschenrechte verletzt, aber der Richter sei nicht verpflichtet gewesen, sie nicht anzuwenden. Unter Hinweis auf die Rechtsprechung des Bundesgerichtshofes kam das Schleswiger Gericht zu dem Ergebnis, daß ein Richter nur dann wegen Mordes belangt werden könne, wenn er gleichzeitig Rechtsbeugung begangen habe. Das wiederum setze voraus, daß er sich der Rechtswidrigkeit seiner Handlung bewußt gewesen sei, was – erwartungsgemäß – nicht bewiesen werden konnte (Frankfurter Rundschau, 2. Januar 1968).

In einem »Spiegel«-Gespräch wurde der scheidende Verfassungsrichter Martin Hirsch gefragt: »Werden die Linken immer noch härter rangenomman als die Rechten?« Seine Antwort: »Das zieht sich wie ein roter Faden durch die Rechtsprechung.« An der konservativen Grundhaltung der Richter, an ihrem positivistischen Denken und ihrer »Neigung zu gewissen juristisch-rabulistischen Kunststückchen« habe sich nur wenig geändert. (Nr. 22/1981) Mit dem Untergang der DDR ergaben sich neue ungeahnte Möglichkeiten für solche »Kunststückchen«. Judizierte dabei manch einer angesichts des Freispruchs für die Nazijustiz mit jenem »gebrochenen Rückgrat«, das Generalbundesanwalt Max Güde 1961 mit Blick auf das Hitlersche Sondergerichtswesen bei der politischen Justiz ausgemacht hatte? (»Der Spiegel«, 5. August 1961; Posser, »Anwalt im Kalten Krieg«, a.a.O., S. 256)

Nach dem Fehlverhalten in der Auseinandersetzung mit der NS-Vergangenheit, der »allerwichtigsten Frage der Nachkriegsjustiz«, wie der Oberlandesgerichtspräsident Rudolf Wassermann sich in der Frankfurter Rundschau vom 3. Februar 1990 ausdrückte, steht es mit der moralischen Legitimation der bundesdeutschen Justiz in der Auseinandersetzung mit der DDR-Vergangenheit nicht zum besten, zumal da der Eindruck nicht von der Hand zu weisen ist, die Justiz vollstrecke einen politischen Willen gegenüber dem einstigen Staat der ›anderen Deutschen‹. Daß sie ausgestorben sind, jene Richter, die sich nach den Worten von Martin Hirsch »wie Erfüllungsgehilfen der Mächtigen gebärden«, wer möchte dafür seine Hand ins Feuer legen?

## »Instrument für jeden Machthaber?«

Am 19. Oktober 1958 klagte Generalbundesanwalt Max Güde vor Juristen in der Evangelischen Akademie Bad Boll: »Ist es nicht erschreckend, zugeben zu müssen, daß wir, wir Richter und Staatsanwälte, objektiv zu einem Werkzeug des Unrechts, ja zu einem Instrument des Terrors gemacht wurden?«

Was Güde da mit Blick auf die NS-Vergangenheit der Justiz formulierte, übertrug der Präsident des Bundesverwaltungsgerichts Professor Dr. Fritz Werner in einem Vortrag auf die Nachkriegszeit. Auch er brachte sein Anliegen in Frageform vor:

»Liegt nicht für einen nicht lange nachdenkenden Betrachter der Verdacht nahe, daß der Richter in seiner Zuordnung auf das jeweilige Regime ein Instrument für jeden Machthaber ist? Sind, so muß man fragen, die Richter nur eine Art von Justitiaren der Mächtigen?« (»Der Spiegel«, Nr. 52/68 vom 23.12.1968)

Wie anfällig die Justiz gegenüber politischen Anfechtungen ist, beschrieb der Richter am Oberlandesgericht in Stuttgart, Klaus Beer, mit den Worten: »Justiz ist nicht nur lenkbar durch Gesetze, durch Formen und Inhalte der Ausbildung, durch Wortlaut, Geist und Auslegung der Verfassung, sondern auch durch das allgemeine gesellschaftliche und politische Klima, die Erwartungen an sie, welche die anderen staatlichen Gewalten äußern, etwa durch Parlamentsdebatten und Personalpolitik, die Massenmedien, gezielte Erwartungen sonstiger mächtiger Instanzen. Es fehlt nicht an Kräften, welche von der Justiz eine Art der Konfliktbereinigung erwarten, welche die Mächtigen schont, Lasten auf Schwache abwälzt.« (Frankfurter Rundschau, 13.10.1982)

Angesichts so vieler Implikationen kann die Unabhängigkeit des Richters, die schließlich Unabhängigkeit vom Staat und den ihn beherrschenden Kräften bedeutet, nur eine – im Grundgesetz Artikel 97 verankerte – theoretische Größe sein. Manche halten sie gar, wie der Titel eines im Nomos-Verlag erschienenen Buches, von Rolf Lamprecht ausweist, für einen Mythos, andere wiederum für »einen Tragpfeiler des Rechtsstaates« (Prof. Dr. Hans Krause in NJW 1977, Heft 7, S. 285 ff.). Auch die DDR-Richter – Papier ist geduldig – waren nach Artikel 96 der DDR-Verfassung, »in ihrer Rechtsprechung unabhängig«.

»Wo die Justiz in die Konfliktfelder gerät«, gab Klaus Beer zu bedenken, »liegt die Möglichkeit ihres Versagens nicht fern« (Frankfurter Rundschau, 13. Oktober 1982). Mitten hinein in solche Konfliktfelder geriet die Justiz mit der strafrechtlichen Aufarbeitung der DDR-Vergangenheit. Was ihr abverlangt wurde, ging über rabulistische Kunststücke hinaus; nun mußte sie über den eigenen Schatten springen und alles vergessen, was ihr unter anderem in den NS-Verfahren höchstrichterlich vorgegeben worden war, angefangen von der Voraussetzungen für den Nachweis der Rechtsbeugung bis hin zu den vermeintlich unumstößlichen Vorschriften des Rückwirkungsverbots. Nach DDR-Recht sollte sie über Taten urteilen, die zum Teil 30 und 40 Jahre zurücklagen und zur Tatzeit nach DDR-Recht nicht mit Strafe bedroht waren.

Wie ließ sich das mit der Forderung des Bundesverfassungsgerichts vereinbaren, jedermann solle »vorhersehen können, welches Verhalten verboten und mit Strafe« bedroht ist? »Das Erfordernis gesetzlicher Bestimmtheit«, so das hohe Gericht, »schließt nach der Rechtsprechung eine analoge oder gewohnheitsrechtliche Begründung aus ... Da Gegenstand der Auslegung gesetzlicher Bestimmungen immer nur der Gesetzestext sein kann, erweist dieser sich als maßgebliches Kriterium ... Führt erst eine über den erkennbaren Wortsinn der Vorschrift hinausgehende ›Interpretation‹ zu dem Ergebnis der Strafbarkeit eines Verhaltens, so darf dies nicht zu Lasten des Bürgers gehen. Die Gerichte müssen daher in Fällen, die vom Wortlaut einer Strafnorm nicht mehr erfaßt sind, zum Freispruch gelangen« (Beschluß vom 23. Oktober 1985, NJW 1986, Heft 27, S. 1671 f.).

Das Bundesverfassungsgericht fügte diesen »Ungereimtheiten« eine weitere hinzu, als es das Rückwirkungsverbot, dessen normierte Sicherungen unbestritten zu den Mindestanforderungen des universellen

Völkerrechts gehören, für die ›anderen Deutschen‹ 1996 teilweise aufhob. Es überging oder übersah dabei den Vorbehalt, den die Bundesrepublik Deutschland bei der Ratifikation der Europäischen Konvention zum Schutz der Menschenrechte am 5. Dezember 1952 geltend gemacht hat. Danach hat Artikel 7 Absatz 2 der Konvention, der die Verurteilung oder Bestrafung einer Person nicht ausschließt, »die sich einer Handlung oder Unterlassung schuldig gemacht hat, welche im Zeitpunkt ihrer Begehung nach den allgemeinen von den zivilisierten Völkern anerkannten Rechtsgrundsätzen strafbar war«, in der Bundesrepublik Deutschland keine Geltung.

Der Präsident des Bundesverwaltungsgerichts a.D. Horst Sendler schließt nicht aus, daß das Bundesverfassungsgericht damit innerdeutsches Recht verletzt hat (NJW 1997, Heft 47, S. 3147).

*»Wir sind angewiesen auf die Fragen,*
*die uns gestellt werden.«*
Jutta Limbach am 24.9.2001 auf 3sat

Einen Brief des Verfassers an die Präsidentin des Bundesverfassungsgerichts, Jutta Limbach, mit der Frage, weshalb nicht – wie im Fall DDR – für Taten aus der NS-Zeit der strikte Vertrauensschutz nach Artikel 103 Absatz 2 des Grundgesetzes eingeschränkt wurde, beantwortete der Präsidialrat des Gerichts am 4. März 1999 wie folgt:

»Auf ihr an die Präsidentin des Bundesverfassungsgerichts, Frau Prof. Dr. Limbach gerichtetes Schreiben teile ich Ihnen auftragsgemäß folgendes mit:

Ihr Schreiben ist zur Kenntnis genommen worden. Weiteres kann jedoch wegen der durch Gesetz festgelegten Zuständigkeit des Bundesverfassungsgerichts (vgl. Art. 93 Abs. 1 Nr. 4a GG, §§ 90 ff. BVerfGG) hierauf nicht veranlaßt werden.

Haben Sie bitte Verständnis dafür, daß das Bundesverfassungsgericht und seine Präsidentin nicht in einen allgemeinen Meinungsaustausch mit dem Bürger über abgeschlossene Verfahren eintreten können.

Auch sieht das Bundesverfassungsgericht grundsätzlich davon ab, seine Entscheidungen im nachhinein zu erläutern oder zu kommentieren. Dem einzelnen Bürger muß deshalb die Prüfung selbst überlassen bleiben, welche Schlüsse aus den Entscheidungen des Bundesverfassungsgerichts zu ziehen sind.

Ich bedaure, auf Ihre Fragen nicht konkret eingehen zu können.

Hochachtungsvoll

Im Auftrag Dr. Hiegert, Regierungsdirektor.«

Auf dem 20. Strafverteidigertag in Essen hielt die Präsidentin des Bundesverfassungsgerichts, Jutta Limbach, am 22. März 1996 einen Vortrag, in dessen Verlauf sie die Idee der Gerechtigkeit als wesentlichen Bestandteil des Grundsatzes der Rechtsstaatlichkeit bezeichnete. »Mit Bezug auf die Strafrechtspflege«, sagte sie, »dient der Rechtsstaatsbegriff zumeist als Sammelbegriff für eine Reihe von Verfahrensprinzipien, insbesondere der Justizgrundrechte. Hierzu zählen das Verbot von Ausnahmegerichten, der Anspruch auf rechtliches Gehör, das Prinzip nulla poena sine lege, die Unabhängigkeit des Richters ... Das Prinzip des Rechtsstaates teilt das Los vieler abstrakter Grundsätze, es eignet sich vortrefflich als Schlagwort in der rechtspolitischen Auseinandersetzung, verflüchtigt sich in der Praxis der Gesetzgebung und Rechtsprechung allzu leicht zur Leerformel ...«.

## *Statt eines Nachworts:*
## »Das Risiko eines Fehlurteils«

Der deutsche Dienst der britischen Nachrichtenagentur Reuter verbreitete am 11. Januar 1982 eine dreiteilige Meldung folgenden Inhalts:

Karlsruhe (Reuter) – Der Bundesgerichtshof hat in einer am Montag veröffentlichten Begründung seines Urteils im Rechtsstreit zwischen dem Schriftsteller Heinrich Böll und dem unter dem Namen Matthias Walden arbeitenden Journalisten Otto Freiherr von Sass die Bedeutung strenger Anforderungen an die Benutzung von Zitaten betont. In dem Anfang letzten Jahres verkündeten Urteil war Walden von den Bundesrichtern zur Zahlung von 40.000 Mark an Böll verurteilt worden.

Die Richter hielten Walden vor, er habe in einem vom Sender Freies Berlin nach der Ermordung des Berliner Kammergerichtspräsidenten Günther von Drenckmann im November 1974 ausgestrahlten Kommentar den Literatur-Nobelpreisträger Böll ungenau und entstellt zitiert und damit diskriminiert. Walden hatte damals Böll unter anderem vorgeworfen, den ›Boden der Gewalt ... durch den Ungeist der Sympathie mit den Gewalttätern gedüngt‹ und den ›Rechtsstaat, gegen den die Gewalt sich richtete, als Misthaufen‹ bezeichnet zu haben. Böll habe außerdem gesagt, er sehe ›nur noch Reste verfaulender Macht, die mit rattenhafter Wut verteidigt‹ werde.

Gegen diese Beschuldigungen klagte Böll und bekam nun im zweiten Anlauf vom Bundesgerichtshof recht. Dieselben Bundesrichter, die in einem zu diesem Fall ergangenen ersten Urteil genau entgegengesetzt entschieden hatten, griffen nun Walden an. Das erste Urteil war vom Bundesverfassungsgericht als Grundgesetzverstoß aufgehoben worden.

Im jetzt vorliegenden Urteil heißt es, Walden habe Zitate Bölls verwendet, ›die sich nicht mit dem decken, was der Kläger (Böll) wirklich gesagt hat‹. Als ›Misthaufen‹ habe Böll nicht den Staat, sondern die Feuilletonpresse bezeichnet. Auch die anderen Böll unterschobenen Äußerungen seien so nicht gemacht worden. Zum Teil habe Walden Aussagen Bölls ›schon im Wortlaut ungenau zitiert‹ und dann noch im

Sinn verdreht und entstellt. Walden habe Böll dadurch einem breiten Fernsehpublikum ›in einem falschen, herabwürdigenden Licht erscheinen lassen‹. Diese Diskriminierung könne Böll nicht zugemutet werden. Durch teilweise ›verschwommene Wendungen‹ habe Walden Aussagen Bölls ›in Tendenz und Stoßrichtung teilweise erheblich entstellt‹, befanden die Richter. Walden habe ›die Grenzen zulässiger Kritik überschritten und die Rücksichtnahme und Fairneß, die auch gegenüber dem politischen Gegner verlangt werden muß, vernachlässigt‹ und dadurch gegen Böll eine herabwürdigende ›Prangerwirkung‹ erzielt.

In ihrem vom Verfassungsgericht aufgehobenen Urteil hatten dieselben Richter befunden, wer im öffentlichen Leben stehe, müsse es sich auch gefallen lassen, daß ihm zum Zweck des Angriffs aus politischen Motiven verfälschte Zitate in den Mund gelegt werden, wenn nach Auffassung des ›Durchschnittslesers‹ und ›Durchschnittshörers‹ solche verfälschten Aussagen in Wirklichkeit so hätten gefallen sein können.

Abschließend erklärten die Richter zu ihrem Abrücken von der ursprünglichen Entscheidung, Walden könne sich nicht darauf berufen, daß seine ersten Äußerungen einmal vom Bundesgerichtshof abgedeckt worden seien. Das Risiko eines Fehlurteils habe nicht die Gerichtsbarkeit zu tragen, sondern ein Kläger oder Beklagter.«

*****

# Anhang

## Übersicht über die nach der Wende eingeleiteten Strafverfahren wegen Rechtsbeugung und Freiheitsberaubung laut Angaben der jeweiligen Justizministerien bzw. Staatsanwaltschaften und der Berliner Senatsverwaltung für Justiz

*Mecklenburg-Vorpommern (Stand 31.12.2000)*
Insgesamt wurden 3.369 Ermittlungsverfahren eingeleitet, einschließlich der bis zum 31. Juli 1996 wiederaufgenommenen Ermittlungsverfahren. Seit dem 1. August 1996 wurden 123 Ermittlungsverfahren wieder aufgenommen. In 34 Fällen wurde durch die Staatsanwaltschaft öffentliche Klage erhoben. Eingestellt wurden bei den Staatsanwaltschaft 3.458 Verfahren, insbesondere mangels hinreichenden Tatverdachts gemäß § 170 Absatz 2 der Strafprozeßordnung. In 20 Fällen wurden Verfahren durch Rücknahme der öffentlichen Klage bei den Gerichten erledigt, in sechs Fällen durch Nichteröffnung des Hauptverfahrens. Die Zahl der rechtskräftigen Urteile belief sich zum Stichtag auf acht, darunter sieben Freisprüche. In einem Verfahren wurde eine Freiheitsstrafe von acht Monaten mit Bewährung verhängt.

*Sachsen-Anhalt (Stand 22.2.2001)*
Wegen Rechtsbeugung wurden 4.728 Ermittlungsverfahren eingeleitet, wegen Freiheitsberaubung 504. In elf Fällen wurde Anklage wegen Rechtsbeugung erhoben. Sechs frühere Richter und Staatsanwälte sind wegen Rechtsbeugung verurteilt worden.

*Land Brandenburg (Stand 2.3.2001)*
Wegen Verhängung von Freiheitsstrafen wurden ca. 19.330 Vorermittlungsverfahren wegen Rechtsbeugung eingeleitet. In ca. 5.470 Fällen wurden die Verfahren gemäß § 170 Absatz 2 der Strafprozeßordnung eingestellt; in ca. 23 Fällen erfolgte Einstellung gemäß § 153a der Strafprozeßordnung. In ca. 10.510 Fällen wurde ein Vorermittlungsverfahren zur Prüfung des Anfangsverdachtes eröffnet. In rund 3.300 Fällen

erfolgte Erledigung durch Abgabe wegen örtlicher Unzuständigkeit oder Verbindung. Es wurden 27 Anklagen (davon ein Strafbefehlsantrag) gegen insgesamt 32 Angeschuldigte erhoben. Bis zum Stichtag wurden 17 Angeklagte zu Freiheitsstrafen mit Bewährung verurteilt; 16 der Verurteilungen waren rechtskräftig. In sieben Fällen erging Freispruch; rechtskräftig waren hier sechs Urteile. Im Fall eines freigesprochenen Angeklagten wurde Berufung eingelegt. Gegen fünf Angeklagte wurde das Verfahren wegen Verhandlungsunfähigkeit gemäß § 206a der Strafprozeßordnung eingestellt; gegen zwei erfolgte vorläufige Verfahrenseinstellung gemäß § 205 der Strafprozeßordnung.

Wegen Verhängung von Todesurteilen wurde in 22 Fällen ein Ermittlungsverfahren wegen Rechtsbeugung eingeleitet. 16 Verfahren wurden gemäß § 170 Absatz 2 der Strafprozeßordnung eingestellt, teilweise in Verbindung mit § 206a der StPO wegen Verhandlungsunfähigkeit; eine Einstellung erfolgte gemäß § 205 der Strafprozeßordnung analog (22). Ein Verfahren wurde gemäß § 154 II der StPO abgetrennt. In vier Fällen wurde ein Vorermittlungsverfahren eingeleitet. Es kam zu einer Anklageerhebung gegen zwei Angeschuldigte, die beide rechtskräftig zu Freiheitsstrafen mit Bewährung verurteilt wurden.

*Freistaat Sachsen (Stand 8.8.2001)*

In 136 Verfahren ist gegen 126 Personen die öffentliche Klage erhoben worden. 88 Personen wurden zu Freiheitsstrafen bis zu zwei Jahren und sechs Monaten verurteilt; bis auf einen Fall wurden die Strafen zur Bewährung ausgesetzt. Gegen zwei Personen wurde eine Geldstrafe ausgesprochen (bis zu 70 Tagessätzen), in zwölf Fällen wurde neben der Freiheitsstrafe eine Geldstrafe oder Bewährungsauflage verhängt (bis zu 15.000 DM). 16 Personen wurden freigesprochen; in 22 Fällen wurde die Eröffnung der Hauptverhandlung abgelehnt; drei Fälle wurden gemäß § 153a der Strafprozeßordnung eingestellt (bis zu 4.000 DM Geldauflage). Die übrigen Fälle wurden auf andere Art und Weise erledigt (Verhandlungsunfähigkeit, Versterben des Angeklagten, Verjährung): Sechs der 136 Verfahren betrafen die sogenannten Waldheimer Prozesse. Hier wurde in zwei Fällen eine Freiheitsstrafe (bis zu zwei Jahren) ausgesprochen.

*Freistaat Thüringen (Stand 22.11.2001)*
Im Lande Thüringen sind wegen des Verdachts der Rechtsbeugung 4.802 Verfahren anhängig gewesen. 3.562 Verfahren sind folgenlos eingestellt worden, weil sich die Straftaten nicht nachweisen ließen oder weil dauerhafte Strafverfolgungshindernisse, etwa aufgrund schwerer Erkrankungen oder des Versterbens der Beschuldigten, bestanden. 824 Verfahren sind entweder gegen Auflage oder ohne Auflage wegen geringen Verschuldens eingestellt worden. In elf Fällen wurde Anklage erhoben. Letztlich ist nach Rechtsmitteln der Verurteilten nur in zwei Fällen eine Freiheitsstrafe auf Bewährung verhängt worden. In allen übrigen Fällen ist in letzter Instanz ein Freispruch erfolgt.

Soweit bei der Staatsanwaltschaft Erfurt auch 223 Verfahren wegen des Verdachts der Freiheitsberaubung geführt wurden, so richteten sie sich nicht gegen ehemalige Richter und Staatsanwälte der DDR, sondern überwiegend gegen ehemalige Mitarbeiter des Ministeriums für Staatssicherheit. In diesen Fällen sind elf Angeklagte zu Geldstrafen verurteilt worden; in einem Fall erfolgte ein Freispruch.

*Berliner Senatsverwaltung für Justiz (Stand 31.7.2001)*

| **Anklagen** | 159 | davon | gegen bzw. bezüglich |
|---|---|---|---|
| davon abgeschlossene Strafsachen | 151 | 30<br>11<br>21<br>75<br>14 | Richter des OG/DDR<br>StAe des GStA/DDR<br>Militär-Richter und -StAe<br>Angehörige der Ostberliner Justiz<br>Sonstige |
| davon abgeschlossen durch gerichtliche Verbindung | 15 | 9<br>2<br>4 | Richter des OG/DDR<br>Militär-Richter und -StAe<br>Angehörige der Ostberliner Justiz |
| **Angeschuldigte** | 226 | mehrfach angeklagte Personen werden im Fall gerichtlicher Verfahrensverbindung nur einmal angeführt | |
| rechtskräftige Abschlüsse insgesamt | 213 | 33<br>12<br>42<br>114<br>9 | Richter des OG/DDR<br>StAe des GStA/DDR<br>Militär-Richter und -StAe<br>Angehörige der Ostberliner Justiz<br>Sonstige |

| | | | |
|---|---|---|---|
| **Abschlüsse durch Urteil** | 112 | | |
| **rechtskräftig Verurteilte** | 53 | | |
| – zu Freiheitsstrafe | 5 | 1<br>2<br>2 | Richter des OG/DDR<br>Militär-Richter und -StAe<br>Angehörige der Ostberliner Justiz |
| – zu Freiheitsstrafe mit Bewährung | 46 | 3<br>3<br>6<br>33<br>2 | Richter des OG/DDR<br>Staatsanwälte des GStA/DDR<br>Militär-Richter und -StAe<br>Angehörige der Ostberliner Justiz<br>Sonstige |
| – zu Geldstrafe | 2 | 1<br>1 | Staatsanwalt des GStA/DDR<br>Militärstaatsanwalt |
| rechtskräftig Freigesprochene – insgesamt – | 58 | 6<br>2<br>6<br>42<br>2 | Richter des OG/DDR<br>StAe des GStA/DDR<br>Militär-Richter und -StAe<br>Angehörige der Ostberliner Justiz<br>Sonstige |
| Einstellung (Verjährung) | 1 | 1 | Angehöriger der Ostberliner Justiz |
| **andere Erledigungen** | 101 | | |
| – nach § 154 StPO | 25 | 4<br>3<br>3<br>14<br>1 | Richter des OG/DDR<br>StAe des GStA/DDR<br>Militär-Richter und -StAe<br>Angehörige der Ostberliner Justiz<br>Sonstiger |
| – nach § 153 a StPO | 5 | 2<br>3 | Militär-Richter und -StAe<br>Angehörige der Ostberliner Justiz |
| – Eröffnungsablehnung | 45 | 10<br>2<br>15<br>17<br>1 | Richter des OG/DDR<br>StAe des GStA/DDR<br>Militär-Richter und -StAe<br>Angehörige der Ostberliner Justiz<br>Sonstiger |
| – durch Verhandlungs-unfähigkeit oder Tod | 26 | 9<br>2<br>8<br>4<br>3 | Richter des OG/DDR<br>StAe des GStA/DDR<br>Militär-Richter und -StAe<br>Angehörige der Ostberliner Justiz<br>Sonstige |

## Namensregister